Encontre a sua verdade

OSHO

Encontre a sua verdade

Meditações e reflexões sobre
os mistérios da vida e a felicidade

Tradução de Vera Caputo

Copyright © 1969, 2017 OSHO International Foundation. www.osho.com/copyrights.
Todos os direitos reservados.
Copyright da tradução © 2019 Alaúde Editorial Ltda.
Título original em inglês: *Falling in love with darkness*. Publicado originalmente em híndi como *Jeevan Sangeet*. O conteúdo deste livro faz parte de uma série de palestras proferidas ao vivo por Osho. O arquivo completo com os textos de Osho pode ser encontrado na Biblioteca Osho online, em www.osho.com/library.

OSHO é uma marca registrada da Osho International Foundation (www.osho.com/trademarks), utilizada com permissão/licença.

Todos os direitos reservados. Nenhuma parte desta edição pode ser utilizada ou reproduzida – em qualquer meio ou forma, seja mecânico ou eletrônico –, nem apropriada ou estocada em sistema de banco de dados sem a expressa autorização da editora.

O texto deste livro foi fixado conforme o acordo ortográfico vigente no Brasil desde 1º de janeiro de 2009.

Preparação: Cacilda Guerra
Revisão: Claudia Vilas Gomes, Rosi Ribeiro Melo
Capa: Amanda Cestaro
Imagem de capa: Anatartan (Moldura), Ola_Tarakanova (Pássaro e galho) / iStock.com
Projeto gráfico: Rodrigo Frazão

1ª edição, 2020
Impresso no Brasil

Dados Internacionais de Catalogação na Publicação (CIP)
(Câmara Brasileira do Livro, SP, Brasil)

Osho, 1931-1990
　　Encontre a sua verdade : Meditações e reflexões sobre os mistérios da vida e a felicidade / Osho ; tradução Vera Caputo. -- 1. ed. -- São Paulo : Alaúde Editorial, 2020.

　　Título original: Falling in love with darkness
　　ISBN 978-85-7881-617-9

　　1. Autoajuda - Aspectos religiosos 2. Autoconhecimento 3. Crescimento pessoal 4. Conduta de vida 5. Espiritualidade 6. Felicidade 7. Meditação 8. Osho, 1931-1990 - Ensinamentos I. Título

20-34812　　　　　　　　　　　　　　　　　　　　　　　　　　CDD-299.93

Índices para catálogo sistemático:
1. Felicidade : Ensinamentos de Osho : Religiões de natureza universal 299.93
Maria Alice Ferreira - Bibliotecária - CRB-8/7964

2020
Alaúde Editorial Ltda.
Avenida Paulista, 1337
Conjunto 11, Bela Vista
São Paulo, SP, 01311-200
Tel.: (11) 3146-9700
www.alaude.com.br

Sumário

Prefácio   7

1   Escuridão é paz, é relaxamento   11
2   Não busque, pare de buscar   37
3   A escuridão não tem existência   61
4   Dos sonhos ao despertar   97
5   Pare de sofrer, seja feliz   127
6   Orar é apaixonar-se pela existência   151
7   Crença: o maior obstáculo na busca pela verdade   163
8   Controle o impulso de magoar os outros   189
9   Pegue o jeito da meditação   213
10 O único objetivo é a própria vida   239

Prefácio

Há uma bela história sobre uma das mulheres mais marcantes que já viveram entre nós: Rabia de Basra. Em um fim de tarde, quando o sol já se punha no horizonte... era uma mulher muito velha, talvez uns 90 anos de idade. Ela procurava alguma coisa que tinha perdido na estrada.

Um jovem passou por ali e, com pena da velha senhora – ele não morava no vilarejo, não a conhecia –, perguntou: "O que a senhora procura? Posso ajudar? A senhora é velha, o sol está se pondo e está escurecendo; a senhora terá dificuldade de encontrar. Não estou fazendo nada e posso ajudá-la".

Rabia sorriu e disse a ele: "Obrigada pela sua gentileza, estrangeiro".

Ele perguntou: "Por que me chama de estrangeiro?"

Ela respondeu: "Porque ninguém nesta aldeia me ajudaria; eles dizem que sou louca. E talvez tenham razão. Eu perdi a minha agulha".

O jovem disse: "Como vai encontrar algo tão pequeno como uma agulha, com seus olhos tão cansados, em um dia tão escuro? Diga onde ela caiu exatamente. Nesta estrada tão longa, se a senhora me mostrar exatamente onde foi, talvez eu possa encontrar".

Rabia respondeu: "Melhor seria se você não tivesse perguntado, porque eu não a perdi na rua. Eu a perdi na minha casa, mas está tão escuro lá dentro e eu sou tão pobre, que não tenho nem uma lâmpada. Porque lá dentro de casa está tão escuro e é impossível encontrar a agulha, pensei em procurar aqui fora, onde ainda há alguma luz".

O jovem retrucou: "Os moradores da aldeia talvez estejam certos. A senhora perdeu a agulha dentro de casa e está procurando aqui fora! Mas a sua loucura tem método, a senhora raciocina: se dentro de casa está muito escuro, é impossível encontrar a agulha. E, como do lado de fora ainda há um pouco de luz, talvez possa encontrar a agulha. Mas, se a senhora não perdeu a agulha aqui fora, a luz não vai ajudar a encontrar".

Rabia disse: "Todo mundo faz isso e ninguém é chamado de louco. Todos perdem seus tesouros dentro de si e procuram fora, porque do lado de fora há mais luz. Como todos os sentidos se abrem para fora, é mais fácil procurar lá".

A pergunta não é: onde é mais fácil procurar? A pergunta é: onde você perdeu? Você sabe muito bem que não perdeu fora de si. Você não se lembra de nada que aconteceu quando perdeu os tesouros: a consciência, o ser, o amor, a paz, o silêncio, a inocência. Nada disso está fora. E se você não perdeu fora... Não existem muitos lados no mundo. Existem apenas dois. O raciocínio é simples: se você não perdeu fora, só pode ter perdido dentro.

Dentro é escuro – com isso eu concordo. Mas essa escuridão não impede nada – é a minha experiência. É uma escuridão imensamente útil porque é pacífica, é silenciosa. É uma escuridão iluminada, tem uma luz diferente. Por isso, no começo você pensa que é escuro, mas, se for mais fundo, aos poucos a escuridão se transforma em uma luz que você desconhecia.

As luzes que você conhece precisam de combustível – até a luz do sol precisa de combustível. O sol vem perdendo seu combustível a cada dia, e cientistas dizem que esse sol vai durar, no máximo, alguns poucos milhões de anos. E então, um dia, o sol perderá sua luz e a escuridão será completa. Todos os dias algumas estrelas se apagam – estrelas ainda maiores que o seu sol.

Por serem muito mais antigas que o sol, o combustível delas se esgotou. Do lado de fora, toda luz depende de combustível; do lado de dentro, a luz tem uma qualidade totalmente diferente, não precisa de combustível. Por isso é eterna, é inextinguível.

O que no começo parece ser escuridão aos poucos vai ficando iluminado. No dia em que tudo estiver iluminado – o que é chamado de iluminação –, você terá chegado à verdadeira luz. Até agora você só viu vestígios dessa luz no mundo exterior; não viu a luz autêntica que não tem começo nem fim.

Coragem! Você não tem nada a perder. Perder o quê? Por que tanto medo? Entre, não tenha medo – é o seu território, é o seu próprio ser. E, quando você vir um raio de luz que seja, começará aí a maior experiência da vida. Nada se compara a isso em êxtase, em felicidade.

Osho
O rebelde

Capítulo 1

Escuridão é paz, é relaxamento

Meus queridos,
Se a escuridão tem sua própria graça, por que preferimos a luz? Por que sentimos um desejo tão forte pela luz? Nunca pensamos que o desejo pela luz seja um símbolo do medo que está enraizado em nosso interior; a luz é um símbolo do medo. Queremos a luz para nos livrarmos do medo. A mente teme a escuridão. Ansiar pela luz não é grande coisa; isso só prova que o medo está na consciência – o homem que sente medo busca a luz. E o homem destemido não pensa que a escuridão seja escuridão. A ansiedade causada pela escuridão e a luta contra ela são provocadas pelo medo. Se os homens não sentem medo, o desejo pela luz desaparece.

Existiram poucas pessoas nesta terra que ousaram dizer que Deus é escuridão. A maioria acredita em Deus como sendo luz. "Deus é luz" – a maior parte das pessoas diz que Deus é luz. Mas devem ser as mesmas pessoas que acreditam em Deus porque têm medo. As pessoas que interpretam Deus como sendo luz devem ser medrosas. Elas só aceitam Deus porque Deus é luz. O homem que tem medo não aceita a escuridão.

Mas existiram outras pessoas que disseram que Deus é a suprema escuridão. O que entendo é que Deus é a suprema escuridão. Por quê? A luz é finita; a escuridão é infinita. Por mais que vocês consigam imaginar a luz, sempre haverá um limite. Não importa de quantas maneiras diferentes possamos pensar sobre a luz ou até onde o seu pensamento consiga alcançar, sempre encontraremos os limites da luz.

Pensem na escuridão: ela tem limites? É difícil até imaginar os limites da escuridão. A escuridão não tem fim; a escuridão é infinita.

Além disso, por ser uma agitação, a luz é tensão. A escuridão é paz, é relaxamento. Mas, por sermos tão medrosos, dizemos que a vida é luz e a morte é escuridão. Na verdade, a vida é estresse e a morte é relaxamento. O dia é agitação, a noite é repouso. Está certo chamar de "luz" as caóticas atividades de milhões de vidas. Mas então a liberdade suprema será corretamente chamada de escuridão.

Talvez vocês nunca tenham pensado que os raios de luz causam estresse e agitação quando tocam os nossos olhos. Se vocês querem dormir e há uma luz acesa, não vão conseguir. É difícil repousar na luz. A escuridão é paz suprema; leva a uma profunda paz.

Mas quando estamos diante de uma pequena escuridão, por menor que seja, ficamos incomodados, inquietos. Tão pouca escuridão e imediatamente nos sentimos mal e perguntamos o que está acontecendo. Lembrem-se: quem fica agitado, inquieto e assustado com a escuridão também tem medo de entrar em *samadhi*, um estado pacífico do ser. Lembrem-se: quem teme a escuridão também temerá entrar em *samadhi*, o estado do êxtase divino. Porque *samadhi* é ainda mais silencioso que a escuridão.

Pela mesma razão tememos a morte. O que é o medo de morrer? Que mal a morte já causou a alguém? Nunca se ouviu dizer que a morte tenha prejudicado alguém. É bem possível que a vida tenha causado grandes males a algumas pessoas, mas que mal a morte pode nos causar? Nunca se ouviu falar disso.

Quem já se feriu com a morte? É a vida a causadora de grandes problemas. O que é a vida? Uma série de problemas! Quando foi que a morte já atormentou alguém? Quando prejudicou alguém? Quando causou sofrimento a alguém? Mas temos medo da morte. E nos agarramos à vida.

A morte é desconhecida, mas o que há no desconhecido para se temer? Só se pode temer o que se conhece. Por que temer o que não conhecemos, se nem sabemos se é bom ou mau? Na verdade, o medo que sentimos não é da morte, mas de nos perdermos na escuridão. A vida parece iluminada: tudo é visível, é familiar – pessoas conhecidas, uma casa familiar, uma cidade. A morte é um fenômeno escuro em que, uma vez que tenhamos entrado nele, não vemos mais nada, não temos contato com um amigo, com a família, com quem amamos, não temos contato com nada que construímos. Tudo terá desaparecido. E que escuridão é essa em que entramos? A mente tem muito medo do escuro.

Lembrem-se, o medo da escuridão se apoia no medo de estar só: o medo de estar só acompanha o medo da escuridão. A gente sabe que nunca está totalmente na luz porque pode ver os outros. Mas no escuro, não importa quantos estejam lá, nos sentiremos sós. O outro não é visível. A gente não tem certeza se o outro está lá ou não. O homem está só na escuridão. E alguém que pretenda ser só tem que entrar na escuridão.

Ioga, meditação e *samadhi* são apenas outras palavras para a habilidade de penetrar profundamente na escuridão.

Assim, é bom que haja pouca luz aqui. Não é bom que alguém tenha trazido algumas velas para este nosso encontro. Se houvesse mais cerimônias de casamento acontecendo nesta cidade e essa pessoa não conseguisse encontrar nenhuma vela para comprar, teria sido muito melhor!

A escuridão é o desconhecido. Estamos sós dentro dela. Ficamos perdidos, tudo que era conhecido e familiar parece desaparecer. E, lembrem-se, apenas as pessoas que podem iniciar a jornada no caminho da verdade – que conseguem deixar o que é familiar, que estão prontas para abandonar o que conhecem, que conseguem entrar no desconhecido, onde não há caminhos nem trilhas –, somente elas encontrarão a verdade.

Estou dizendo isso na introdução porque se não nos apaixonarmos pela escuridão seremos privados de amar as grandes verdades da vida. Da próxima vez em que vocês se virem na escuridão, olhem bem e verão que ela não é tão assustadora. Quando a escuridão os envolver, deixem-se absorver por ela, sejam um com ela. E verão que a escuridão oferece algo que a luz não pode lhes dar.

Todos os mistérios importantes da vida se ocultam na escuridão.

As árvores são visíveis na superfície, mas suas raízes invisíveis se espalham nas profundezas, na escuridão. O tronco da árvore, suas folhas e frutos são visíveis, mas as raízes não, porque trabalham na escuridão. Se arrancarmos as raízes da árvore e as trouxermos à luz, a árvore simplesmente morrerá. Portanto, o eterno teatro da vida acontece na escuridão.

A vida surge na escuridão do útero materno. Saímos da escuridão pelas portas do nascimento e desaparecemos na escuridão pelas portas da morte.

Alguém canta uma canção sobre a vida… O que é a vida? Imaginem uma casa em meio a um oceano da mais completa escuridão. Há uma pequena vela acesa dentro da casa. Um pássaro vem voando na escuridão do céu, entra na casa iluminada pela vela, bate as asas e sai voando pela outra janela. Da mesma maneira, nós viemos da escuridão, rodeamos a chama da vida e desaparecemos em outra escuridão.

A escuridão é a nossa companheira no final. Quem tem muito medo do escuro enfrentará dificuldades dentro da sua cova. Quem tem medo do escuro terá muita dificuldade para morrer. Não, é preciso aprender a amar a morte também.

É muito fácil amar a luz. Quem não ama a luz? Não é grande coisa amar a luz. Amem a escuridão. Amem também a escuridão! E, lembrem-se, quem ama a luz odeia a escuridão. Mas quem ama a escuridão naturalmente ama a luz. Por favor, entendam isso também.

Como alguém que aceita amar a escuridão deixará de amar a luz? O amor pela escuridão inclui o amor pela luz, mas o amor pela luz não aceita amar a escuridão.

Por exemplo, amar a beleza é fácil. Quem não ama a beleza? Mas, se eu começo a amar a feiura, amarei naturalmente a beleza. Alguém que é capaz de amar a feiura aceita naturalmente amar também a beleza. Mas o contrário não acontece. Quem ama o belo não é capaz de amar também o feio. Quem gosta de flores ama as flores, mas não ama os espinhos. O amor pelas flores torna-se um obstáculo para amar também os espinhos; mas, se alguém começa amando os espinhos, não terá problema para amar as flores.

Eu quis compartilhar essas palavras com vocês para começar.

Agora, lembrei-me de uma história para iniciar as palestras dos próximos três dias...

Era uma noite como a de hoje, noite de lua cheia, e um louco caminhava solitário pela estrada. Ele parou sob uma árvore e ao lado dela havia um grande poço. Quando olhou dentro do poço e viu a lua cheia refletida, achou que a pobre lua tinha caído lá dentro. "O que devo fazer? Como posso salvar a lua? Não há ninguém aqui para ajudar. Se a lua não for socorrida, ela vai morrer."

Mas havia outro problema... Era mês do ramadã, e, se a lua ficasse dentro do poço, o que aconteceria com as pessoas que jejuam no ramadã, sem a lua cheia para encerrar o jejum? Elas morreriam. Quem jejua no ramadã só fica pensando em quando o jejum vai terminar; todo mundo que jejua pensa a mesma coisa. Quem pratica rituais religiosos não para de pensar em quando o sino tocará e tudo terminará – a situação das pessoas religiosas é a mesma das crianças na escola!

O homem pensou: "É mês do ramadã e a lua está presa neste poço. O que vai acontecer? Eu não tenho nada a ver com o ramadã, mas... Não há mais ninguém por aqui". Ele encontrou uma corda, fez um laço e a jogou dentro do poço para laçar a lua e puxá-la para fora. Como a lua não estava lá, não podia ser puxada, mas a corda ficou presa em uma pedra! O homem a puxou com força e a corda não se soltou. Ele murmurou: "A lua é muito pesada, e eu estou sozinho aqui. O que faço para tirar a lua daí? Ninguém sabe há quanto tempo ela está dentro do poço, se está viva ou morta, e é tão pesada…

"E essas pessoas que moram por aqui e ainda não sabem de nada? Tanta gente faz e recita poesias para a lua, e quando a lua tem um problema não aparece um único poeta para ajudar. Tanta gente lê e recita poesias, mas ninguém aparece quando é preciso." É verdade, quem nunca aparece quando é preciso são os que sabem fazer poesia!

Ele continuou puxando, puxando… até a corda se romper. Ele a estava puxando com toda a força, mas a pedra não se movia. Quando a corda se rompeu, ele caiu no chão de olhos fechados e machucou a cabeça.

Quando abriu os olhos, viu a lua no céu! "Ah, consegui resgatar a pobre lua! Minha cabeça está doendo um pouco, mas salvei a lua!"

Nós rimos do pobre louco. O que foi que ele não entendeu?

As pessoas me perguntam: "Como ser livre?" Eu conto essa história. Elas perguntam: "Como encontrar a suprema liberdade?" Eu conto essa história para elas.

Elas riem da história e pedem: "Mostre-me o caminho da liberdade". Eu vejo que elas não entenderam nada. Quando alguém está preso, pode ser libertado. Se alguma coisa está presa, pode se soltar. Mas, se alguém nunca ficou preso, e só por olhar um reflexo acredita que está, então tem problemas.

Toda a humanidade tem a mesma dificuldade que esse louco cuja lua ficou presa no poço. O mundo inteiro tem a mesma dificuldade.

Há dois tipos de pessoas no mundo, e aquele louco tinha os dois tipos de personalidade. Existem dois tipos de gente louca no mundo: o primeiro tipo é o dos que acreditam que a lua ficou presa. O segundo tipo é o dos que querem libertar a lua que está presa. Os primeiros são as pessoas comuns e os segundos são os ascetas, os monges. Existem dois tipos de gente louca. Os ascetas dizem: "Libertaremos a alma, custe o que custar!" e as pessoas comuns dizem: "Agora ficamos entalados, o que vamos fazer? Como sairemos daqui? Ficamos presos!" Os entalados tocam nos pés dos que querem se libertar. Há dois tipos de loucos: os que dizem que a lua está presa e os que querem libertá-la. E quem se sente preso se ajoelha aos pés dos que estão querendo se libertar.

A verdade é bem diferente. E, quando a gente compreende a verdade, a vida passa por uma transformação. Ganha outra qualidade.

A verdade é que aquele homem nunca esteve preso. O ser é constantemente livre, nunca foi escravizado. Mas a imagem fica presa: estamos sempre fora das grades, mas a nossa imagem está presa. E nada sabemos do fato de que somos mais do que meras imagens; sabemos apenas que somos a nossa imagem. E esta é a dificuldade: pensamos que a nossa imagem é o nosso próprio ser.

Uma pessoa é líder, outra é um mendigo, outra é rica, outra é mestre, outra é discípulo, outra é marido, outra é esposa, e assim por diante. Todas são imagens nossas que vemos refletidas nos olhos dos outros. Mas eu sou o que sou; não sou como me vejo nos olhos de vocês. O que seus olhos veem é a minha imagem, e de alguma maneira estou preso nessa imagem.

Suponha que vocês me encontraram na rua e me cumprimentaram. Isso me deixou feliz: "Sou uma pessoa tão boa que as pessoas me cumprimentam respeitosamente". Ridículo! Como é possível ser bom só porque alguém o cumprimenta? Não importa quantas pessoas o cumprimentem: quatro, cinquenta ou mil. Qual é a relação entre ser bom e ser respeitado? Neste mundo, as pessoas adoram também os maus, por isso não se iludam só porque alguns admiram vocês e se curvam à sua passagem. Caso contrário, ficarão presos nessa imagem grandiosa, e, quando alguém não os respeitar mais e der as costas a vocês, os problemas aparecerão. A imagem que está presa exige ser respeitada! Nós nos identificamos com a imagem, e agora ela exige "respeito"! E, se não for respeitada, vocês terão um imenso problema.

Vocês já devem ter visto líderes políticos que foram ministros de alguma pasta e um dia perderam o cargo. Repararam no estado em que eles ficam? Parecem uma roupa usada que perdeu toda a goma, todo o vinco. É como se tivessem dormido com essa roupa várias noites. É exatamente esse o estado de um político que foi obrigado a renunciar – não serve para absolutamente mais nada! O que aconteceu?

O homem ficou preso na sua imagem. Identificou-se com a imagem: "Sou a imagem que existia antes. Aquele sou eu. Não quero ser qualquer outro". Se puder ter uma imagem melhor, ele aceitará. Mas, se um político de escalão inferior for promovido a ministro de uma pasta importante, ou se um atendente for promovido a chefe, a história é outra. Se for para melhorar a imagem, tudo bem. Caso contrário, os problemas começam. O homem está identificado com a própria imagem.

Quando alguém nos respeita ou nos insulta, reconhecemos que nunca vimos o nosso próprio rosto? Ignoramos absolutamente o rosto original, aquele que podemos chamar de nosso. Não o conhecemos; só vemos a nossa imagem.

Já notaram a arrogância de um pai quando ele se põe na frente do filho e diz: "O que você sabe da vida? Eu já vivi muitos anos e tenho experiência. Quando você for mais velho e tiver alguma experiência de vida, saberá"? Para quem esse pai está falando? É *ele* que fala com seu filho? Não. Está falando de si? Não, quem fala é uma imagem. A imagem que fala interage com a imagem refletida nos olhos do filho. O pai agarra o braço do menino, e este fica com medo: uma imagem é refletida nos olhos do pai. Quem tem medo pode ser ainda mais amedrontado, e ao mesmo tempo esse pai abana o rabo para o patrão e diz "Sim, senhor" a qualquer coisa que ele ordene.

Ouvi contar...

Um místico se tornou criado de um rei por alguns dias. Isso mesmo. Desde quando um místico se torna criado de alguém? Quem não quer mandar em ninguém jamais é dominado. Então por que ele fez isso? Porque queria saber como os criados do rei se sentiam.

Ele fingiu ser criado do rei. Logo no primeiro dia, certo prato de legumes foi servido. O rei gostava muito desses legumes e o cozinheiro os preparava diariamente. Os legumes foram servidos ao místico e o rei perguntou: "O que achou da comida?"

Ele respondeu: "Senhor, não existem legumes melhores do que estes em todo o mundo. São um verdadeiro néctar". O cozinheiro continuou preparando os legumes nos sete dias seguintes – por ordem do próprio rei.

Agora, se alguém come a mesma coisa durante sete dias, o que pode acontecer? O rei enjoou da comida. Mesmo que esteja no paraíso, qualquer um fica enfastiado depois de sete dias e pede para ir para o inferno, mesmo que por pouco tempo. Segundo as escrituras hindus, de vez em quando os deuses descem à terra. E por que eles vêm? Porque se cansam e enjoam do paraíso e pedem para visitar a terra.

O rei se cansou e enjoou de comer os mesmos legumes todos os dias. Depois de uma semana, ele jogou longe a travessa de legumes e gritou para o cozinheiro: "Que absurdo! Você está servindo a mesma coisa todos os dias!"

O cozinheiro respondeu: "Senhor, só obedeço às suas ordens!"

Então o místico comentou: "Estes legumes são um veneno! A gente morre se comer todos os dias".

O rei replicou: "Assim já é demais! Sete dias atrás você disse que esses mesmos legumes eram como néctar".

Então o místico disse: "Senhor, sou seu servo, e não servo dos legumes. Sou seu servo: olho em seus olhos, capto a imagem que está neles e falo de acordo com o que vejo. Outro dia o senhor comentou que os legumes eram deliciosos, e eu disse: 'São um néctar. Não há legumes melhores do que estes'. Sou seu criado, e não criado dos legumes. Sou seu servo: hoje o senhor diz que não gosta dos legumes e eu concordo: 'São um veneno, quem comer morrerá'. Mas, se amanhã o senhor mudar de ideia e disser que são puro néctar, eu direi que não existem legumes melhores. Sou seu servo; não sirvo aos legumes. Eu vivo das imagens que vejo em seus olhos".

Todo mundo vive do mesmo jeito. Não sabemos o que está dentro de nós nem se estaria preso em algum lugar. Nem que jamais ficará preso; não há possibilidade disso. E o mais interessante é que todos os esforços são feitos para libertá-lo. Nunca esteve preso; outra coisa qualquer é que está presa. E nunca pensamos sobre isso. Não damos atenção ao que está preso.

O que é isso que tanto perturba os seres humanos? Por que eles sofrem tanto? Que agonia é essa? É a imagem. Se ela é abalada, a mente é abalada. Se ela se quebra, a mente sofre. Se a imagem recebe aplausos, a mente é encorajada.

Ouvi contar...

De manhã bem cedo uma raposa saiu à procura de algo para comer e beber. O dia estava ensolarado e o sol matinal fez surgir uma longa sombra da raposa. Ao vê-la, a raposa disse: "Uma refeição leve não vai me satisfazer!" Ela se via grande como um camelo. "Que sombra enorme! Uma refeição leve não vai bastar; não sou um animal pequeno. Hoje preciso caçar muito."

A raposa saiu animada atrás da sua presa. A essa altura, o sol já estava a caminho do meio do céu. Por volta do meio-dia a raposa ainda não tinha encontrado a presa. Olhou para trás e viu que sua sombra tinha encolhido. Disse então: "Não comer nada fez isso comigo. Hoje de manhã eu era tão grande, veja como estou agora. Uma refeição leve vai bastar. Mas estou tão triste!" A mente da raposa estava sofrendo.

Assim como todos nós: somos pequenos e projetamos grandes sombras. No nascimento, o sol está brilhando e a criança embarca na sua viagem da vida imbuída de grandes motivações para conquistar o mundo. Na infância, todo homem é um Alexandre, o Grande. Mas a sombra encolhe com a idade. E começa a ver que tudo é inútil e nada importa. Mas o homem vive de imagens; a nossa é formada nos olhos dos que nos cercam. E mesmo os que almejam ser libertados vivem dessas imagens.

Alguns *sannyasins* usam roupas ocre. Mas o que o *sannyas*, a busca da verdade, tem a ver com roupas ocre? É que os mantos dessa cor criam imagens nos olhos das pessoas, e essas imagens são muito respeitadas. Basta ver um manto ocre para os outros se curvarem. Essa é a imagem formada nos olhos dos outros; usa-se o manto ocre para criar essa imagem. Se não fosse por isso, para que serviriam as roupas ocre?

Os mantos ocre, que são muito comuns e podem ser comprados em qualquer lugar, ajudam alguém a ser *sannyasin*? Pode-se comprar pigmentos ocre, guardar em casa e tingir tudo dessa cor – pintar a casa e tingir todas as roupas. Pode-se também pintar o corpo de ocre. A pessoa ficaria parecida com um leão de circo, mas jamais seria *sannyasin*, alguém que busca a verdade. E sob o nome de *sannyasins* muitos leões de circo se juntam!

O que é a mente? Vocês já viram essas pessoas que rezam em voz alta nos templos? Pensem sobre esse fenômeno. Se a pessoa reza em uma rua deserta onde ninguém a vê, sua prece será murmurada. Mas, se ela percebe que alguém se aproxima, de repente o volume aumenta. Estranho isso! A pessoa está interessada em Deus ou nas pessoas que passam? Há até quem se vire para ver se alguém entrou no templo. Se não entrou ninguém, as orações terminam rapidamente; caso contrário, as orações se prolongam. E, se no templo houver alguém que possa ser útil de alguma forma, o ritual se prolonga ainda mais. Por que isso acontece? Porque as pessoas vivem de imagens.

Por exemplo, uma pessoa vai ao templo diariamente, de manhã bem cedo, para ser vista como religiosa. Que interesse tem a opinião pública? Nossa vida se baseia na opinião pública, na imagem que se forma nos olhos dos outros. É a imagem da lua que ficou presa no fundo poço. E isso é um grande problema. Como tirar a lua de lá, como soltá-la? Por isso inventam-se tantos caminhos para a libertação. Uns oferecem liberdade repetindo "Rama, Rama", outros dizem que não há libertação se a pessoa não repetir "Om, om", outros ainda sugerem "Alá, Alá", sem contar aqueles que criam caminhos mistos entoando "Alá, Ishvara", porque "se ambos são nomes de Deus, é melhor entoá-los juntos. Um só talvez não seja forte o suficiente, então é melhor juntar os dois. E quem sabe qual deles é o verdadeiro?". É melhor juntar os dois. Rezar para todos os iluminados; ajoelhar-se diante de todos os santos; beijar os pés de todos eles. Se um santo não salvar vocês, agarrem-se a todos e encontrarão um jeito de se salvar. E é preciso se salvar porque a vida é sofrimento e agonia.

É verdade. Na vida há muita dor, muito sofrimento e agonia. E o homem é muito ansioso. Por quê? Por que tudo é tão difícil? Porque ele não sabe o que causa o problema...

Um homem veio até mim e disse: "Estou muito perturbado; mostre-me como ter paz". E caiu aos meus pés.

Eu disse: "Tire as mãos dos meus pés – que relação tem sua paz com minhas pernas e meus pés? Quem lhe disse isso? Você pode dissecar minhas pernas quanto quiser e não encontrará a paz dentro delas. Que mal minhas pernas fizeram a você? Como meus pés podem ser responsabilizados pelo seu estado? Se você está perturbado, a culpa é das minhas pernas?"

O homem levou um susto e disse: "É só isso que você tem a me dizer? Fui a Rishikesh e não encontrei paz; visitei o *ashram* de Aurobindo e não encontrei paz; voltei de Arunachala e do *ashram* de Ramana, mas não encontrei paz. Não vi paz em lugar nenhum. Todos fazem jogos pretensiosos em nome da espiritualidade. Alguém mencionou seu nome, e eu estou aqui".

Eu disse: "Levante-se e saia imediatamente, ou você partirá dizendo que veio aqui e também não encontrou paz. E o mais importante: o que foi que o deixou tão perturbado? Que *ashram* você visitou? Que mestres consultou para ficar assim? Quem ensinou o que tanto perturbou você? E agora vem me procurar? A quem você pediu: 'Mestre, quero ficar perturbado. Por favor, me diga o que fazer'? Você se perturbou sozinho, não precisou de ninguém. E agora quer ficar em paz e vem aqui culpar os outros. Se você não ficar em paz, o responsável serei eu. Como se eu fosse o responsável pela sua perturbação! E vem pedir isso a mim?"

Ele disse: "Não, eu não vim pedir a você".

"Então, a quem você pediu?", perguntei.

"Não pedi a ninguém."

E eu disse a ele: "Então, entenda que você se perturbou sozinho. Procure saber como isso aconteceu e por quê. Quando souber o que o perturbou, pare de fazer o que fez e ficará em paz".

Não existe método para ficar em paz, mas há muitas formas de se perturbar. E quem abandona essas formas de se perturbar fica em paz. Não existem formas de ser livre, mas existem formas de se escravizar. Existem métodos para se escravizar. E quem não é escravo é livre.

Suponham que minha mão esteja bem fechada e eu pergunte a vocês o que faço para abri-la. Vocês dirão: "Simplesmente abra. Que pergunta é essa? Não aperte tanto os dedos que a mão se abre. Não é preciso fazer nada para abrir a mão, basta não apertar os dedos com tanta força. Pare de apertar os dedos e a mão se abrirá". A natureza da mão é ficar aberta, apertá-la exige esforço. É natural a mão ficar aberta.

O homem, em sua essência, no "eu" essencial, é naturalmente livre, calmo e feliz. Se a pessoa está sofrendo, alguma coisa está causando o sofrimento. Se está presa, foi ela quem criou as algemas. Ela está sofrendo – e sabe muito bem como causar o próprio sofrimento. É graças à sua própria arte que ela causa sofrimento. E ela não é um artista qualquer, porque consegue construir uma casa de sofrimentos na alma, que por sua vez está muito além do sofrimento. E não é um ferreiro qualquer, porque é capaz de acorrentar essa alma que nunca foi e nunca será acorrentada. É engraçado! Primeiro a pessoa se acorrenta e depois sai arrastando correntes e perguntando: "Como me livro destas correntes? Quero me soltar. Como consigo ficar em paz, ser feliz e deixar de sofrer?"

Nesta palestra introdutória eu disse que imagem é sofrimento, imagem é agonia, imagem é prisão. Nós vivemos de imagens. Como alguém que vive de imagens convive consigo mesmo? E como alguém cujos olhos estão focados na imagem se volta para si mesmo?

Ouvi contar...

Uma criancinha corria pela casa, chorando sem parar. A mãe lhe perguntou: "O que você tem?"

A criança disse: "Quero pegar a minha sombra". E continuou correndo...

É muito difícil pegar a sombra, ela é muito esperta. Podemos correr atrás dela, mas nunca a pegamos. A criança não parava de chorar. Ela corria e a sombra sempre a ultrapassava. A criança tentava segurar a cabeça da sombra, mas como fazer? Como segurar a cabeça da própria sombra?

Um místico apareceu na porta e começou a rir. A mãe já estava transtornada.

O místico disse: "Assim não, assim não. Não é assim que se faz. O problema dessa criança é que ela está fazendo o que todo mundo faz".

A mãe perguntou: "E o que é que todo mundo faz? Ela só sabe brincar".

O místico respondeu: "Mesmo brincando, ela está presa como todo mundo".

O místico entrou na casa, pegou a mão da criança e a pousou na cabeça dela. Assim que a mão encostou na cabeça, encostou também na cabeça da sombra.

A criança gritou: "Consegui! Ele me ajudou a pegar a sombra. Pus a mão na minha cabeça e peguei a sombra porque a mão da sombra pegou a cabeça dela".

A sombra somos nós. Se quisermos fazer alguma coisa na sombra, na imagem, não conseguiremos; mas, se *nós* mudarmos, a sombra mudará. Todos nós estamos empenhados em fazer alguma coisa na sombra, desde o nascimento até a morte. E não só nesta vida, mas em infinitas vidas. Somos pessoas que perseguem sombras – corremos atrás de sombras. E, por corrermos atrás de sombras, não as alcançamos. E a mente sofre com isso. Nenhuma sombra é alcançada e a mente é sempre derrotada. A sombra escorrega pelos nossos dedos, achamos que não vamos conseguir porque não temos força. Somos sempre derrotados. A sombra está retida em tantas prisões que começamos a fazer coisas para libertá-la. Começamos a recitar mantras, a ler o Bhagavad Gita, a ler o Ramayana, a ler o Alcorão e tantos outros textos sagrados. Quem sabe quantos instrumentos usamos? Fazemos de tudo, e nada acontece porque não fazemos o que realmente precisa ser feito.

Temos que conhecer e reconhecer quem está preso. Serei eu? Sempre estive preso? Quem está perturbado? Serei eu? Sempre estive perturbado? Vocês podem dizer que se perturbam milhares de vezes, todos os dias, até mesmo agora, sentados aqui.

Se olharmos bem, ficaremos surpresos ao descobrir que nunca fomos perturbados. Que em nosso centro mais profundo, nas profundezas do ser, na nossa mais profunda existência estamos nós, que nunca nos perturbamos. É a imagem que está presa. O ser em sua essência nunca se perturba, nunca entra em sofrimento, mas a imagem é ferida, é perturbada e sofre.

Ouvi contar...

Era um riacho muito estreito, quase sem água. Um dia deve ter sido um rio da Índia – nada flui na Índia, nem os rios! Tudo permanece estagnado, parado, apodrecendo. Tudo que fica parado apodrece. Era um rio quase imóvel, que só podia ser da Índia. Se a gente jogar lixo no rio, ele ficará lá. Se voltar muitas vidas depois, o mesmo lixo continuará no mesmo lugar! Apodrecido. Tudo ficou tão sujo.

Um cachorro se aproximou para beber água. No rio quase imóvel, olhou a água e viu seu reflexo. Ao ver outro cachorro refletido, teve medo e recuou. Mas a sede era mais forte e o obrigou a voltar para o rio; ele voltou, viu o cachorro novamente, sentiu medo e se afastou outra vez. A água estava tão perto e ele estava com tanta sede. A água estava bem ali, fora dele, e a sede estava dentro dele. Ele tinha sede e a água estava ali; não havia nenhum obstáculo real. O cachorro voltou até a água e novamente se afastou, com medo do cachorro que viu refletido. Quantas vezes mais ele faria isso?

Um homem passou por ali, viu o que estava acontecendo e riu alto. Não do cachorro. Só bobos ririam do cachorro. O homem riu de si mesmo: "Eu também voltei várias vezes, desse mesmo jeito, depois de hesitar diante do meu próprio reflexo".

Ele se aproximou do cachorro e o empurrou para perto do rio. O cachorro resistiu fortemente: se forçamos uma pessoa, ela resistirá. Mesmo que a gente a empurre para dentro de um lago de néctar, ela resistirá. Todo mundo resiste ao ser empurrado. Qualquer um congela quando forçado, não se move de jeito nenhum.

O homem empurrou o cachorro, o cachorro caiu na água e o reflexo desapareceu, foi destruído. O cachorro bebeu água e o místico riu.

Se o cachorro falasse, perguntaria: "Por que você está rindo?" Ele não perguntou, mas nós podemos facilmente fazê-lo. Podemos perguntar ao homem: "Por que você riu?"

O homem diria: "Estou rindo porque sou como você. Essa é exatamente a minha situação: a minha imagem cria tantas dificuldades, tantos obstáculos, ergue tantos muros... A minha imagem é o que me atrapalha".

Nossa imagem não está formada em nenhum rio, em nenhum espelho. Não há nada de errado com o rio ou com o espelho; a imagem em que estamos presos está projetada nos olhos das pessoas que nos cercam; é *esse* o nosso ponto de vista. Quando dizemos que o homem está preso, que está identificado com o mundo, não é o "eu" essencial que está preso, mas a sua imagem.

Quando estiverem sofrendo e o sofrimento for muito grande, fechem a porta, sentem-se sozinhos por um momento e perguntem a si mesmos: "Sou eu que estou sofrendo?"

E eu lhes digo que, se vocês perguntarem com toda a sinceridade e autenticidade se estão sofrendo, nesse instante virá uma resposta das profundezas do ser dizendo que o sofrimento está em volta e que vocês não estão sofrendo.

Suponhamos que a perna de alguém quebrou e dói, dói muito. Então a pessoa se pergunta: "Essa dor está acontecendo em mim, sou eu que estou sofrendo?" E imediatamente ficará claro que a perna dói, a pessoa recebe a informação de que a perna dói, de que a dor está sendo recebida por ela, mas onde ela está? A pessoa é o observador, se mantém à distância, apenas assiste.

Tenho um amigo já velho. Ele caiu na escada e quebrou a perna. Os médicos recomendaram que ficasse de cama e não se movimentasse por três meses. Ele é um homem ativo e não consegue ficar parado; mesmo sem precisar, não consegue ficar sem se mover.

E quantas pessoas existem que dão importância aos próprios movimentos? Com que frequência elas se movimentam conscientemente? Se alguém contar a quantidade de movimentos que faz desde que levanta de manhã até à noite, descobrirá que noventa por cento deles são desnecessários. A pessoa só está inquieta. Há tantas coisas que as pessoas não querem ver e que são visíveis apenas quando elas estão ociosas.

Meu amigo estava de cama. Fui visitá-lo e ele começou a reclamar: "É muito difícil para mim. Seria melhor ter morrido. Como vou sobreviver tanto tempo deitado numa cama? É muito sofrimento".

Eu disse a ele: "Feche os olhos e investigue: você e o sofrimento são um só ou estão separados?"

Ele perguntou: "Se eu fizer isso, o que vai acontecer?"

Eu disse: "Primeiro faça o que eu disse, depois conversamos. Feche os olhos; vou ficar sentado aqui. E não abra os olhos até que a resposta esteja clara para você. Procure descobrir se você e o sofrimento são um só ou se são dois. Se forem um só, você não pode saber que está sofrendo. Como o sofrimento pode saber que está sofrendo? Como pode saber que é sofrimento?"

É como se um espinho soubesse que pica. O espinho pica a pessoa e a pessoa sente a picada. Tem que haver dois. Um causa a dor, o sofrimento, o outro sente a dor e sofre. Mas os dois estão separados. Se fossem um só, a experiência da dor não existiria.

A pessoa sente a raiva surgir. Se a raiva e ela forem uma coisa só, a experiência não existirá. A pessoa se tornará a própria raiva.

E a raiva nunca passará; não pode desaparecer. Porque se a pessoa tiver se transformado na raiva, como a raiva vai passar? Se a raiva passar, a pessoa também vai desaparecer.

Não, a pessoa está sempre distanciada. A raiva vem e passa; o sofrimento vem e passa; a turbulência vem e se vai. A fumaça vem, envolve tudo e desaparece. Mas o que está no centro permanece. O nome dessa memória constante é meditação; a busca que está além da prisão, além do sofrimento, além da dor, além da doença, que está além de tudo é a meditação. A meditação está sempre além de todas as outras coisas. Por mais que a gente queira, nada chega nela. Ela está além de tudo que acontece, de todo vir a ser. Aconteça o que acontecer, a meditação está sempre além.

Aconteceu...

Três amigos e eu viajávamos de carro. Eles me levavam a um povoado, quando o carro capotou em uma ponte. Rolou mais de vinte metros e parou com as rodas para cima. O carro ficou destruído. Era um carro pequeno de duas portas e uma delas ficou bloqueada por uma pedra. A outra porta estava livre, mas meu amigo, a mulher dele e o motorista entraram em pânico e começaram a gritar dentro do carro! Eles gritavam: "Estamos mortos, estamos mortos!"

Então eu disse: "Se vocês estão mortos, porque não param de gritar? Por favor, saiam. Se tivessem morrido, o problema teria acabado. Quem estaria gritando aqui dentro? É óbvio que vocês não morreram".

Mas eles não me ouviam e a mulher não parava de gritar: "Ai, nós morremos!"

Eu a sacudi e disse: "Está louca? Se você estivesse morta, ficaria em silêncio. Quem iria gritar?"

E ela: "Tem razão, mas *eu* morri!"

Agora, uma questão interessante. Quem morreu? Quem morreu... você está vivendo tudo isso e não morreu. Quem está vivenciando a situação é uma entidade separada. O que está acontecendo é uma coisa, e quem vivencia tudo isso é outra coisa. Quem está vivenciando está presente.

Por fim saímos todos do carro. Eles ficaram avaliando o que tinha se avariado no carro, o que fora destruído. Eu perguntei ao meu amigo: "O carro tem seguro?"

"Tem, sim", ele respondeu.

"Então não se preocupe, tudo se resolve. Vocês têm seguro de vida?"

"Sim, também temos", ele confirmou.

"Melhor ainda. Mesmo se vocês tivessem morrido, não teríamos problemas. Agora eu pergunto: vocês aprenderam alguma coisa com este acidente ou não?"

"Aprender o quê?", perguntou ele. "A primeira coisa é: se possível, não dirija mais carros! A segunda é despedir imediatamente o motorista. E a terceira lição é não dirigir acima da velocidade permitida."

Comentei: "Uma oportunidade tão grande e vocês só aprenderam o que já sabiam! É como se estivessem na universidade e só aprendessem a contar até dez; aprenderam só isso e voltaram para casa. Ficam satisfeitos porque aprenderam a contar até dez e foram para casa. Uma oportunidade tão grande e só aprenderam a contar até dez!"

O homem perguntou: "O que mais é preciso aprender?"

Eu disse que o momento tinha sido uma grande oportunidade. Enquanto o carro capotava, naquele momento eles poderiam ter se perguntado: "Quem está morrendo? Quem está caindo? Quem está sofrendo um acidente?"

Era uma grande oportunidade, porque em um momento de perigo a consciência desperta. A consciência fica alerta quando estamos em perigo.

Alguém nos ataca, apontando uma faca para nosso peito, e nesse instante nossos pensamentos cessam: se a gente estava indo ao cinema, o que fazia naquele momento, que notícias tinha lido no jornal, quem foi eleito presidente etc. Todo o falatório na mente é interrompido. Em uma fração de segundo tudo para. Nesse instante, há uma abertura, temos a chance de ver o que está ali. Nesse instante, conseguimos ver tudo que está acontecendo fora de nós. Estamos distanciados e só assistimos.

Meditação significa reconhecer quem está além dos acontecimentos em um dado momento e não faz parte de nada. Não existe outro significado para meditação. Vivenciaremos isso nestes três dias.

E como saberemos o que é que está além de tudo, embora esteja no centro de tudo? Como vamos encontrar o que nasce e morre, mas não nasce nem morre? Como podemos saber o que é que está em nós, que parece ser o corpo, mas não é o corpo? Como podemos reconhecer isso que pensa, mas nunca se envolve em nenhum pensamento? Que parece se preocupar, sentir raiva, mas nunca é tocado pela raiva, pela preocupação? Onde buscar isso?

Não é possível saber enquanto ficarmos olhando a lua dentro do poço. A lua está lá fora em algum lugar e não caiu dentro do poço. Alguém viu a lua descer do espaço e cair dentro do poço? Mas *parece* que caiu! Parece que dentro do poço ela é maior do que é. Às vezes vemos a lua com mais nitidez dentro do poço do que no céu, mas só se a água do poço estiver limpa. A lua não tem nada a ver com isso. Se a água do poço estiver limpa, a lua será vista com muita nitidez.

Por isso não queremos olhar nos olhos dos nossos inimigos; os olhos do inimigo são como um poço enlameado e não refletem uma boa imagem. Preferimos olhar nos olhos de um amigo. O marido olha nos olhos da esposa. Na Índia, a mulher é condicionada a acreditar que seu marido é deus. Ela tem os olhos límpidos e o marido é refletido neles como um deus. Ele sente uma grande alegria de se ver como um deus. Quando a esposa escreve bilhetes e assina "Sua serva", o marido se sente muito bem porque é o senhor.

Agora, o mais interessante: nos olhos de quem ele se vê? Nos olhos da esposa.

Aconteceu...

Certo dia, no mercado, um homem declarou: "Neste mundo não há mulher mais bela que a minha esposa".

As pessoas perguntaram: "Quem disse isso?"

Ele respondeu: "Quem mais poderia ser? Minha esposa disse".

E as pessoas riram. "Você é louco! É manipulado pela sua esposa."

E o homem acrescentou: "Todo marido é manipulado pela esposa, e toda esposa é convencida pelo marido. Todo mundo é manipulado pelas pessoas próximas. O que há de errado em minha esposa me convencer?"

Existem muitas espécies de poço. Quando o poço está sujo, a lua não é vista claramente. Se estiver limpo, a lua será vista nitidamente. Mas a lua nunca entrou em nenhum poço, lembrem-se disso. E se vocês começarem a acreditar que a lua caiu no poço, a vida ficará difícil. A primeira dificuldade que vocês terão é não conseguir pegar a lua dentro do poço. Todas as vezes que a lua escorregar das suas mãos, a vida de vocês será um sofrimento. E vocês vão começar a pensar em como soltar a lua: "Quero sair do poço. Quero liberdade! Quero ser um asceta!" Aí outra complicação tem início. Como vocês vão tirar do poço algo que nunca esteve lá dentro?

A lua está sempre do lado de fora. A alma está sempre lá fora; ela nunca entrou em poço nenhum. Mas criou a ilusão de entrar no poço. E quanto mais parecer que ela entra nesses poços, maiores parecemos ser. É por isso que, quando alguém se curva para nós, ficamos gratos; e se dez pessoas nos cumprimentarem, a gratidão será muito maior. Se 10 milhões de pessoas nos cumprimentarem, o êxtase experimentado é indescritível! Verei a minha imagem em tantos poços que é como se eu tivesse me expandido muito, me tornado muito vasto. Ocupando muito espaço. E mesmo assim faltou preencher um espaço – aquele em que eu existo realmente. Começo a aparecer em lugares em que não estou realmente presente.

Meditar significa sair dos poços em que você nunca entrou. Mas isso é muito paradoxal. Como sair de um poço em que você nunca entrou? Sair do poço é descobrir que sempre esteve do lado de fora. Vamos descobrir isso a partir de hoje. Vamos nos sentar aqui por quinze minutos e tentar descobrir.

A luz será apagada e vocês estarão totalmente a sós na escuridão. Na sua solidão, sentem-se tranquilamente, relaxando o corpo inteiro de todas as maneiras. Fechem os olhos. Respirem devagar. E comecem a sua busca interior perguntando: "Eu estou fora, estou além desta experiência?"

Vocês não precisam acreditar nem ficar repetindo mentalmente: "Eu estou além, estou fora, sou intocável". Se fizerem isso não acontecerá nada, porque ao repetir "Estou além" vocês têm a sensação de que estão dentro, mas querem se convencer de que estão além. Isso acontece muito. Vocês não têm que repetir, têm que buscar. Estou mesmo dentro, faço parte de alguma experiência?

Se uma formiga picar a sua perna, nesse momento vocês têm que observar: "A formiga está picando a mim ou a minha perna? Eu sou um observador". Quando a perna amortecer e pesar, e vocês sentirem alfinetadas e agulhadas por ela toda, observem: "Os pés, as agulhas, o peso – tudo isso sou eu ou só tenho consciência deles? Ou só percebo e observo?" Vocês ouvirão sons, ruídos variados, uma pessoa passa na rua, outra fala mais alto, um carro buzina – e só observem: "Esses sons que estou ouvindo são meus? Ou só estou ouvindo e totalmente distanciado?" Escureceu. "Estou vivendo a escuridão, estou vivendo o silêncio da escuridão."

Lembrem-se: não *pensem* apenas que vocês estão além da agitação. O fato é que, ao alcançar as profundezas, vocês vão além da paz. Aonde a agitação jamais chega nem a paz pode alcançar. Esse lugar está além das duas. Não existe nem luz nem escuridão.

Entrem mais... mais..., vão para o centro mais íntimo e profundo do seu ser e investiguem: "Estou além, estou fora?" Continuem perguntando, conhecendo, buscando. E nessa busca a mente vai começar a desaparecer no silêncio. Um silêncio como vocês nunca sentiram os envolverá. Haverá uma grande explosão dentro de vocês, e pela primeira vez vocês saberão: "Estou sempre fora do poço, nunca estive dentro".

Durante estes três dias de retiro de meditação vocês buscarão por isso da maneira mais intensa e profunda possível. Eu falarei de chaves diferentes a cada dia, mas todas apontarão somente para isso. Empurrarei vocês de vários ângulos, mas todos os empurrões os farão entrar no mesmo espaço.

Vamos nos preparar para a meditação desta noite.

Por favor, deixem um espaço à sua volta quando se sentarem; não encostem em ninguém. Deixem espaço suficiente para que ninguém encoste em vocês. E não façam barulho; sentem-se em qualquer lugar e se movimentem em silêncio. É importante que vocês ouçam a minha voz. E, por favor, não falem com ninguém; aqui ninguém é parceiro ou amigo. Silêncio, não conversem.

Relaxem completamente o corpo. Não é mais permitido falar: chega de conversa! Parem de falar.

Sentem-se em absoluto silêncio, fechem os olhos. Darei alguns estímulos e aos poucos começarão a buscar o que já está dentro de vocês.

Primeiro, relaxem completamente, sintam o corpo completamente congelado, como se não existisse, como se estivesse morto. Relaxem tudo, relaxem. Relaxem o corpo, relaxem o corpo todo.

Fechem os olhos e relaxem. Relaxem completamente o corpo todo...

Agora relaxem a respiração. Não alterem o ritmo da respiração, respirem normalmente. O ar deve entrar e sair naturalmente. Não pensem que o ar está entrando ou saindo, se está entrando mais ou menos ar. Relaxem a respiração; ela vai se tornando mais lenta, cada vez mais lenta, como se tivesse parado. Relaxem a expiração, apenas deixem o ar sair.

O corpo está relaxado, a respiração está relaxada. Agora, no fundo do seu ser, nas profundezas do "eu" essencial – que está distanciado de tudo –, vocês ouvirão todos os sons ao redor. Ouçam. Vocês estão além, estão separados, cada um de vocês é o outro. "Sou o observador; o que está acontecendo ao redor, se é dentro ou se é fora, se é dentro do meu corpo, tudo o que acontece, acontece fora de mim.

"Deve ser um relâmpago, uma rajada de chuva ou apenas sons. O corpo permanecerá congelado – o corpo pode até cair no chão. Tudo está fora de mim. Tudo é fora de mim. Estou além, estou separado. Estou distanciado. Estou observando tudo isso acontecer... Só um observador. Só um observador.

"Sou um observador, sou um observador, estou atento... Tudo é, tudo está fora de mim. E tudo está acontecendo, está acontecendo muito além de mim; estou distante, muito além, estou acima, estou totalmente separado. Só estou observando, só estou experimentando, sou apenas um espectador.

"Sou um observador. Só estou experimentando, estou consciente... estou consciente do que está acontecendo. Sou só um observador..."

E esta experiência vai se aprofundando cada vez mais, levando a uma paz tão profunda, como vocês nunca viram. Levando a um profundo silêncio que vocês desconhecem. Mergulhando em uma felicidade imensa e desconhecida de todos nós.

"Sou um observador... Sou um observador... Sou apenas um observador..."

Capítulo 2

Não busque, pare de buscar

Um homem que está preso pode ser libertado; um homem que está encarcerado pode ser solto. Um homem que está dormindo pode ser despertado. Mas, se alguém está acordado e tem a ilusão de que dorme profundamente, será muito difícil despertá-lo. Quando alguém que está livre pensa que está amarrado, será muito difícil soltá-lo. Se alguém não está acorrentado, mas sonha que está e quer saber o que fazer para quebrar as correntes, o que fazer para se libertar, será muito difícil ele se soltar.

Nesse contexto, conversei com vocês sobre a primeira chave na noite passada. O ser não é prisioneiro, mas acreditamos que é. Vocês não precisam libertar o ser, só precisam saber que na essência do ser vocês já são livres.

Hoje, ao falar sobre a segunda chave, seguirei na mesma direção, mas por outro ângulo. A lua é uma só, mas pode ser apontada com dedos diferentes. A verdade é uma só, mas pode ser alcançada através de várias portas. Na segunda chave refletiremos sobre a pergunta: o que estamos buscando?

Todo mundo está em busca de alguma coisa: uns buscam dinheiro, outros buscam fama. E aqueles que evitam a riqueza e a fama acabam buscando a religião, a liberdade suprema, Deus. Eles são impelidos a buscar alguma coisa; não conseguem escapar da busca propriamente dita.

Estamos acostumados a pensar que quem busca riquezas não é religioso e que quem busca coisas espirituais é religioso. E digo que quem busca não é religioso e que quem não busca é.

O que se busca não tem importância. Quando a pessoa está buscando, está se afastando de si. Portanto, o buscador se afasta cada vez mais de si mesmo. Só quem para de buscar pode encontrar a si mesmo. *Buscar* significa – a própria palavra *buscar* – distanciar-se.

O que é buscar? Buscar implica querer chegar aonde não estamos. Encontrar o que não temos e procurar o que não sabemos. O que eu sou, o meu ser, já está aqui, sempre disponível. É o meu próprio ser – como é possível procurar por ele? E quanto mais me envolvo nessa busca, mais me afasto do que sou.

Nós nos perdemos quando buscamos obsessivamente. Tanto faz se corremos atrás de dinheiro, de fama ou de iluminação. Não faz nenhuma diferença. São apenas denominações diferentes para a mesma doença; a doença da busca. A doença básica não é o que estamos buscando, mas a busca em si. A busca é uma doença. Não seremos nós se não pudermos buscar – buscar compulsivamente. E buscar implica também focar no que está muito longe; busquem e vocês se perderão!

É natural buscar o que está longe, buscar o desconhecido, o que está distante. Mas se entre mim e o objeto não existir uma agulha de distância – na verdade, se eu e o objeto formos um só –, e se eu não puder me afastar desse objeto mesmo que queira, porque aonde eu for o objeto irá comigo, como é possível buscar esse objeto?

Buscar é uma grande ilusão. E o buscador vai acabar se perdendo; a ilusão da busca tem raízes profundas: se nos aborrecemos buscando alguma coisa, logo nos envolvemos na busca de outra coisa, mas não paramos de buscar.

Quem vive correndo atrás de dinheiro acaba se cansando. A pessoa junta muito dinheiro e diz: "Não vou mais correr atrás de dinheiro, agora vou correr atrás de religião!" Por isso tanta gente rica sai em busca de religião.

Sabem por que só ricos buscam a verdade? Os 24 *tirthankaras* do jainismo eram todos filhos de reis. Buda era filho de um rei. Rama e Krishna eram filhos de reis. Na Índia, os *tirthankaras*, os mestres iluminados, todos os budas e todas as reencarnações de Deus eram filhos de reis. Por que filhos de milionários buscam a espiritualidade?

Porque se cansaram de juntar dinheiro. Isso já não interessa mais. Seja o que for que eles conseguiram juntar, perdeu o encanto. Agora eles procuram o que não têm. Por isso quem se cansa de juntar dinheiro se volta para a religião. Quem se cansa das coisas do mundo sai em busca da liberdade suprema.

O objeto da busca mudou, mas a busca continua. E a mente do buscador permanece exatamente a mesma; não importa o que está buscando.

Um comerciante passa o dia todo se preocupando com dinheiro. Da mesma maneira, o buscador de Deus acorda cedo, vai a um templo e passa o dia querendo encontrar Deus, assim como um comerciante se preocupa com o dinheiro. O homem comum vive correndo atrás de coisas e acumulando coisas. Mas observem um asceta e verão que ele também está constantemente correndo atrás de alguma coisa. Os dois correm em direções opostas e buscam coisas diferentes, mas os dois estão correndo atrás de alguma coisa. A perseguição não para. E o homem comum morre insatisfeito porque não consegue ter tudo o que queria. E o asceta morre insatisfeito porque não consegue encontrar Deus. A maratona é para os dois.

Eu quero que vocês entendam que a única realidade é parar de correr, é parar de perseguir. A corrida implica que meus olhos estão voltados para outra coisa qualquer. E se meus olhos estão voltados para outra coisa, como podem estar voltados para mim? Então, não faz diferença se meus olhos estão voltados para Deus ou para um cargo importante em Delhi. Eles se voltam para qualquer outro lugar, menos para onde eu existo.

Esse é um sintoma da mente que corre atrás de qualquer coisa. O objeto muda, o objetivo muda, a pessoa estabelece outro objetivo e a atividade não para. Quem corre atrás é sempre a mesma mente.

Para o boi que trabalha na prensa de óleo, dando voltas e mais voltas em torno da polia, tanto faz o tipo de óleo que está sendo produzido. O boi só tem que andar e não pensar no óleo; seja qual for o óleo, o boi continua andando. A mente vai continuar correndo atrás. Não importa do quê.

Mas nós somos diferentes. Dizemos que um homem é mundano porque daria a vida por dinheiro e que outro é espiritual porque está buscando Deus. São exatamente o mesmo tipo de pessoa, não há diferença nenhuma entre eles. Os dois estão correndo atrás de alguma coisa. O dois estão loucos para conseguir alcançar alguma coisa. A mente de ambos está desejosa. Os dois sofrem por algo que está fora; os dois estão desesperados para obter algo que está fora. Ambos estão sedentos. Se não alcançarem seus objetivos, vão sofrer. Eles precisam encontrar alguma coisa para se sentirem felizes e não sofrerem mais. E o que eles querem pode ser qualquer coisa, A, B ou C. O nome não faz a menor diferença.

Essa é a mente de quem está correndo atrás... E essa mente que corre atrás, a mente que busca, é o que mais atrapalha a busca da verdade.

Como sair dessa? A gente se pergunta: "Se eu parar de buscar, o que acontecerá? Vou continuar exatamente onde estou?" Não, a gente continuará exatamente onde está se continuar buscando. Se parar de buscar, mesmo que seja por um instante, continuará sendo o que sempre foi. Mas é muito difícil parar de buscar, mesmo que seja por um instante.

Parar de buscar significa que no exato momento em que paramos a mente não está procurando absolutamente nada. Dizemos: "Não, não quero nada. Não quero ir a lugar nenhum, não quero ser nada, não tenho objetivo, eu me basto. Assim como sou está bem.

Eu paro por um momento e tudo para. O vento para de soprar, nenhuma folha se move, nenhuma onda se ergue no mar. Eu não vou a lugar nenhum, não vou pedir nada a ninguém. Não vou a cultos nem vou me ajoelhar para rezar. Não vou me preocupar com contas bancárias nem com as escrituras. Subitamente, eu paro. Fico quieto, em silêncio, não busco nada". Nesse momento de silêncio surge o que está sempre presente e não precisa ser buscado. O que estava esquecido se revela porque antes a busca não cessava.

O grande místico chinês Lao Tzu dizia: "Enquanto busquei, não encontrei, mas quando parei de buscar revelou-se que o buscador era o que eu buscava".

Quando alguém começa a buscar por si mesmo, não importa quão longe vá ou que distância percorra, onde pode encontrar a si mesmo?

Ouvi contar...

Um homem chegou bêbado em casa certa noite. De alguma forma, por um hábito mecânico de suas pernas, ele conseguiu chegar em casa.

As pernas não precisam aprender o caminho toda vez para chegar em casa. Chegamos em casa sem muito pensamento consciente; não é preciso pensar que agora vou virar à esquerda, agora à direita, e lá está a minha casa. É um hábito mecânico. Nós nos perdemos em pensamentos enquanto as pernas nos levam pelas ruas, sobem escadas e chegam em casa. Trocamos de roupa, começamos a comer e em momento algum nos damos conta de que chegamos em casa.

O homem bêbado conseguiu chegar em casa, mas ficou em dúvida: "Esta casa é minha ou de outra pessoa?" Então perguntou aos vizinhos: "Irmãos, eu bebi um pouco, sabem me dizer se esta é a minha casa?"

Ele se sentou nos degraus da casa, os vizinhos riram dele, mas o bêbado insistiu: "Não riam, por favor, me digam onde está a minha casa. Minha mãe está me esperando!"

As pessoas o chacoalharam, dizendo: "Você está na porta da sua casa; está brincando conosco?"

O bêbado replicou: "Por favor, não digam isso. Onde é a minha casa? Por favor, me levem para casa".

Então a mãe do bêbado acordou. Já passava da meia-noite. Ela abriu a porta, pôs a mão na cabeça do filho e disse: "Meu filho, esta é a sua casa. O que está acontecendo?"

Ele se ajoelhou diante dela e disse: "Ah, senhora! Por favor, me leve para a minha casa, minha mãe está me esperando!"

Um dos vizinhos era mais esperto que os demais. Sempre há alguém mais esperto, seja onde for – toda vizinhança está cheia deles. Mas os sabichões causam problemas. O tolo sabe que é tolo, ao contrário do sabichão. O homem se aproximou: "Espere aqui. Vou buscar um carro de boi para levar você".

Alguém comentou: "Que bobagem! Esse homem está sentado nos degraus da casa dele. Se você o levar a outro lugar em um carro de boi, ele ficará longe de casa".

Mas o sabichão não quis saber e foi buscar o carro de boi. "Você vai precisar de um carro de boi para chegar a qualquer lugar."

Ora, quem está sentado à porta de casa não precisa de um carro de boi para levá-lo em casa. Mas para ir a qualquer lugar certamente precisará de um veículo.

Os vizinhos forçaram o bêbado a subir no carro de boi. A mãe gritava: "Que loucura é essa? O que estão fazendo? Se ele já chegou em casa, aonde quer que o levem em um carro de boi será muito longe de casa!"

Ninguém lhe deu ouvidos.

Essa é exatamente a nossa condição. O que estamos buscando já está aqui, onde estamos. O que estamos procurando é a pessoa que procura.

É uma situação muito estranha. Uma situação estranha que acaba criando uma grande dificuldade. Quanto mais rezamos, quanto mais buscamos, mais difícil fica. Mas nunca pensamos em olhar dentro de nós para saber quem é esse que está buscando.

Por isso eu digo a vocês que um religioso ou um buscador não é alguém que pergunta: "O que tenho que buscar?" O verdadeiro buscador pergunta: "Quem é esse que está buscando?" A questão não é o que buscar. O não religioso pergunta: "O que eu deveria procurar?" O religioso pergunta: "Quem é esse que está buscando? Deixe-me primeiro saber quem é que está buscando. Depois vou procurar por outra coisa. Primeiro, deixe que eu encontre a mim mesmo e então começarei a buscar a verdade. Primeiro, deixe-me conhecer a mim mesmo e então ter a experiência de Deus, do mundo e das coisas mundanas como o dinheiro. Se alguém não conhece a si mesmo, o que mais pode conhecer?"

O verdadeiro buscador não pergunta onde está Deus. O homem que pergunta onde está Deus não tem nenhuma relação com a religiosidade. O religioso não pergunta onde está a libertação suprema. E quem perguntar não tem nenhuma relação com a religiosidade. O religioso pergunta: "Quem é esse que tem o desejo de ser libertado? Quem é a pessoa que quer ser libertada? Quem é que tem tanta sede de realizar a santidade? Quem anseia encontrar a verdade? De quem é esse anseio de alcançar a felicidade? Quem é esse que chora, anseia e reza pela felicidade? Quem sou eu? Quem é esse que busca, quero conhecê-lo! Permita que eu o reconheça!"

Mas em nome da religião só coisas sem importância têm sido ensinadas, explicadas. A própria direção da busca religiosa está errada. A religiosidade não tem nenhuma relação com a busca e o objeto da busca; só está interessada no próprio buscador. Quem está buscando? E se a pessoa quiser conhecer quem está buscando, aonde terá que ir? Ao Himalaia, a locais sagrados como Benares? Aonde terá que ir para buscar a si mesma?

Aconteceu...

Um grande grupo de pessoas chegou a um vilarejo. O místico saiu da cabana e exclamou: "Quanta gente! Aonde toda essa gente está indo?"

Alguém respondeu: "Não sabia que um homem retornou de Meca? Toda essa gente está indo visitá-lo".

E o místico disse: "Aha! É tanta gente que até parece que Meca veio visitar esse homem, e por isso estão se juntando em torno dele. O que há de tão importante em um homem visitar Meca? Quando Meca visita um homem, esse fato tem alguma importância". E voltou para dentro da cabana.

O religioso não é aquele que sai para buscar a santidade, é aquele que chega ao centro do seu ser; porque no momento em que alguém alcança o centro do seu ser, Deus em sua totalidade entra nele. Vocês não podem buscar Deus, somente Deus pode buscar vocês.

Como podemos buscar Deus? Nós não conseguimos encontrar nem a nós mesmos. Nem somos capazes de nos conhecermos e mesmo assim desejamos conhecer Deus.

Aliás, é o ego do homem que vai ao encontro de Deus. Esse é o maior dos egos; nem o ego de quem vive para o dinheiro é tão grande. É difícil encontrar maiores egoístas que os ascetas. O que é esse ego deles? É a ilusão de encontrar Deus! E a verdade é que ninguém jamais encontra Deus. A pessoa tem que encontrar a si mesma para que a divindade se torne real. Ninguém aborda a existência diretamente, mas aborda o seu próprio ser e imediatamente tem intimidade com toda a existência.

Consequentemente, falemos agora da segunda chave: não busquem, fiquem quietos. Não corram, parem de correr. Parem de olhar para os outros e não fixem o olhar em nada. Parem de olhar para fora e se voltem para dentro. Lembrem-se de que não é possível fixar os olhos em si mesmo. Não se pode fixar os olhos em si mesmo, não se pode se concentrar em si mesmo. A concentração é sempre no outro; para que a concentração aconteça tem que haver duas entidades: quem se concentra e o objeto da concentração.

Então, quando digo para afastar a atenção das outras coisas, não é para vocês se concentrarem em si mesmos. Quando a atenção é afastada de todo o resto, ela simplesmente se volta para o centro do seu ser. Vocês não têm que se concentrar no centro do seu ser; ninguém se concentra lá. Por isso, o processo da meditação é negativo, *neti-neti,* nem isto nem aquilo. Isto não, aquilo não, aquilo também não. A gente afasta a atenção disto, daquilo e daquilo outro. Afasta a atenção de tudo. Deixa a atenção desocupada. Esvaziada. Assim que a atenção estiver totalmente desocupada, imediatamente ela se volta para dentro.

Para entender a segunda chave vocês têm que entender a ilusão das pessoas comuns e a ilusão dos ascetas religiosos.

Pessoas como Alexandre, o Grande, e Gengis Khan querem conquistar o mundo, declaram que conseguirão conquistar o mundo inteiro. No caso delas, o "eu" está dizendo: "Vou conquistar o mundo inteiro!" O ego diz: "Quero o mundo todo aos meus pés!" E há outro tipo de pessoas, as que declaram: "Vou sair em busca de Deus!" O ego diz: "Terei Deus em minhas mãos! Encontrarei Deus, custe o que custar!" Qual é a diferença entre elas?

Sim, há uma diferença. A busca do homem comum é pequena, o mundo é pequeno. Ao passo que Deus ou a existência implica o todo, o total, o absoluto. O asceta diz: "Tomarei tudo em minhas mãos". Nenhum deles é religioso.

O verdadeiro buscador diz: "Vou descobrir a quem pertencem estes meus punhos. Não estou do lado de fora para prender ninguém dentro de meus punhos, mas para saber a quem eles pertencem. Quem os fecha e quem os abre? Não importa o que há dentro deles, mas o que está por trás deles. Quem está por trás dos meus punhos, quem os fecha, quem os abre? Não estou interessado no que meus olhos veem – se é uma bela mulher, uma bonita flor, uma casa grande ou até mesmo Deus. A questão não é o que eu vejo. Não é o objeto. A questão é quem vê através dos meus olhos". Você tem que fazer uma clara distinção entre as duas coisas, entre o observador e o observado.

O objeto da observação pode mudar. Alguém se cansa de olhar só para o dinheiro e começa a olhar para Deus. Pessoas obcecadas por dinheiro mudam de lado e começam a ter visões do paraíso. Algumas de repente têm visões de Krishna tocando sua flauta enquanto contam seu dinheiro! Mas todas as experiências estão separadas de nós; elas são o observado, mas nada sabemos sobre o observador. "Quem sou eu?" Se você tem uma visão de Krishna tocando flauta ou se está assistindo a uma peça de teatro, nos dois casos está vendo alguma coisa do lado de fora. E não sabe quem é o observador.

O verdadeiro religioso procura saber quem é o observador, a testemunha. Ele está interessado em quem vê, e não no que é visto. Ele não está interessado no observado; ele pergunta sobre o observador: "Quem é ele?" E, nessa busca pelo observador, correr atrás de qualquer coisa não ajuda em nada. Nessa dimensão, não há espaço para a busca. O que funciona é parar. Funciona não fazer nada; funciona sentar-se em silêncio.

Mas somos especialistas em correr atrás e procurar. Por isso, se alguém nos aconselha a parar de buscar o que tanto procuramos e passar a buscar outra coisa, é fácil sentir que o certo é isso: "Agora, vou encerrar esta busca e vou atrás de outra coisa".

Um homem que é obcecado por dinheiro facilmente se envolve na busca de Deus. Então, não se surpreendam se souberem que um milionário se tornou asceta. Ambos não são muito diferentes. A mesma mente que busca dinheiro também diz: "Tenho que buscar, buscar qualquer coisa. Se não é dinheiro, buscarei a religião". A mente que busca dinheiro pergunta: "Por que buscar riquezas? Para ter prestígio". A mesma mente diz: "Tudo bem! Se eu não for buscar dinheiro, buscarei a religião, porque a religião atrai ainda mais respeitabilidade". Quantas pessoas respeitam um homem rico? E se o homem rico se tornar santo, os mesmos tolos que nunca o respeitaram, e mesmo os que o respeitaram, todos eram falsos... Respeitavam se o encontrassem pela rua e falavam mal dele pelas costas. Agora, os mesmos idiotas passam a tocar os pés do santo.

Quem corre atrás de dinheiro é motivado pelo desejo de ser respeitado, e a busca da religião ocorre pela mesma razão. Mas a mente precisa buscar; a mente exige uma busca. Ela não sobrevive se não buscar. Por quê? Porque sem uma busca a mente morrerá. No momento em que a busca termina, a mente morre. Terminada a busca, a mente acaba. Se não há busca, não há mente. A mente só sobrevive se a busca continua. Entendam bem: a mente é o próprio instrumento da busca. A mente sobrevive desde que a busca persista. Quando a busca termina, a mente acaba.

Costumamos dizer que a mente está buscando. Mas é errado. A nossa língua tem muitas expressões erradas. Ontem à noite houve relâmpagos e trovões e alguém disse em híndi que a eletricidade é o relâmpago. Vamos raciocinar sobre essa frase. Soa como se a eletricidade produzida por trovões e os relâmpagos fossem dois fenômenos diferentes. De fato, aquilo que é o relâmpago é chamado de eletricidade. Está errado dizer que a eletricidade é o relâmpago. *Relâmpago* e *eletricidade* são a mesma coisa. Quando você diz que a eletricidade é o relâmpago, parece que são duas coisas isoladas, a eletricidade é uma coisa e o relâmpago é outra. Como é possível separar o relâmpago da eletricidade produzida durante uma tempestade? Se você retira o relâmpago, então não há eletricidade. Se não há eletricidade produzida, não haverá relâmpago. *Eletricidade* e *relâmpago* são dois nomes do mesmo fenômeno. Mas dizemos que a eletricidade é o relâmpago. Está errado.

Da mesma maneira, dizemos que a mente está buscando. Essa também é uma expressão errada. O próprio processo de busca é chamado de *mente*. Não tem sentido dizer que a mente está buscando. Mente significa busca. Desde que você esteja buscando, a mente existe. Não importa o que se busque, a mente vai permanecer. Quando você para de buscar, a mente desaparece. E, quando a mente desaparece, acontece a realização daquilo que é.

Vocês não têm que procurar o que é. O que é é. Parem de buscar. Em um jardim, desabrocham muitas flores. Sobrevoem o jardim a bordo de um jato, em alta velocidade. Mesmo que sobrevoem o jardim milhares de vezes, vocês não conseguirão ver as flores. Elas estão lá, mas como é possível vê-las em tal velocidade, tão do alto, com tanta pressa? Vocês terão que parar para ver como elas são. Se continuarem correndo, não verão.

Quanto mais vocês correrem, mais depressa deixarão de ver aquilo que é. Quanto mais a mente corre, mais ela se afasta da verdade. Quanto mais a mente se aquieta, se tranquiliza, mais perto ela se aproxima da verdade. A verdade é a mente silenciosa, é a não mente. A mente morre – a mente morre no momento em que ela para.

Devemos entender isso muito bem, porque usamos expressões comuns como estas no dia a dia: dizemos que certa pessoa tem a mente muito pacífica. Não está correto. Mente pacífica não existe; *mente* é sinônimo de perturbação. A mente desaparece quando nada a perturba.

Vamos entender de outra maneira. Cai uma tempestade em um rio e a água fica agitada. Durante a tempestade tudo se agita. Dizemos que a água está muito agitada. Depois tudo se acalma e dizemos que agora a água está tranquila. Isso quer dizer que as ondas desapareceram, não é? Que agora não há mais ondas.

Não existe onda imóvel. A própria palavra *onda* significa agitação. Enquanto houver ondas, haverá agitação. Não existe nada semelhante a uma onda imóvel. Onda imóvel implica a morte da onda. Que não há mais nenhuma onda. É o que significa uma onda imóvel.

A mente está sempre perturbada. E por que ela é tão perturbada? Quem busca está sempre perturbado. Buscar implica tensão. Eu estou aqui e o que quero encontrar está *lá*, está distante. O que quero alcançar está lá, e quem quer alcançar está bem aqui. Há uma tensão entre os dois. Eu não descanso até alcançar. E quando chego lá, o que busco se moverá para a frente, porque a mente buscadora dirá: "Mais à frente! Mais, mais e mais...", porque só assim ela sobrevive. A mente só consegue continuar viva se ela continuar buscando cada vez mais. Consequentemente, a mente nos levará cada vez mais longe, dia após dia. A mente nos leva para o futuro, e estamos no presente.

Uma busca nos leva para o futuro e a existência está no presente. A busca diz: "Amanhã, amanhã você vai conseguir. Amanhã você terá riquezas, amanhã você terá *status*, amanhã você conhecerá Deus... amanhã!"

A busca diz "amanhã", mas o que de fato é é hoje. É aqui e agora.

Ouvi contar...

Três homens santos viajavam juntos: um místico sufi, um iogue e um devoto. Eles pararam em uma aldeia para dormir. Nessa aldeia receberam algumas esmolas e um deles foi ao mercado comprar comida. No mercado ele comprou *halvah* doce. Mas tinha pouco dinheiro e só deu para comprar uma pequena quantidade. Como havia mais gente faminta do que comida, cada um justificou o seu direito à *halvah*. O devoto disse: "Sou um grande devoto de Deus e sempre tenho visões de Krishna tocando flauta, por isso a *halvah* deve ser dada a mim".

O iogue disse: "Que bobagem! Passei a vida praticando a postura da vela. Ninguém jamais praticou as posições invertidas da ioga mais do que eu. Desenvolvi os poderes extrassensoriais da ioga. Por isso ficarei com a *halvah*".

A disputa continuou e nada se decidiu. Havia pouca *halvah* e eles não chegavam a um acordo sobre quem a comeria. Já era noite quando o místico sufi sugeriu: "Vamos dormir. Quem tiver o melhor sonho comerá a *halvah* de manhã. Contaremos nossos sonhos quando acordarmos".

Foram todos dormir. Quando acordaram, começaram a contar os sonhos. É claro que os três tinham tido grandes sonhos! Como ninguém controla o sonho de ninguém, eles podiam inventar à vontade.

O devoto disse: "Deus apareceu no meu sonho e disse: 'Você é o meu melhor devoto. É o mais devoto de todos. Por isso tem dircito à *halvah*'".

O iogue disse: "Entrei em *samadhi,* alcancei a liberdade suprema e conheci a graça divina. Por isso tenho direito à *halvah*".

A disputa continuou.

Por fim perguntaram ao místico sufi. "O que você sonhou?"

"Estou com um problema. Deus me ordenou em sonho: 'Levante-se e coma a *halvah*!' Ninguém desobedece a uma ordem de Deus, e eu não desobedeci", respondeu ele.

O místico sufi que conta esse fato em sua biografia escreve que os que se levantam e comem a *halvah* são os verdadeiros. Os que dizem "Vou comer amanhã", os que adiam nem que seja por um instante, não comem. E buscar é sempre adiar. Buscar é postergar. Jamais é aqui e agora. A busca não pode parar, porque amanhã, quando chegarmos a algum lugar, alguma coisa estará à nossa espera. Mas ao chegarmos a mente buscadora olhará para a frente e dirá: "Mais adiante, mais adiante".

Vocês já viram como o horizonte se apresenta para nós? A gente sai de casa e vê a linha do horizonte tocando a terra de um lado ao outro. Parece estar a uma pequena distância de nós. Se formos um pouco além de onde estamos sentados aqui, além das montanhas, o céu vai se misturar com a terra. Mas a gente vai até lá e eles continuarão se afastando. O horizonte jamais toca a terra em nenhum ponto. Quanto mais vocês andarem, mais distantes eles estarão. Vocês podem dar a volta no planeta que terra e céu sempre se encontrarão lá na frente e chamarão por vocês. E quanto mais longe vocês forem, mais distante parecem estar.

Da mesma forma, o horizonte dos desejos nunca termina em algum lugar. O céu dos desejos não encosta na terra do seu ser em nenhum lugar. A pessoa o persegue, mas o horizonte ficará cada vez mais distante. Ela corre, acelera, busca e no fim só chegará ao final da sua vida. Uma vida, duas vidas, infinitas vidas... E a loucura da busca nunca termina.

Sim, só uma coisa aconteceu: a pessoa se cansou de buscar uma coisa e começou a buscar outra. Mas a busca não parou. O verdadeiro religioso é aquele que parou de buscar, não uma coisa em particular, mas a si mesmo. Ele se cansa de buscar e declara: "Parei de buscar. Agora vou me sentar em silêncio e saber o que acontece na ausência da busca".

Sentar-se em silêncio e observar sem nada buscar é meditação. A mente que não busca, a mente que para de buscar, entra em meditação. Alcança a meditação. O próprio estado mental de não busca é meditação.

Jamais conhecemos o estado de não busca nem por um momento. Estamos buscando sempre uma coisa ou outra. A busca é um sintoma da nossa inquietação interior. Se deixarmos uma pessoa à toa em uma sala vazia, sem nada dentro, e a observarmos através de um buraco na parede, veremos que ela procurará alguma coisa para fazer. Não ficará parada. Não há nada na sala, mas ela encontra uma folha de jornal e começa a ler. Uma vez, duas vezes, dez vezes. Lerá a mesma coisa repetidamente. Abrirá e fechará janelas. Fará qualquer coisa. Se ela se deitar, começará a tossir e a mudar de posição; se ficar em pé, mãos e pés não pararão de se mexer.

Certo dia, um homem sentou-se diante de Buda e ficou movendo o dedão do pé. Buda parou de falar e perguntou: "Amigo, por que esse dedo está se mexendo?"

Imediatamente, o homem parou de mover o dedo. E disse: "Por favor, continue falando. Por que se preocupar com meu dedo? O que você tem a ver com meu dedo?"

Buda disse: "Você não está interessado no seu dedo, mas eu estou. Por que ele está se mexendo?"

"Ele estava se mexendo sozinho, eu nem percebi", respondeu o homem.

Buda disse: "O dedo é seu e você nem percebe? Então temos aí um problema. Você é um homem consciente ou inconsciente? Por que o dedo estava se mexendo?"

O homem ficou incomodado: "Por que algo tão trivial o incomoda tanto? Por que você se preocupa com meu dedo?"

A questão não é o dedo. Mostra que sua mente está agitada interiormente e está se mexendo.

Vocês já devem ter visto alguém que está sentado em uma cadeira distraído e balança a perna. Se perguntarem por que ele está balançando a perna... "Se você sai para algum lugar e movimenta a perna, é compreensível. Mas você não vai a lugar nenhum, então por que movimenta a perna estando sentado? O que está acontecendo?"

É a mente que está inquieta. Ela diz: "Faça alguma coisa. Se não há nada melhor para fazer, faça algo inútil".

Alguém fuma um cigarro. Não faz sentido fumar cigarros. A pessoa inala e solta a fumaça. Se alguém perguntar: "Por que você inala e solta a fumaça?"... São coisas que acontecem com tanta frequência que já nos acostumamos.

Se alguém der um gole de água e gargarejar, vamos achar que a pessoa enlouqueceu. Mas, se isso virar moda e for aceito pela cultura, as pessoas vão gargarejar em qualquer lugar. E, se continuarem gargarejando por milhares de anos, os padres começarão a pregar que gargarejar é um mau hábito. As pessoas dirão: "É impossível parar. Já é um vício. Se eu não gargarejar, ficará faltando alguma coisa. Estamos tão obcecados que precisamos fazer gargarejo de quatro a seis vezes por dia".

Vocês sabiam que na Índia ninguém masca chiclete? Mas nos Estados Unidos todo mundo masca. As pessoas ficam mascando chiclete sem parar. Mas aqui não costumamos fazer isso. Por quê? Por falta de hábito; mascar é um hábito, por isso todos mascam.

As pessoas fumam; elas tragam e soltam fumaça. O que é isso que elas estão fazendo? A questão não é fumar ou não fumar. Mostra que a pessoa está inquieta e precisa fazer alguma coisa. Se ficar desocupada, o que ela faz? Inala e solta fumaça. E isso passa a ser algo que ela faz: fumar cigarros é a sua ocupação. É só um artifício que um desocupado usa para se ocupar.

As mulheres também começaram a fumar. Vocês sabiam que nos países em que as mulheres fumam elas falam e fofocam menos porque encontraram uma nova ocupação?

Em países como a Índia as mulheres não fumam e fofocam mais. O que algumas descarregam fumando, outras descarregam fofocando. É a mesma coisa, não há diferença. E, no meu modo de ver, é melhor fumar do que encher a cabeça do outro com boatos. Enquanto você fuma, está ocupado consigo mesmo, e, se estiver causando algum mal, será somente para si mesmo – e não prejudica ninguém.

Em todo o mundo as mulheres falam mais do que os homens porque não conhecem um jeito mais simples de manter os lábios ocupados. Mas, nos países em que elas fumam, ficaram mais silenciosas. Agora, elas se sentam num canto para fumar e não ficam falando demais.

A mente busca ocupações inúteis. As pessoas acordam e começam a ler o jornal. Mal acordam e perguntam onde está o jornal. Será que elas estão desesperadas para saber o que está acontecendo no mundo? Nada disso. Por que se preocupariam com os outros se não se preocupam nem consigo mesmas? Mas as pessoas precisam se comprometer, se envolver com alguma coisa que as mantenha ocupadas por um tempo. Depois, ligarão o rádio e se ocuparão em ouvir. Todo mundo precisa se ocupar. O homem é inquieto interiormente; precisa se ocupar com alguma coisa. Se não há busca, há algum problema.

Nós fugimos de nós mesmos. As pessoas querem fugir de si mesmas, mas continuam dando novos nomes para essa fuga.

Isso não funciona. Isso precisa parar. Ninguém precisa fugir de si mesmo. Apenas parem. De vez em quando, deem-se um tempo e voltem para dentro. Parem de ir a qualquer lugar, parem de fazer qualquer coisa, parem de buscar qualquer coisa, parem de tentar se ocupar – congelem pernas e mãos, não fumem, não leiam, não recitem mantras. Fumar e recitar "Rama, Rama" são atividades idênticas. Recitar mantras e usar contas de oração só servem para nos manter ocupados.

Em um mundo melhor, as crianças serão mais evoluídas e se espantarão ao saber que no passado alguns lunáticos costumavam se sentar por meia hora ou quarenta minutos para recitar mantras com contas de oração. Mas nós não percebemos isso; achamos que está tudo bem. As pessoas religiosas rezam com contas de oração. Que relação têm as contas com ser religioso? Ambos são a mesma coisa – só o método é diferente; não existe diferença entre um fumante e um devoto que reza com contas de oração. Um traga e solta fumaça, o outro dedilha as contas de oração, mas os dois praticam a mesma atividade. Não conseguem entrar em um estado de não fazer.

Fazer nada é meditação. Estar totalmente desocupado é meditação. Essa é a segunda chave que dou a vocês: não façam nada durante um tempo; absolutamente nada.

As pessoas me perguntam: "Tudo bem, mas o que fazer durante esse período de não fazer? Podemos recitar 'Om' ou 'Rama, Rama'? Sobre o que meditaremos? Que mantra devemos recitar, talvez um mantra do jainismo? O que devemos fazer?"

E eu digo que é exatamente isso que estou tentando explicar: não façam nada. Mas as pessoas insistem: "Tenho que fazer alguma coisa! Por favor, me dê algo para fazer". Se eu der, elas relaxam, porque encontraram algo com que se ocupar. Elas precisam ter algo para fazer. Estão prontas para fazer qualquer coisa. Mas eu tenho que lhes dar alguma coisa para se manterem ocupadas; para ficar fazendo e se ocupar. E o velho padrão se repetirá.

Eu lhes digo: por enquanto, não façam nada. Durante um tempo, não façam nada! Se vocês conseguirem permanecer em um estado de não fazer por um segundo, a porta da existência se abrirá.

É o que faremos na meditação desta noite. Quando vocês chegarem para meditar, verão que só estamos meditando, ou seja, estamos fazendo nada. É só por uma limitação do idioma que dizemos: "Estamos fazendo meditação". O próprio significado de *meditação* é fazer nada. Essa é só uma dificuldade de linguagem. As linguagens são criadas por não iluminados; os iluminados não criaram nenhuma linguagem. Quando os seres iluminados quiseram criar uma linguagem, os tolos os impediram. Se os seres iluminados conseguirem criar uma linguagem, será muito diferente. Todas as linguagens foram criadas por não iluminados.

Terminarei minha palestra com uma história curta. Então entraremos no não fazer.

Por favor, enquanto estiverem acordados, pensem sobre o não fazer; refinem mais a compreensão disso. Vocês precisam de um tempo para assimilar o que compartilhamos aqui. Não entenderão se simplesmente ouvirem. Não é assim que funciona. Eu falo, mas vocês precisam contribuir com alguma coisa. Precisam meditar continuamente sobre o que estou dizendo – e só então algo acontece.

Ouvi contar...

O imperador do Japão visitou um mosteiro em seu país. Era um mosteiro grande, com centenas de salas. O chefe dos monges mostrou cada uma delas ao imperador; mostrou as salas de banho, as privadas, o ginásio e a sala de estudos.

O imperador disse: "Já vimos tudo, menos aquele prédio grande. O que vocês fazem lá?"

Sempre que o imperador perguntava o que se fazia lá, o mestre ficava em silêncio, como se não tivesse ouvido. Mas estava ouvindo tudo.

O imperador foi se irritando porque o monge não mostrava o que ele queria ver, que era aquele edifício. E o mestre continuava mostrando lugares que não lhe interessavam, como o estábulo dos animais! O imperador perdeu a paciência. "Por que está fazendo isso? Não me interessa onde vocês abrigam os animais. Quero saber o que vocês fazem lá, naquele lugar."

Quando ouviu "O que vocês fazem lá", o mestre ficou em absoluto silêncio. O imperador voltou-se para o portão e disse: "Saio daqui triste. Ou você é louco ou eu sou louco. Por que não me diz o que vocês fazem lá dentro?"

O mestre disse: "Porque vossa majestade imperial está fazendo a pergunta errada. Se eu respondesse, daria a resposta errada. Não existe resposta certa para uma pergunta errada".

"O que há de errado na minha pergunta? Só estou curioso para saber o que vocês fazem dentro daquela construção", insistiu o imperador.

"É por isso que fico em silêncio", disse o monge. "Como vossa majestade imperial só entende a linguagem do fazer, mostrei onde os monges tomam banho, onde estudam, onde se exercitam. Naquele lugar está a nossa sala de meditação – não fazemos nada dentro dela. Quando vossa majestade imperial me pergunta o que fazemos lá, fico em silêncio porque não vai entender a nossa linguagem. Só entende a linguagem do fazer. Por isso mostrei onde abrigamos os nossos animais. Quer saber o que fazemos lá dentro? Quando alguém não quer fazer absolutamente nada, fica lá dentro. É a nossa sala de meditação. Não fazemos nada lá, majestade. Quando estamos desocupados, ficamos lá. Não há nada para fazer lá dentro; apenas descansamos o nosso ser. Não fazemos nada. Apenas somos. Ficamos lá fazendo nada."

Pensem nisso durante o dia e o nosso encontro no fim da tarde será mais proveitoso. Não basta ouvir o que eu digo! Se vocês meditarem, ficará mais claro. Vocês precisam contribuir um pouco, precisam participar.

Ouvi contar...

Um rei convidou um amigo para uma caçada. O amigo do rei era sábio, de modo que só por brincadeira o rei lhe deu o pior cavalo, um animal tão lerdo que era impossível caçar qualquer coisa com ele.

Quando todos foram para a floresta caçar, o amigo não conseguiu sair da cidade. O cavalo era tão lerdo que ele chegaria mais rápido se fosse a pé. É muito comum o veículo empacar. Mas, felizmente, começou a chover, chover muito. O sábio, na saída da cidade, tirou as roupas, colocou-as sob a sela em que estava montado e voltou para o palácio. Lá chegando, vestiu-se novamente.

O rei e os outros voltaram da floresta. Estavam todos ensopados. Viram que o sábio estava com as roupas secas e perguntaram: "O que aconteceu?"

"Meu cavalo é extraordinário. Me trouxe de volta para casa tão rápido que minhas roupas nem molharam", respondeu ele.

No dia seguinte, o grupo foi caçar novamente. O rei disse: "Hoje quero ir com o seu cavalo".

"Como quiser", disse o amigo. O rei deu o seu próprio cavalo ao amigo e montou o lerdo. Voltou a chover. E o sábio tirou as roupas, sentou-se sobre elas e voltou galopando para o palácio. Suas roupas estavam ainda mais secas do que no dia anterior, porque o cavalo era mais rápido.

O rei voltou ensopado, muito mais que no dia anterior, porque seu cavalo era muito lerdo. Disse então para o amigo: "Você mentiu para mim. O seu cavalo me deixou mais molhado do que fiquei ontem".

O sábio replicou: "Majestade, o cavalo sozinho não é suficiente. Você tem que contribuir, tem que fazer alguma coisa. O que o cavalo sozinho pode fazer? Você fez alguma coisa ou esperou que o cavalo fizesse?"

"Eu montei o seu cavalo e deu tudo errado", respondeu o rei.

O amigo explicou: "Ontem, eu contribuí e o cavalo cooperou. Hoje eu fiz a mesma coisa e o cavalo também cooperou".

"O que você fez?"

E o amigo concluiu: "Por favor, não me pergunte isso. Não me pergunte nada. É segredo. Mas uma coisa é certa: sempre temos que contribuir com alguma coisa. Se não contribuirmos, nem o cavalo mais rápido do mundo vai ajudar. Mas, se contribuirmos o mínimo que seja, até o cavalo mais lerdo coopera e é nosso amigo".

Essa é uma história sobre um cavalo. E assim como o cavalo da história, vocês ouvem minhas palestras, mas têm que fazer alguma coisa com o que acabaram de ouvir. Se fizerem, algo acontece; caso contrário, vocês só terão ouvido, e o que ouviram vai desaparecer.

Então, pensem nisso e voltem para o nosso encontro no final da tarde. Voltem para o nosso encontro depois que entenderem o que é o não fazer. E nós nos sentaremos juntos. Se vierem depois de pensar nisso, talvez entrem no não fazer. Pode ser agora, neste exato momento, pode ser a qualquer momento. Mas será preciso preparar-se corretamente. E então, de repente, vocês darão o salto. Um salto tão extraordinário que os levará para o centro do seu ser, de onde vocês nunca saíram.

Nós nos encontraremos no final da tarde para dar esse salto.

Vocês me ouviram em silêncio e com amor. Sou grato por isso. Por fim, aceitem meus respeitos pela divindade que habita em vocês. Por favor, aceitem meus respeitos.

Capítulo 3

A escuridão não tem existência

Algumas coisas precisam ser conversadas. A primeira é: por querermos nos livrar dos nossos apegos e ódios, partimos do princípio de que somos tomados por esses sentimentos. Eu disse isso ontem à noite e repito esta manhã: é ilusório trabalhar esses sentimentos. Se vocês continuarem acreditando que só assim esses sentimentos desaparecerão, jamais se livrarão deles.

Por isso não digo a vocês o que é preciso fazer para se livrar do apego, do ódio e de outros sentimentos. Minha sugestão é primeiro reconhecer se cada um de vocês e esses sentimentos são um só ou se estão separados. Procurem saber, explorar na mente se vocês e os seus apegos são um só ou se estão separados. Quando tiverem certeza de que "isto é apego, isto é ódio e este é meu ser intocado por quaisquer sentimentos", quando essa certeza se aprofundar, ódios e apegos desaparecerão. E quando a compreensão de que vocês estão além deles for cristalina, de que não há nem apego nem ódio, vocês estarão livres.

O fato é que ninguém é um com seus apegos e ódios. Vocês acreditam que se misturam a esses sentimentos, e essa é uma ilusão que cria todas as dificuldades. Nesse caso, terão que descobrir como se livrar deles.

E o único jeito é pela observação. Sejam observadores dos seus apegos, observadores dos seus ódios. Não os evitem nem fujam deles. Quando se sentirem apegados, observem, assistam. "Isso é apego e estou vendo acontecer. Eu estou aqui, o apego está lá."

Quando sentirem ódio, observem: "Sinto o ódio aumentar, mas estou separado dele". Simplesmente observem. Como vocês observam o sol nascer e se pôr no horizonte: apenas assistam.

Ainda é dia. Se ficarmos aqui, vai escurecer e logo será noite. Não dizemos "Eu escureci", mas "Escureceu". E de manhã, quando clarear, diremos: "Já está claro, e estou separado da luz". Escurece e então clareia. Vem e vai.

O apego e o ódio também vêm e vão: eu estou aqui, estou separado. Ilusão é apegar-se a alguma coisa, ficar preso a esse apego e dizer: "Isso sou eu". Como também é se identificar com o ódio e dizer: "Isso sou eu". O que tem que ser rompido é a identificação. Mas a gente não tem que fazer nada para romper a identificação. Basta observar que ela acaba.

Por exemplo, quando ficarem com raiva, apenas observem a raiva aumentar. Ficarão surpresos ao notar que, ao observar a raiva aumentando, e não se identificar com nada que estiver acontecendo, ela vira fumaça e desaparece. Vocês estão fora e a raiva desaparece.

Sejam observadores de tudo que acontecer, apenas observem.

Osho,
Essas coisas só acontecem se estivermos com outras pessoas?

Não estou dizendo a respeito de acontecer ou não acontecer. Eu disse isso? Também não estou dizendo que não possam acontecer. Estou dizendo que, não importa o que acontecer, observem. É só através da observação que aos poucos essas coisas vão desaparecer. Então, estando com outra pessoa, não permitam que nada se interponha entre vocês. Basta uma pessoa de um lado, outra de outro e nada no meio. Sem apego nem ódio. Se isso for bem entendido, a consciência do apego e do ódio acaba com eles. O que nos faz nos apegarmos e odiarmos é a inconsciência.

É pela inconsciência que imediatamente nos identificamos com tudo que acontece. Quando sentimos raiva, não vemos a raiva passando por nós, mas se apossando de nós! Se olharmos bem, veremos que nós somos a raiva. O fogo queima e esse fogo é nós. Em um momento de raiva, não só agredimos movidos pela raiva, mas nos tornamos a própria raiva para agredir.

E quando a raiva passa a gente se arrepende. "Como pude fazer aquilo? Não devia ter feito nada, como foi que aconteceu?" É que naquele momento nós não estávamos presentes, estávamos dormindo, e a raiva se apossou de nós. E a raiva nos levou a fazer o que fizemos. A mesma inconsciência que provocou a raiva se repete no arrependimento.

Naquele momento a gente tinha a ilusão de que sentia raiva e agora acreditamos que estamos arrependidos. Esse é o erro fundamental. Agora sentimos arrependimento e acreditamos que estamos arrependidos. Choramos, batemos no peito e perguntamos: "O que foi que eu fiz? Isso não podia ter acontecido!" Prometemos mudar. O padrão se repete, nós nos identificamos novamente com a raiva e prometemos mudar.

Por isso eu digo que se identificar é um equívoco e que o esforço para não repetir o erro é outro equívoco. A sabedoria está em compreender que "eu estou separado do que aconteceu". A gente não precisa se identificar nem se esforçar para não se identificar.

Só precisamos ampliar gradualmente a nossa consciência, 24 horas por dia. Sempre que algo acontecer, prestem atenção se vocês estão separados ou não do que está acontecendo. E o sentimento de estar separado tem que ir aumentando. Por exemplo, neste momento vocês podem ouvir o que estou dizendo de três formas diferentes. Podem gostar do que estão ouvindo, podem não gostar e, se preferirem, podem simplesmente ouvir. As três são possíveis. Quando estiverem ouvindo, se vocês pensarem: "Sim, ele está certo, vou aceitar e fazer o que ele diz", serão tomados pela sua apreciação e o apego começa. Se pensarem: "O que ele diz vai de encontro ao que está escrito nos meus livros sagrados, não corresponde ao que está nas escrituras e prefiro não ouvir, não devo ouvir, porque está errado", serão tomados pela condenação e, nesse caso, também não ouvirão. A terceira forma é simplesmente ouvir – o observador distanciado não aceita nem condena. Não diz se está certo ou se está errado – ele simplesmente ouve. E a sabedoria que brota do ouvir está além de gostar ou condenar. Mas ninguém ouve dessa maneira.

Experimentem fazer isso em todas as suas atividades, e então, aos poucos, bem devagar, ficará claro que vocês não se livraram do apego e do ódio, mas não se deixaram dominar por eles. Isso não quer dizer que um dia vocês se livrarão de apegos e ódios. Se pensarem assim, ainda será ilusão. Mas vão reconhecer que não estão mais presos a eles. É como se alguém dormisse e sonhasse que está em Calcutá ou em Tóquio. A pessoa fica ansiosa por estar tão longe de Udaipur e pergunta: "Como vou voltar a Udaipur? O que vai acontecer agora? Estou aqui em Tóquio e deixei milhares de coisas por fazer lá em casa. Eu dormi em casa, em Udaipur, e acordei aqui em Tóquio! Amanhã terei que voltar a Udaipur. Como vou voltar? Que avião devo tomar? Que navio? Vou conseguir chegar lá bem cedo?"

As perguntas têm lógica porque, no que diz respeito à mente, a pessoa está em Tóquio. Mas, na realidade, ela não foi a lugar nenhum; está deitada na cama. Ela acorda ainda confusa: "Como foi que eu voltei? Estava em Tóquio, e agora estou aqui?" Mas, uma vez desperta, ela percebe que não foi a nenhum lugar nem voltou para casa. Ir foi uma ilusão e voltar também foi uma ilusão; a ilusão de voltar brotou da ilusão de ter ido.

Portanto, sujeitar-se ao apego é uma ilusão e libertar-se do apego é outra ilusão. *Vitraga*, além do vínculo, significa aquele que reconheceu que está além do apego e do desapego. A palavra *vit* quer dizer *além*. *Vit* não significa absolutamente desistir de qualquer coisa! O significado da palavra *vit* não é nem "Sou apegado a alguma coisa" nem "Tenho que me desapegar de alguma coisa". Eu estava além. E tinha a ilusão de que estava envolvido.

"Estou além" ou "estava além"?

Estava além! E o que conta é sempre o além. Mas você vai ver que, mesmo iludido de que estava preso a apegos e sentimentos, você estava além de tudo. Mas só vai reconhecer isso quando acordar. E então já estará claro que você está além.

Então, por favor, não me façam perguntas na língua do "desistir". A própria língua do desistir é a língua da ignorância, porque é um subproduto da ignorância, que é o apego. Uma pessoa é apegada a objetos, outra está envolvida em se livrar deles. Um homem está preso à esposa – e mesmo que ele "tenha" uma esposa, ela está separada e ele está separado. Por mais que a gente se esforce, e mesmo que a gente se esforce de milhões de jeitos diferentes, não é possível ter ninguém. O fato é que ninguém está preso. Por mais que alguém prenda sua esposa, o que é que está prendendo? O que alguém prende não é sua esposa; ela sempre está além, muito além do seu alcance. Daí as brigas diárias; a pessoa quer prender algo que está fora do seu alcance.

O homem que diz que está preso à esposa se ilude. Há também outro tipo de homem, que diz que renunciou à esposa; a ilusão da renúncia vem da ilusão do apego. Ele diz: "Não vou chegar perto da minha mulher. Não vou olhar para ela. Vou para a floresta, eu renunciei à minha mulher!"

Um monge jainista tinha renunciado à esposa fazia vinte anos. Fiquei chocado quando li sua biografia. Vinte anos antes ele havia renunciado à esposa e ela morreu. Ele estava em Varanasi quando recebeu a notícia. O biógrafo descreveu a reação do monge como "magnífica". Quando soube da morte dela, o monge disse: "Ótimo, então o último obstáculo foi removido".

O biógrafo descreveu isso em tom elogioso, como se fosse uma grande renúncia, como se uma grande barreira tivesse ruído.

Escrevi para o biógrafo dizendo que ele era louco. E que, se o monge tinha dito mesmo aquilo, era mais louco ainda, porque a mulher a quem ele renunciara vinte anos antes continuava sendo uma barreira para ele: "A última barreira desapareceu". Que interessante!

Fazia vinte anos que ele tinha renunciado à esposa. A pessoa a quem ele renunciara *"pertencia"* a ele. A ilusão permaneceu porque ele renunciara a algo que *"lhe pertencia"*. Vinte anos tinham se passado e ela continuava pertencendo a ele. Ele renunciara a uma propriedade! Nas camadas profundas da mente dele, ela continuava sendo uma barreira. Ele a via como sua propriedade e continuava preso a ela – essa era a ilusão. Então ele renunciara a ela, o que era outra ilusão. Vinte anos depois ela morre e ele diz que a barreira desapareceu. Ou seja, a barreira durou vinte anos. A mulher da qual ele não se libertou pela renúncia o libertou pela morte! Pensem nisso. Como alguém que não saiu da cabeça dele pela renúncia sairia pela morte? De alguma maneira, a esposa já estava morta para ele. Por vinte anos ela não tinha significado nada para ele, e mesmo assim ele continuou preso a ela.

Por isso insisto que a língua do apego e da renúncia não funciona; a única língua que funciona é a da observação do que está acontecendo. Simplesmente observem o que está acontecendo. E quanto mais profundamente vocês observarem, mais se distanciarão.

Mas antes você disse que, em vez de acreditar, temos que aguçar o pensamento.

Se uma pessoa está com um espinho no pé e eu peço outro espinho para retirar o primeiro... ela dirá: "Este espinho já está me incomodando, por que você quer outro espinho? Só este já está me matando de dor, por que quer outro?" Digo a ela: "Calma, eu vou tirar este espinho com outro espinho". Mesmo que *eu* tenha outro espinho, a pessoa resistirá muito quando eu tentar usá-lo em seu pé. Dirá: "Um espinho já dói tanto e você vai usar outro?" Se eu retirar o primeiro espinho com ajuda do segundo, ela dirá: "Vou manter com todo o carinho este espinho no meu pé porque ele me ajudou muito a remover o primeiro. Foi um favor que ele me fez. Vou preservá-lo". Então eu digo à pessoa para jogar fora também o segundo espinho. Ele serviu para tirar o primeiro e agora não serve para mais nada. Entenderam?

Por isso peço que vocês se livrem de suas crenças revolucionando o pensamento. E quando as crenças forem arrancadas pela raiz, livrem-se também dos pensamentos. Não ter pensamentos é o terceiro passo.

As crenças são o primeiro degrau, o mais baixo da escada. O segundo degrau são os pensamentos. E o terceiro degrau é não pensar, é a ausência de pensamentos. Entendem isso? São níveis diferentes. Como alguém que não consegue causar uma revolução no nível dos pensamentos poderia ir além deles? Porque a ausência de pensamentos significa desapegar-se dos próprios pensamentos. "Revolução do pensamento" implica abandonar pensamentos errados e cultivar os certos. O que, por sua vez, implica ir além do próprio pensar. Essa é a revolução intrínseca. É a suprema revolução.

Entendem o que estou dizendo? Estamos superlotados de crenças, por isso eu lhes digo que abandonem suas crenças e os pensamentos despertos. E, quando o pensar for ativado, direi que não há mais necessidade de pensar, abandonem também isso: vão além do pensamento, vão para a não mente. Ainda há muito a ser explorado. São duas coisas que estão em níveis diferentes. E não há contradição entre elas, garanto que não há.

Por exemplo, um homem está subindo a escada da sua casa. Ele não vai conseguir pisar no segundo degrau se ficar empacado no primeiro. Ele pisa no segundo degrau, e eu peço que ele deixe esse degrau e vá para o terceiro. Ele replica: "Para quê? Você me mandou deixar o primeiro degrau e vir para o segundo. Agora que estou no segundo degrau você também me diz para deixar este?" Eu digo que a questão não é ficar ou deixar o degrau, mas quero que ele suba até onde não haja mais degraus, onde ele não tenha que ficar nem avançar. Mas antes ele terá que subir todos os degraus, até o último, que é a não mente. Aí a escada termina.

*Osho,
O que há além disso?*

Você só vai saber se chegar lá.

Posso fazer mais uma pergunta?

Não, agora não. Vamos nos encontrar mais tarde. Se faltou alguma coisa importante para perguntar, faça a pergunta por escrito.

*Osho,
Somos* atman, *almas?*

Não, ainda não somos alma. E, enquanto o que somos não se dissolver, não saberemos o que é a alma. Somos só mente, e a mente é só uma imagem.

E em torno de que imagem ficamos girando?

É o que vamos descobrir. É exatamente isso que precisamos saber. Quando a sua busca começar, você verá a loucura que é ficar dando voltas e mais voltas. Quando você se olha no espelho, a imagem de quem você vê?

A imagem de quem o espelho está refletindo.

E de quem é essa imagem? É sua? Você é o observador, está observando a sua própria imagem. Por exemplo, vemos a nossa imagem no espelho, o espelho é uma coisa morta, mas a gente fica feliz. Se for um bom espelho e a pessoa se achar bonita, a imagem a deixará feliz. E se a imagem no espelho não agradar? O pobre espelho não tem nada com isso; ele não tem nenhum interesse em refletir a pessoa como bonita ou feia. Os espelhos sempre nos deixam bonitos. Ninguém é mais bonito do que a imagem que está refletida no espelho. Os fabricantes fazem espelhos que refletem imagens bonitas para poder vendê-los. E a pessoa fica feliz porque a sua imagem é tão bonita. Quem é que está feliz? E quem a pessoa deixa feliz ao se olhar no espelho?

O espelho é uma coisa morta. Os olhos dos outros são espelhos vivos que refletem as nossas imagens. Se alguém diz à pessoa que ela está bem, o ego dela infla. O que acontece quando alguém diz que a pessoa está bem? É apenas uma boa imagem. Mas, se dizem que a pessoa é idiota, burra, malvada, ela se sente mal, não consegue dormir à noite, fica se revirando na cama. Por que a opinião dos outros a afetou tanto? Porque a imagem formada na mente deles não é agradável; o que ela gostaria que eles vissem não existe e isso a deixou perturbada.

O que eu quero mostrar a vocês é que o tempo todo reagimos a imagens. Queremos saber o que as pessoas dizem, o que elas pensam, como elas nos veem. E quem vive de imagens nunca buscará a verdade – porque só conhecemos a verdade quando nos afastamos das imagens, quando deixamos de nos preocupar tanto com a opinião alheia.

Em geral, quem renuncia ao mundo é chamado de *sannyasin*. Mas até um *sannyasin* quer saber o que pensam dele. Onde está a renúncia?

Um monge que me visitou recentemente cobria a boca com uma tira de pano. Eu lhe perguntei: "Por que você não tira esse pano da boca? Por que está usando isso?"
Ele respondeu: "Posso tirar, mas ninguém pensará que sou um monge jainista".
Então eu disse: "Por que faz questão de que as pessoas pensem em você como um santo? Você devia se concentrar nas suas práticas religiosas. Para que fazer os outros acreditarem na sua santidade? Isso é estar focado nos outros e ser monge é só o que você quer nesta vida".

Mas, se os outros não forem convencidos, não haverá emoção, porque aquela imagem favorável não se formará e as pessoas dirão: "Ele não é nada". Isso é estar preso à imagem.
E, por favor, não falem em coisas como alma. São meras palavras que aprendemos com os outros e que são muito perigosas. Temos palavras tão bonitas e explicações tão belas, mas essas palavras não têm nenhuma relevância para a realidade da nossa vida. Nós nunca chegamos perto do estado de não mente, mas as palavras que usamos não chegam tão baixo quanto alma! Por isso não há concordância entre as palavras que usamos e a nossa vida. Nós vivemos no nível da mente e falamos sobre o nível da alma. Não há nenhuma harmonia entre as duas.
O homem que vive no escuro fala sobre luz! O doente fala sobre saúde! E na verdade são precisamente os doentes que mais falam de saúde; quem está saudável não perde tempo com isso. Para quê? O doente, que sofre 24 horas por dia, é obcecado por saúde e não fala em outra coisa. O pobre fala de dinheiro. E, se a pessoa só fala de riqueza, então a considerem pobre, não

importa se ela tem ou não dinheiro. Por que um milionário falaria de dinheiro? Falamos do que não temos e tendemos a ocultar o que temos.

Então, escondemos o que realmente temos. Lemos coisas sobre nós mesmos que não são a nossa realidade, como termos uma alma que é incorpórea. Onde está essa alma? O que vocês ou qualquer outra pessoa têm a ver com ela? Vocês só devem se interessar pelo que existe. E o que existe na nossa vida é o jogo de imagens; só um jogo de imagens. O prazer e a dor têm como base esse jogo.

Se uma menina nascida na Índia tem o nariz achatado, sofrerá a vida inteira porque aos olhos dos outros será uma menina feia. Mas se essa mesma menina tiver nascido na China, não sofrerá, porque lá um nariz achatado é considerado bonito. Então, por que sofrer? Por um nariz achatado? Então quem tem nariz achatado deveria sofrer também na China. Amanhã os indianos poderão decidir que nariz achatado é bonito – e é bem provável que isso aconteça, porque o nariz achatado tem a mesma função que o nariz arrebitado. O que importa é a função. E a função do nariz é a mesma que a do cano de escapamento de um carro: deixar a fumaça sair. Curto ou comprido, o que importa é que a fumaça saia pelo cano. Da mesma forma, o nariz é só uma passagem para o ar entrar e sair; não importa se a passagem é achatada ou arrebitada, o que importa é que cumpra a sua função.

Então, se as pessoas quiserem, poderão aceitar o nariz achatado ou o nariz arrebitado como o mais bonito. É só uma questão de opinião pública. E, se elas acreditarem nisso por um longo tempo, deixará de ter importância. Os comentários mudam de acordo com o que as pessoas pensam: se alguém tem nariz achatado, se torna feio! E será inseguro a vida inteira por causa do nariz. Fará de tudo para ninguém prestar atenção em seu nariz. Mas por que agir dessa maneira? Pensem bem: se uma pessoa que tem nariz achatado vivesse na selva, onde não há ninguém por perto, ela sofreria por causa do nariz? Não, porque na selva não se forma, não se cria nenhuma imagem. Então o problema é a imagem.

Um amigo meu, Rahul Sankrityayan, esteve pela primeira vez na União Soviética. Rahul tinha mãos finas e delicadas; pessoas que não fazem trabalho pesado têm mãos naturalmente finas e delicadas. Todos que viam as mãos do meu amigo comentavam que elas eram delicadas. "Tão femininas, como as mãos de uma mulher!"

Quando ele chegou à Rússia, o homem que o recebeu na estação de trem apertou sua mão e a soltou imediatamente. Disse: "Por favor, não aperte a mão de ninguém aqui, do contrário vão odiá-lo, porque neste país mãos delicadas como as suas são consideradas mãos de um parasita. Dirão que você é um burguês que não tem calos nas mãos, que nunca as usou para trabalhar".

Rahul disse: "Tive problemas na Rússia. Eu apertava a mão das pessoas, olhava para elas e via que a atitude mudava. Eu me sentia mal porque sabia que elas achavam que na sua frente estava um burguês".

Fiquemos com esse exemplo. É agradável segurar a mão delicada de alguém. Mas se o nosso processo mental de construção de imagem decidir que ter mãos delicadas não é bom, aí teremos problemas.

Todos nós vivemos de imagens, imagens de todo tipo.

Osho,
Temos que aceitar o que você disse sobre o nosso estilo de vida?

Eu estou falando do processo mental de construção de imagem e de viver focado nas imagens. Estou me esforçando para fazer vocês entenderem e pensarem nas duas coisas: se não concordam, esqueçam. E, se aceitam, experimentem. Entendeu?

E se isso nos deixar confusos?

Não, você ainda não foi tocado. Sua mente é bastante sólida, é muito resistente. Se você tivesse sido tocado, dúvidas surgiriam. Mas você chegou aqui cheio de respostas; não há confusão em você. Confusão é algo muito diferente. Está me acompanhando, não? Você chegou aqui com todas as respostas, portanto, por que se confundiria?

Não, quanto à minha confusão, seja o que for...

Pelo menos está um pouco confuso?

Sim, estou.

E qual é a confusão?

Depois do que você disse, fiquei pensando se a escuridão pode ser infinita.

Até agora, você não pensou nem um pouco. Se já tivesse começado a pensar, não diria uma só palavra da palestra anterior. Ouça a palestra novamente e procure entender melhor.
Na verdade, tudo que existe é limitado. É inevitável. A existência é limitada. Só o vazio é infinito, só a inexistência é ilimitada.
Quando dizemos que algo *é*, o próprio "é" se torna um limite. Tem que estar em algum lugar, em algum momento. Tem que ocupar um espaço, estar dentro de alguns limites. Seu ser tem que terminar em algum lugar e o não ser começar a partir daí. A existência é sempre limitada.

Por isso, dizer que "Deus existe" é limitar Deus. Por isso os sábios dizem que "Deus não é existência nem não existência". Para que Deus esteja além dos limites, a não existência terá que ser adicionada.

Tomemos como exemplo esta sala; para ser uma sala, tem que ter paredes, ou não seria sala. Se fosse só um espaço e não uma sala, não teria razão para ter paredes. Para existir, a sala tem que ter limites. Só a não existência dela como sala não tem limites.

Quando digo que a escuridão é ilimitada, é porque, fundamentalmente, a escuridão não tem existência, é não existência. E a luz é uma existência porque a luz existe. A luz tem existência e a escuridão tem não existência. Pode-se acender e apagar a luz. Mas não se pode acender e apagar a escuridão.

Eu não entendo isso.

Procure entender. Você pode acender e apagar a luz. Mas não pode acender a escuridão nem apagar a escuridão. Se dissermos aqui: "Amigo, por favor, traga um pouco de escuridão para esta sala", você responderá que não pode trazer a escuridão. Mas se eu pedir: "Por favor, traga mais luz para esta sala", você dirá: "Trarei imediatamente".

A luz, por ser limitada, pode ser trazida. Mas como é possível trazer a escuridão? Além disso, a luz pode entrar e sair porque tem presença, porque existe. A escuridão, não. A própria palavra *escuridão* significa ausência.

Osho,
Se eu pendurar cortinas escuras, ficará escuro.

Nesse caso, você pendurará cortinas para que a luz não entre. Não está fazendo nada com a escuridão. Está só evitando que a luz entre. Veja, tudo que você faz é feito com luz. Não se pode fazer nada no escuro. Somos absolutamente impotentes no escuro.

Procure entender. Tudo que você puder fazer... Você diz: "Vou pendurar cortinas", mas não diz que vai trazer a escuridão. Ao fechar as cortinas, você só vai evitar que a luz entre. Se soprar uma vela, não vai trazer a escuridão, só vai apagar a chama da vela. Não se pode fazer absolutamente nada na escuridão. Tudo que você fizer terá que ser feito com luz. A luz existe, é limitada e muita coisa pode ser feita com luz. Nada pode ser feito na escuridão.

Se examinar melhor o que eu disse antes, você verá que seria totalmente impotente na frente da existência e não poderia fazer nada. Você não seria capaz de fazer nada na frente da existência. Se pudesse fazer alguma coisa na frente da existência, você seria maior que a existência. Todos esses termos são simbólicos. Por favor, não se prenda a eles literalmente ou terá problemas. Se tivesse ouvido o que eu disse na noite passada, saberia que tudo é simbólico. E quem disser que o supremo é luz também usará um símbolo.

Como entender o que você diz?

Primeiro, procure entender no todo, procure compreender a sua totalidade. Por isso eu disse que seria difícil entender. Quando estou falando e ao mesmo tempo outra coisa está passando pela sua cabeça, minhas palavras não chegam até você. Como não estou perguntando se você concorda ou não com o que estou dizendo, não há o que temer. Se não for do seu agrado, jogue tudo no lixo e volte para casa. Aqui, ninguém precisa me seguir; não estou iniciando ninguém em uma seita ou religião, não tenho discípulos nem relacionamentos de qualquer tipo com ninguém. Eu compartilho com vocês as minhas palavras, vocês ouvem e são muito gentis por ouvi-las. E eu paro de falar sem nenhuma expectativa. Se achar que está errado o que eu disse, sinta-se à vontade.

Se você considerou o que eu disse no outro dia... Verá que às vezes há luz, outras vezes, não. A escuridão está sempre lá. Não se discute se ela está ou não está. Quando há luz, não se percebe a escuridão. Se a luz apaga, você percebe a escuridão.

Quando o sol nasce, pode-se pensar que as estrelas se esconderam em algum lugar. Mas elas não se esconderam, continuam no mesmo lugar. Só não são visíveis na luz do sol. É interessante que algumas coisas sejam visíveis na luz e outras, não. As estrelas não são visíveis durante o dia. Mas quando o sol se põe elas reaparecem. O sol se põe e simultaneamente surgem as estrelas. Mas elas nunca saíram de onde estão; o céu está cheio delas. A luz do sol ofusca nossos olhos e elas ficam invisíveis.

A luz é transitória, a escuridão é eterna. E, quando digo isso, não estou dizendo nada contra a luz. Não pensem que estou falando mal da luz. Quando digo isso, não é nada diferente do que dizem aqueles que consideram Deus como luz. Digo isso só para lembrar que não há outra maneira de se falar do supremo senão através de símbolos.

Os símbolos ajudam a sugerir algo. Eu quero expressar a divindade, a existência, como algo que nunca vai, que nunca vem – aquilo que é eterno. Às vezes está oculto, outras vezes se manifesta, mas isso é outra coisa, mas nunca vem ou vai. Então expresso isso melhor com a escuridão do que com a luz.

Se eu digo que a existência é infinita, quero dizer que ela é nada porque só o nada pode ser ilimitado. Somente o nada pode não ter limites, tudo o mais tem. Então, se alguém diz que a existência é infinita, tem que acrescentar que a existência é nada. E, para transmitir o nada, a luz não é melhor que a escuridão.

Quando digo que a existência é absoluto silêncio, também estou dizendo que a luz é tensão. Cada raio de luz cria uma tensão nas pessoas. É por isso que a gente acorda todas as manhãs; todo mundo acorda quando o dia amanhece. E todo mundo dorme na escuridão da noite.

A escuridão é repouso, é sono profundo. A luz é o constante movimento da vida. Escuridão é não movimento, é dormir, imergir, desaparecer.

Se quiserem compreender o divino, ele se parece menos com movimento e mais com quietude, mais com repouso. Mas tudo isso é simbólico. Se ainda for difícil entender, deem outro nome, não chamem mais de escuridão. Isso não criará nenhum conflito; basta entender o que transmitem os símbolos que estamos usando para falar do supremo.

Novamente, a vida existe hoje, ontem não existia. Hoje estamos aqui, ontem não estávamos. A vida existe no planeta Terra; não existe vida nos demais planetas e estrelas. Não existia vida nem no planeta Terra há 10 ou 20 milhões de anos. É possível que amanhã a Terra seque e a vida não exista mais. Hoje não há vida nas infinitas estrelas e planetas. A vida é um vislumbre momentâneo e a não existência da vida é a eternidade. Às vezes é possível vislumbrar a vida na eternidade, mas ela logo desaparece. O espaço onde a vida desaparece é muito mais precioso que a própria vida, o espaço onde a vida se origina é o mais precioso.

Tomemos o exemplo de uma onda no mar. O mar existe antes de a onda se formar, e quando a onda quebra o mar continua lá. A existência e a não existência da onda não interferem na existência ou não existência do mar. Se alguém diz que a onda é o mar, não está errado, mas erra em um nível mais profundo. A verdade é o oposto: embora a onda seja o mar, o mar permanece quando a onda quebra e se desfaz. Às vezes o mar toma a forma de uma onda, outras vezes não tem forma de nada, mas continua lá.

Às vezes a existência se manifesta como vida e às vezes não se manifesta. Às vezes o supremo se manifesta como luz e às vezes não se manifesta. Mas a não manifestação dura muito tempo, enquanto a manifestação aparece e desaparece em um piscar de olhos.

O que estou dizendo é que o que se manifesta e o que não se manifesta são dois lados da mesma moeda. Mas, dos dois, o que não se manifesta é mais profundo e mais fundamental. Por isso, o ser é temporário e o não ser é infinito.

Eu também disse que a vida é escuridão, mas você não entendeu. É difícil entender e absorver o significado dos símbolos. E será ainda mais difícil se tivermos ideias consolidadas. Nesse caso, é muito, muito mais difícil.

Realmente existe vida na escuridão – quais são as implicações disso? Que todas as raízes da vida existem no mistério, onde a escuridão é absoluta, onde não há nenhuma luz. Isso não quer dizer que não existe vida sob o sol. Existe vida sob o sol; a vida se manifesta nas flores, nas folhas e em nós também. Em tudo que tem seu lugar sob o sol. Mas por que a vida se manifesta mediante a luz do sol? Porque as raízes estão na escuridão. Entende? A escuridão é mistério. O mistério que a tudo envolve, onde tudo desaparece. Onde nada é claro, tudo é difuso. Tudo que é visível na luz desaparece no escuro.

A existência é o grande mistério. Certamente esse mistério está na total escuridão. Por exemplo, eu disse que as raízes de uma árvore trabalham sob a terra na mais completa escuridão. A gente come sob a luz. Mas não tem a menor ideia de quem digeriu a comida. Tudo isso está acontecendo no escuro, em silêncio. Cientistas dizem que se construíssemos uma fábrica que fizesse tudo que o estômago humano faz, como transformar pão em sangue, essa fábrica teria que ocupar centenas de metros quadrados e ter milhares de pessoas trabalhando. Ainda não se conhece todo o mecanismo da transformação de pão em sangue. Caso contrário, não seria mais necessário continuar estudando os alimentos e o processo da digestão. Mas ainda não conhecemos tudo. De que maneira o pão se converte em sangue?

Uma planta retira nutrientes da terra e os transforma em flor. Como a terra se converte em flor, onde exatamente isso acontece? Ainda é um mistério. Acontece na escuridão, da qual não sabemos nada. Pode-se dissecar a planta, mas isso não ajuda a saber como a terra se converte em flor. E em que momento exatamente isso acontece.

Quando comemos, ninguém sabe em que momento a comida se transforma em sangue, em ossos e músculos. Essa é uma função incrível: comemos o pão e parte dele servirá de nutriente para os ossos, outra parte se transformará em cabelos, outra em olhos, outra em pele e outra em medula óssea. Todos eles retiram seus nutrientes do mesmo pão. Em que espaço tudo isso acontece? Onde acontece? Tudo está acontecendo na mais completa escuridão, no mais absoluto silêncio.

Agora cientistas estão dizendo que os esforços para conhecer esses processos criaram um problema. Quanto mais conhecemos o ser humano, mais questões são levantadas. Novas dúvidas surgem, mais raízes ficam expostas, e os problemas só aumentam.

Então, entendam o que estou dizendo. Eu não sou contra a luz. Como é possível que alguém que não é contra a escuridão seja contra a luz? No discurso daquele que está preparado para chamar o divino de escuridão, a presença da luz está incluída. Como alguém que diz que a vida emana da escuridão pode negar a possibilidade de que a vida se origine da luz? A vida também tem origem na luz. Por favor, procurem entender o que eu digo.

Será mais fácil entender se vocês não se apressarem em aceitar ou negar; não se apressem, porque não estou exigindo isso. Nem se sintam obrigados a aceitar ou rejeitar. O que estou pedindo é que parem e pensem. E que avaliem. Se acharem que está certo, ótimo. Senão, fiquem à vontade para pensar como quiserem. "Ele está errado", e não se fala mais nisso. Só peço que pensem e mais nada.

Osho,
Por que a vida tem que se manifestar?

Um homem não pode responder a essa pergunta. Se você se encontrar com Deus em algum lugar, pergunte a ele por que a vida precisa se manifestar. E provavelmente também não vai concordar com ele. Dificilmente concordará.

O que eu penso é que...

Diga o que você pensa.

... que isto é uma troca de ideias.

Não, não, isto não é absolutamente uma troca. Ou eu estou pronto para receber ou estou pronto para dar. Mas nunca para trocar. Entende?

Não ficou claro para mim.

Procure entender o que estou dizendo. Eu estou pronto para receber. Se você quer dar, estou absolutamente pronto para receber. E então ficarei em silêncio para tentar entender, sem me preocupar se você entendeu. Percebe meu ponto de vista? Deixe-me fazer uma coisa por vez e você faz uma coisa por vez. Se nós dois fizermos ao mesmo tempo – dar e receber –, então, da minha parte...

As duas podem acontecer simultaneamente.

Sim, e é por isso que o mundo está essa confusão. Se dar e receber acontecem simultaneamente, o resultado é como um trem que vai a uma direção e outro que vem no sentido contrário. Em algum ponto eles se cruzam, mas não se encontram. É impossível se encontrarem. Eu estou sempre pronto. Não tenho nenhum prazer em convencer você; tenho muito mais prazer em entender. Venha me ver e podemos conversar. Vou ouvir e procurar entender você. Mas não vou obrigar você a me entender. Não será preciso.

Não, mas podemos discutir isso depois.

Não há o que discutir; isso é importante para a sua vida. Não há necessidade de discutir. Eu ouvirei o que você tem a dizer; se for importante para mim, vou considerar, senão vou esquecer. E paramos por aqui. O que mais há para ser discutido? A discussão será feita no final de muitas vidas, na frente de Deus. Antes disso não faz sentido.

Quer dizer que o que chamamos de Deus está em algum lugar?

Você assistiu à palestra desta manhã?

Não, não pude.

Você não veio esta manhã. Então ouça a gravação da palestra; peça a alguém para ajudá-lo. A palestra toda foi sobre esse tema. Ouça as palestras dos últimos três dias. Se depois disso ainda quiser conversar, venha me visitar em Jabalpur. Eu ouvirei você durante alguns dias. E quero ressaltar que o que eu não puder explicar a você falando, ficará claro por eu ter ouvido você. Quando você tiver expressado tudo o que tem para dizer, ficará mais fácil. Muito mais fácil.

É a luz infinita; até agora não terminou.

[Osho reage a uma das muitas interrupções da palestra por um questionador]... assim fica muito difícil.

A luz tem emanado desde sempre e continuará irradiando como agora.

Deixe que emane, não faz mal. Não tem problema.

*Osho,
Temos que aprender ioga para fazer meditação?*

Se você quiser aprender ioga para ter uma boa saúde física, ótimo. É uma prática valiosa, é magnífica para a saúde do corpo. Mas a saúde física não tem nenhuma relação com a meditação, a não ser que um corpo saudável entra em meditação com mais facilidade; um corpo doente terá mais dificuldade.

Outras práticas iogues, como desenvolver poderes psíquicos, não têm relação nenhuma com a meditação. Se quiser desenvolver poderes como telepatia, hipnotismo ou qualquer outro poder psíquico, eles podem ser muito úteis, mas não têm nenhuma relação com a meditação.

Estou falando de uma espiritualidade autêntica, de meditação; por mais que a pessoa já tenha praticado de tudo, no final terá que entrar no não fazer.

Então, é tudo inútil?

Em um certo sentido, sim – nesse sentido. Por exemplo, alguém estuda na universidade e afirma que, para a espiritualidade, não serve de nada estar na universidade. Mas se perguntar se é inútil estudar na universidade, eu responderei que não – estudar na universidade tem outra função, outro propósito. Quem quer ser médico vai a uma escola de medicina. Ser médico ou engenheiro não tem nada a ver com meditação. Mas é possível meditar não sendo médico ou engenheiro. E também é possível ser médico ou engenheiro sem nunca ter feito meditação. Isso não tem nada a ver com a profissão da pessoa.

Então, quando digo que todo método, qualquer tipo de ioga, é inútil para o crescimento espiritual, não estou dizendo que a ioga seja inútil. Só estou dizendo isso em relação ao crescimento interior. Lembrem-se sempre dessa condição, senão estarão em dificuldades.

Mas a ioga tem outras funções.

É claro que tem outras funções. Tem muitas outras funções.

Ouve-se muito por aí que a ioga visa o crescimento espiritual.

Sim, sim, sem dúvida! É o que tem sido ensinado.

E esse tipo de pensamento cria dificuldades.

É claro, é o que pregam. E essa pregação tem criado muita confusão, muito transtorno. Onde está a espiritualidade deste país no qual se prega tanto a ioga? Todos os tipos de posturas e ássanas iogues são praticados, tudo isso está acontecendo, mas e o crescimento interior, onde está?

Poderes extrassensoriais, como entrar em outro corpo, fazem parte da espiritualidade?

Essas coisas não têm nenhuma relação com espiritualidade.

Então os poderes da ioga não nos ajudam em nosso crescimento interior?

De forma alguma! De várias maneiras até atrapalham, porque levam a gente para outras direções. Digamos que eu queira ir à estação de trem de Udaipur. Posso ir por vários caminhos, todos eles com atrações diferentes; um deles tem uma mostra em uma galeria de arte, outro tem um cinema. Todos esses caminhos me levam a lugares diferentes. Se eu começar indo ao cinema, meu percurso à estação de trem será prejudicado porque o filme vai me deter. Se eu quiser ir direto para a estação, terei que só passar reto pelo cinema e seguir para lá. A pessoa passará por essas coisas pelo seu caminho, mas serão apenas distrações paralelas.

Tomemos agora o exemplo de Ramamurti, o lutador. Os elementos que compõem o corpo dele são os mesmos que compõem o nosso corpo. Se alguém quiser ser como Ramamurti, terá que se esforçar muito. Mas Ramamurti trabalhou tanto seu corpo que até surpreende. Ele é tão forte que um carro passa por cima de seu peito e nada acontece. A gente pode quebrar uma pedra no peito dele que ele não machuca. Se ele segurar um carro pelo para-choque, o motor vai gemer, mas o carro não se moverá um centímetro! Todas essas coisas são poderes ocultos do nosso corpo. Mas a exploração desses poderes não tem nada a ver com espiritualidade.

Se alguém disser que para fazer meditação é preciso ser um Ramamurti, será mais difícil. Não há nenhuma relação com se tornar um Ramamurti.

Isso significa que todos temos um corpo. Existem dois caminhos com o corpo: um deles atravessa o corpo e vai além do corpo, e nos leva para a mente. O outro caminho entra no corpo e não nos leva além do corpo para a mente.

Para entender… Vejamos estas três coisas: o corpo, a mente e o ser. Há um caminho que vai do corpo para a mente e da mente para o ser. Há outro caminho que entra no corpo e nos profundos mistérios do corpo. E há outro caminho que penetra na mente e nos profundos mistérios da mente. Há um caminho que penetra no ser e nos profundos mistérios do ser. Ou seja, há caminhos verticais e caminhos horizontais.

Ramamurti está se movendo horizontalmente em seu corpo. Ele pode descobrir todos os mistérios do corpo. E também é possível que futuros exploradores deixem Ramamurti para trás e descubram outros mistérios. O corpo é infinito. O nosso corpo tem muitos mistérios ocultos dos quais não temos consciência e que ignoramos completamente.

A hataioga entra direto no corpo, horizontalmente. Vocês podem entrar cada vez mais fundo, durante muitas vidas. E conhecerão mistérios milagrosos e dominarão poderes incríveis. Mas isso não tem nada a ver com a sua jornada interior. São mistérios que pertencem só ao corpo. Vocês terão vida longa e um corpo forte como o aço. E o que acontece quando isso é conquistado? Não acontece nada. Talvez a morte seja adiada, outras coisas podem acontecer, mas nenhum propósito interior será beneficiado. Para entrar nos domínios superiores da consciência basta um corpo normal e saudável; não é preciso se aprofundar tanto nos domínios do corpo.

Por exemplo, se a pessoa dirige um carro, ela sabe como usar a direção, como pressionar o acelerador, como manobrar etc. É mais do que suficiente saber essas coisas básicas. Não é preciso conhecer detalhes da mecânica do carro, o que funciona, o que não funciona. Existem profissionais que conhecem profundamente esses mecanismos. Vocês podem dirigir seu carro sem saber nada disso, basta um conhecimento básico. Mas para um mecânico não é suficiente. A maioria dos motoristas nem mesmo olha o motor do carro; se perguntarmos como o motor funciona, não saberão responder. Eles só sabem pisar no acelerador, girar a direção e mais nada.

No nível da mente encontramos um caminho horizontal. Quem entra pelo caminho horizontal da mente adquire todo tipo de poderes extrassensoriais, psíquicos e milagrosos – um mundo de milagres. Coisas que parecem impossíveis para as pessoas comuns acontecem no nível da mente. Novamente, é preciso penetrar os domínios da psique. Para retornar, basta uma mente serena. É mais do que suficiente; não é preciso mais nada.

O terceiro nível é o domínio do ser. Outras coisas começam a acontecer quando se entra no ser horizontalmente. Quem entra na alma horizontalmente encontra mistérios de outro tipo. E os que entram no ser verticalmente se unem à existência. Por isso, algumas pessoas, como os santos jainistas, que entraram no domínio do ser horizontalmente, não apreendem a realidade suprema. Isso acontece porque eles não entram no "eu" essencial verticalmente. Eles não vão além da alma; entraram no ser e não encontraram o supremo. Então disseram que Deus não existe.

A mesma coisa está acontecendo com a psicologia ocidental. Ela entra na mente horizontalmente. E diz que não existe alma. A fisiologia e a ciência médica ocidentais entraram no corpo horizontalmente e dizem: "Que alma, que mente? Só o corpo existe e o resto faz parte desse mecanismo". Entendem o que eu digo?

Então, tudo isso é misterioso, tantas dificuldades surgem. Minhas palestras vão direto ao ponto para ajudar vocês a seguir verticalmente, para levá-los de onde vocês estão até onde possam se unir com a existência. Não estou falando dos desvios que existem pelo caminho. Os desvios são muitos e há toda uma ciência para se mover através deles.

Por isso Patanjali é importante. A ciência ocidental não é inútil, a psicologia ocidental também não. Elas são importantes, mas são obstáculos para o buscador que se move verticalmente. Os desvios serão tão longos que o buscador nunca mais conseguirá retornar; muitas vidas se passarão, e ele não retornará à fonte original.

Então, é uma questão de ir em frente, verticalmente. Por isso estou sendo tão direto, para não dar chance de vocês se desviarem nem que seja um pouquinho. Não estou dizendo que o resto não serve para nada, mas desse ponto de vista são práticas inúteis. Um cinema tem sua importância e um hospital tem sua utilidade, mas a pessoa que quer chegar à estação de trem precisa ignorar o cinema, ir além do hospital e seguir direto para lá. É o que tudo isso significa.

Osho,
Gostaria de ter sua orientação sobre receber o sannyas.

Em primeiro lugar, enquanto você precisar da orientação de alguém para receber o *sannyas*, não o receba. Se esse sentimento for muito forte, mesmo que o mundo inteiro disser que não deve receber e ainda assim você quiser tomar o *sannyas*, então receba. Caso contrário será mais difícil.

Difícil como?

Enquanto sua mente precisar que alguém o oriente sobre essa questão, é sinal de que ela ainda não está muito clara para você e é por isso que você está fazendo essa pergunta.

Não, eu só perguntei porque tenho que trabalhar para sobreviver e cuidar de mim. E isso toma tempo. Eu gostaria de receber o sannyas neste momento.

Não, não. Eu entendi. O que estou dizendo é que só procuramos orientação quando as coisas não estão muito claras na nossa mente. Quem precisa de orientação está confuso. Entende o que estou dizendo? Só pedimos orientação, seja para o que for, se estamos confusos.

Existem dois tipos de buscadores: um é o daquele que toma o *sannyas* por orientação de alguém, e o outro é dos verdadeiros *sannyasins*, que nunca pediram que ninguém os orientasse. Estes são os mais felizes.

Então, no dia em que a pessoa sente que o mundo não lhe diz mais nada, ser *sannyasin* é uma felicidade. E a dúvida termina aí; não é preciso perguntar a ninguém. Se você pergunta, significa que não tem certeza se deve ou não tomar o *sannyas* – ainda precisa de reforço para tomar a decisão. Então terá as duas respostas...

Estou confusa sobre tomar essa decisão porque não conheço o mundo. Até este momento, não sei como fazer parte dele.

Sim, sim, é isso mesmo. E por isso você busca pessoas que a aconselhem: umas dirão não tome o *sannyas*, outras dirão tome o *sannyas*. Mesmo assim, no final a decisão é só sua.

Mesmo que seja possível, depois de tomar o sannyas *como você diz, continuar trabalhando... Então para que tomar o* sannyas*? É só pela sociedade. Perguntei a um* swami *que conheci: "Que diferença faz ser* sannyasin*?"*

Sim, é outra coisa que você deve lembrar: do mesmo jeito que você olha para as pessoas comuns, olhe para os *sannyasins* e veja qual é a real condição deles. As pessoas costumam pensar: "Os casais não parecem muito felizes, então para que casar?"

Mas eu não tenho infelicidade na vida.

Eu entendo, entendo o que você está dizendo. Da mesma maneira que você deve considerar quantas pessoas são felizes por tomarem o *sannyas*.

Mas você diz que a felicidade é eterna.

Não, não. As palavras estão corretas, mas o que o seu problema tem a ver com tudo isso?

Suponhamos que eles não sejam felizes; isso quer dizer que eles não veem a felicidade dentro deles.

Sim – você pode olhar para dentro de onde quiser; então, para que tomar o *sannyas*, ou dar o *sannyas*? Onde quer que você esteja, olhe para dentro. Se o objetivo é observar, para que perguntar se você está sentada aqui nesta sala ou em outra sala? Onde estiver, fique em silêncio e observe. Você vai observar a sua felicidade ao trabalhar como enfermeira ou sendo *sannyasin*. E não há nenhum conflito nisso. Se é tudo uma questão de ver, não há conflito nenhum.

Obviamente, não é tudo; não é apenas olhar, mas é preciso entender. Como você vai observar? Como vai assistir? Quando você está assistindo, haverá confusão. Você tem consciência da confusão e pergunta se não seria melhor observar desta ou de outra sala. A questão não é essa.

A outra coisa é que você diz que não é uma pessoa frustrada. Isso é muito bom. É muito bom mesmo. E você diz também que não dá a mínima para a opinião alheia. Isso também é muito bom. Então dispense orientações de todo tipo. E viva a sua vida como quiser. Lembre-se de uma coisa: é muito fácil se tornar *sannyasin* sendo uma pessoa do mundo, mas é extremamente difícil voltar a ser do mundo quando a gente se acostuma a viver como *sannyasin*.

Por você se tornar *sannyasin* as pessoas vão dizer: "Quanta virtude!" Vão aplaudir, elogiar, abençoar você. Você conhecerá muitos *swamis* e muitos monges. Mas, quando quiser voltar para o mundo, as portas se fecharão. Vão condenar, humilhar, maltratar você. Esta é uma sociedade ardilosa. Deixa todas as portas abertas para o *sannyas* entrar, mas fecha todas as portas para o retorno ao mundo.

Assim, eu sugiro que você sempre escolha algo que lhe dê liberdade, mesmo que seja no futuro, e não a prenda a nada. Caso contrário, um profundo sofrimento surgirá. Agora, enquanto você for enfermeira, ninguém lhe criará nenhuma restrição. Você terá mais liberdade. E, como *sannyasin*, você terá liberdade? Se deixar de ser enfermeira, ninguém vai dizer nada; mas se abandonar o *sannyas*, terá grandes problemas.

Por isso estou lhe dizendo que como enfermeira você tem mais liberdade do que sendo *sannyasin*. Até um sapateiro tem uma vida mais livre do que um monge ou uma freira, porque o sapateiro pode parar de fazer sapatos no momento em que quiser. Mas um monge não pode abandonar a sua condição de monge. É difícil.

Mas esse é um caminho de evolução.

Todos os caminhos são de evolução. Não há nenhum que não seja. Você poderá evoluir em qualquer caminho, basta querer. O caminho que lhe der mais liberdade é o que oferece mais oportunidades de evolução. E você não será escravo de nada.

O que mais significa o *sannyas*? Quando alguém me pergunta se deve ou não tomar o *sannyas*, sempre tenho dúvidas. A própria palavra *sannyas* significa liberdade absoluta, é não dar importância às estruturas e às regras, não aceitar nenhum tipo de servidão, não se importar com a opinião alheia. É agir com espontaneidade – esse é o significado de *sannyas*.

Mas, se alguém me pergunta se devê tomar o *sannyas*, é como se perguntasse se aceita ou não um tipo específico de servidão. Veja que interessante: a própria palavra "*sannyas*" significa liberdade, viver espontaneamente, agir com naturalidade, fazer o que acha certo. *Sannyas* é rejeitar a prisão. Entende? É não se prender a nada.

Mas não conseguimos viver sem nos prendermos a alguma coisa. Alguns preferem estreitar os laços matrimoniais, outros preferem não se casar. Outros querem se vincular à ordem do *sannyas*. Só não querem ficar soltos; querem se prender a uma coisa ou a outra. Não se pode ficar no meio, não se pode não escolher. As mulheres, principalmente, não têm permissão para ser livres, porque a sociedade é organizada pela dominação masculina. Toda a estrutura social é inimiga da mulher. Ela ordena: "Seja escrava! Seja ou esposa ou *sannyasin*". Você não tem permissão para permanecer livre. E, no meu modo de ver, ser *sannyasin* é permanecer livre.

Permaneça livre. Se preferir, continue a trabalhar como enfermeira; quando quiser fazer qualquer outra coisa, treine-se para isso. Mas não seja iniciada por ninguém. Isso é burrice, é bizarro. Para que ser iniciada por alguém? Existe alguma iniciação para a liberdade? Todas as iniciações são escravizantes.

Seja livre e tudo ficará bem. Busque a sua felicidade interior e faça o que for melhor para você. E não tenha medo de ninguém – esse é o significado de ser *sannyasin*. Não tema ninguém. Se você tomar o *sannyas* agora, sentirá medo. Sentirá medo de quem a iniciar. Sentirá medo da sociedade ou da seita a que essas pessoas pertencem. Elas controlarão o que você come, o que bebe, o que faz durante o dia, enquanto dorme, onde deve ou não deve ir. Não é fácil. E então o sofrimento será imenso; é muito pior do que ser enfermeira.

Faça o seguinte: vá atrás do que a deixa feliz e faça. No dia em que você for totalmente livre, então será *sannyasin*. Isso não tem nada a ver com os outros, entende? Você pode ser livre sendo enfermeira e pode ser livre abandonando a sua profissão.

Mas o conhecimento espiritual...

Alguém está atrapalhando o seu crescimento espiritual?

Minha capacidade é limitada.

Todo mundo tem capacidade limitada. Até os *sannyasins*. Você acha que os monges não têm preocupações? Eles se preocupam o dia inteiro; querem saber onde vão conseguir comida, onde vão encontrar um lugar para dormir. Você é mais despreocupada do que eles.

Eu entendo que se a pessoa trabalha de seis a oito horas por dia, ao menos será livre o resto do tempo. O *sannyasin* é um servo o tempo todo. E serve aos mais idiotas. Serve àqueles que não têm um mínimo de inteligência. Quando você volta para casa depois de seis horas de trabalho, é livre para fazer o que quiser. Se quiser dançar, dança, se quiser cantar, canta, faz o que quiser. Mas se for *sannyasin* não pode fazer nada disso. Os idiotas estarão todos de olho em você – com quem você conversa, com quem se encontra, aonde está indo. Se fizer algo errado, não terá comida nem respeito. Tudo se transformará em uma profunda infelicidade.

Ao passo que, se tiver um emprego e trabalhar algumas horas por dia para satisfazer suas necessidades, pagar por sua comida e por sua moradia, nas vinte horas restantes você estará livre. Pode preenchê-las como quiser. Nada a impedirá de aprender. O aprendizado está em toda parte, basta procurar. Não se prenda a nada. Ser *sannyasin* é não se prender a nada.

Quando digo ser *sannyasin*, significa apenas não se prender. Seja livre, isso é o certo. Quando as pessoas das religiões organizadas se dizem *sannyasins*, o significado é outro. Elas querem dizer que não são livres, que seguem uma disciplina imposta – seja um seguidor nosso, siga a nossa estrutura. Quanta bobagem! Isso não quer dizer nada. Mantenha-se livre: aprenda o que quiser, não faz mal nenhum. Que pressa é essa? Por que tem tanta pressa de se amarrar?

Estive em dois ou três lugares e observei tudo. Eu disse aos swamis que minha meta era progredir no caminho espiritual e eu não o encontrei...

Sim, sim, faça isso. Faça tudo que achar certo. Permaneça livre e desfrute de tudo. Se achar que terá mais liberdade sendo *sannyasin*, seja *sannyasin*. Não tenho nenhuma objeção a isso. Se uma mulher vier até mim e disser que se sente mais livre como prostituta, eu a apoiarei. É a sua liberdade, a sua escolha. Seja o que você quiser ser, ninguém poderá impedi-la. Você é o mestre da sua vida. Viva a sua vida. Faça o que for melhor para você e não se torne escrava de nada. Não se acorrente a nada. E, por favor, evite todo tipo de guru. Os gurus estão por aí rondando como predadores! Temos uma *sannyasin* sentada aqui; ela quis ser *sannyasin* e se tornou *sannyasin*. Agora está pensando em abandonar.

Ela se tornou uma sannyasin de verdade?

Sim, sim!

Mas eu posso crescer espiritualmente sem depender de ninguém?

É claro que pode. No momento você não tem uma visão completa. E amanhã conhecerá mais do que hoje. Então, deixe a porta sempre aberta para mudar de opinião, porque amanhã você terá mais experiência do que tem hoje. E não cometa o erro de pensar que o amanhã vai depender do que está sendo hoje. O que eu sei hoje, saberei mais amanhã. E se eu prometer que amanhã não me arrependerei, mas reconhecer amanhã que estava tudo errado? É por isso que você precisa de total liberdade para se arrepender ou não se arrepender. Não há nenhuma necessidade de ficar presa a nada e nenhuma necessidade de ficar amarrada a um lugar ou um país.

Mas por que deveríamos pensar que seria melhor voltar atrás?

Essa pergunta não cabe aqui. Não é disso que estamos falando. Isso *pode* acontecer: você está andando por um caminho e amanhã descobre que não tem mais para onde ir. O que você faz? Dá meia-volta ou, se fez algum voto, continua no mesmo caminho?

É complicado pensar nisso agora.

Aquele que tem medo de complicações terá medo da própria vida. E não tem outra saída a não ser cometer suicídio.

Por isso pergunto se deveria pensar um pouco mais, porque quanto mais penso, mais complicações...

Quem tem medo de complicações terá medo da vida. Jamais conhecerá a verdade.

Eu nunca tinha pensado nessas coisas.

Realmente, as complicações aumentam.

Quer dizer que vai complicar mais ainda?

Exatamente! Só então você conhecerá a vida, senão não teria nenhuma experiência. Se uma moça se torna *sannyasin* depois de viver como prostituta, suas experiências serão muito mais ricas do que as de outra moça que nunca amou ninguém. Se um homem tomar um mau caminho, quando der meia-volta e retomar o bom caminho, suas experiências serão muito mais ricas. Sua vida se aprofunda.

As complicações dão mais profundidade à vida. Por que temê-las? Se você teme complicações, feche a porta, sente-se e morra – isso é suicídio.

Mas suponhamos que eu esteja seguindo por um caminho, quando surge uma dificuldade, eu vejo a dificuldade. Por que devo olhar para ela antes de começar?

Não pense, faça o que achar certo para você. Tudo isso é pensamento, não é?

Não, só estou conversando com você...

Tudo isso é pensamento e nada mais. Por onde você pode fugir? Para onde vai? Não pense. Só se lembre de uma coisa: não fuja da vida. A existência empurra você para a vida: "Experimente e conheça!", mas todos os santos ensinam a fugir. Os santos são os maiores inimigos da existência. Evite os santos se quiser reconhecer a verdade – faça isso e não terá que fazer mais nada!

Os santos nunca alcançam a divindade. [*Osho se dirige a alguém presente na sala.*] Não é mesmo, Chandresji? Você já viu um santo encontrar a verdade? Nunca se ouviu falar disso! Talvez um pecador encontre a divindade, mas os santos e os mestres jamais a alcançarão.

Capítulo 4

Dos sonhos ao despertar

Um homem extraordinário chamado Chuang Tzu teve um sonho. Ele sonhou que era uma borboleta e voava de flor em flor. Ao acordar ele parecia muito triste. Os amigos comentaram: "Nunca o vimos assim. Por que você está tão triste?" Muitas vezes, pessoas que estavam tristes saíam desse estado consultando-se com Chuang Tzu, mas nunca tinham visto o próprio Chuang Tzu tão triste.

Ele respondeu: "O que querem que eu diga? E por que eu diria? Eu estou confuso. Esta noite sonhei que era uma borboleta".

"Ficou louco? Por que está triste por isso?", perguntaram os amigos.

E Chuang Tzu respondeu: "O problema não é o sonho em si, mas ter acordado. Fiquei obcecado com a ideia de que se um homem sonha que é uma borboleta, também é possível que a borboleta sonhe que é um homem! E então me vi diante de uma grande dúvida: sou um homem que sonhou ser uma borboleta ou sou uma borboleta que sonhou ser um homem? Qual é a minha identidade?"

Como saber se o que vivemos enquanto dormimos é um sonho, ou se o que vivemos quando despertos é um sonho? Como saber se o que percebemos é realidade ou sonho? E até concluirmos se o que estamos vivendo é realidade ou sonho, o significado da nossa vida não pode ser alcançado.

Na busca da verdade, temos que reconhecer que o sonho é sonho, que o falso é falso, que o irreal é irreal, é não essencial. Quem quiser entrar em contato com a verdade terá que despertar do sono.

Quando dormimos, esquecemos as atividades diárias e tudo o que vivemos durante o dia. Esquecemos até da nossa identidade como homem rico ou pobre, como alguém respeitável ou não, como jovem ou velho. Esquecemos tudo quando estamos dormindo. Tudo com que nos identificamos quando despertos é esquecido quando dormimos.

E quando acordamos, esquecemos tudo o que vimos nos sonhos. Nas horas despertas dizemos que os sonhos não eram reais. Por quê? Porque o estado desperto varre os sonhos da memória. Então, enquanto dormimos deveríamos dizer que o que percebemos quando despertos era irreal.

É interessante que ao acordar sempre nos lembramos do que sonhamos, nos lembramos dos nossos sonhos. Mas quando dormimos não lembramos de nada que vivemos nas horas despertas, não nos lembramos nem que estávamos acordados. Quando estamos acordados, temos uma breve memória do sonho, mas enquanto sonhamos não temos a mínima lembrança do nosso estado desperto. A memória é varrida, desaparece totalmente.

Da mesma forma, tudo o que vivemos na vida evapora na hora da morte. Então, após ou na hora da morte, as experiências que tivemos na vida eram realidade ou eram sonhos? Temos que entender bem isso, porque só então conseguiremos entrar na dimensão da verdade.

Tenham clareza sobre isso: quanto mais vocês se distanciam de si mesmos, mais profundamente entram nos sonhos. E, quanto mais se afastam dos sonhos, mais se aproximam de si. Para a pessoa chegar a si mesma, os sonhos têm que ser abandonados.

Mas é difícil dizer que a vida é sonho, porque, para nós, os sonhos são a realidade.

Ouvi a respeito do que todo mundo já sabe: se um ator está triste na tela do cinema, onde não há ninguém além de uma interação de luz e sombra ou de luz e escuridão, onde a tela está vazia exceto pela dança dos raios de luz, nós também ficamos tristes. Se achamos alguém bonito na tela, ficamos encantados. Se alguém sofre, irrompemos em lágrimas. E ficamos felizes se os atores também estiverem.

Durante as duas horas de um filme esquecemos completamente que o que está acontecendo na tela é apenas uma interação de raios de luz e nada mais. Nós nos identificamos tanto com a dança dos raios de luz, das imagens projetadas na tela, que choramos e rimos. Somos absorvidos por aquilo que pagamos para ver! Passamos um tempo dentro do cinema e saímos com o lenço molhado; muitas lágrimas são derramadas por falsas imagens. É tão fácil cair numa ilusão! Estamos acostumados a confundir os sonhos com a realidade...

Um grande pensador bengalês chamado Vidyasagar foi assistir a uma peça. Um dos personagens perseguia uma moça, a assediava, e atacava-a em uma noite escura em uma trilha deserta. Vidyasagar perdeu a paciência. Esquecendo-se completamente de que estava no teatro, tirou os sapatos, pulou no palco e começou a bater no ator.

A plateia não entendeu nada. No mesmo instante, Vidyasagar caiu em si: "Por que estou fazendo isso?"

Mas o ator foi mais inteligente: pegou o sapato, colocou-o na cabeça e voltou-se para a plateia: "É o maior prêmio que já recebi por minha atuação. Jamais pensei que um homem inteligente como Vidyasagar fosse confundir a peça com a realidade. Estou agradecido e guardarei este sapato com muito carinho. É a prova de que minha atuação foi excelente".

Vidyasagar deve ter ficado muito envergonhado.

Também confundimos peças de teatro com a realidade. Por quê? Vocês já se perguntaram por que isso acontece? Há uma razão psicológica muito profunda por trás disso: é o fato de não conhecermos a verdade e estarmos acostumados a acreditar que os sonhos são verdadeiros. Estamos prontos para aceitar qualquer sonho como realidade; estamos habituados a ver os sonhos como realidade. Aceitamos os sonhos que vemos na tela dos nossos olhos como realidade. Tanto é que, se sonhamos que uma pessoa está sentada em cima de nós e de repente acordamos, sabemos que foi um pesadelo, mas por algum tempo o coração continuará batendo mais rápido. Mesmo reconhecendo que tudo não passou de um sonho, as mãos continuarão trêmulas. O impacto do sonho continuará nos influenciando.

Durante o dia lembramos dos sonhos como se fossem realidade. Em outras palavras, o que consideramos realidade é quase como um sonho. Por exemplo, um homem vive para acumular riquezas. Todos os dias ele conta seu dinheiro, guarda-o em um cofre e só pensa em fazê-lo crescer. Ele vive um determinado sonho – o sonho do dinheiro –, continua ganhando e juntando dinheiro.

Ouvi contar...

Um homem tinha muito dinheiro. Ele não comia bem, não bebia bem nem usava roupas caras. Geralmente são os pobres que comem, bebem e se divertem. Os ricos só acumulam riquezas. Vendem a vida por dinheiro. Esse homem era rico e tinha juntado muito dinheiro.

Então a mulher dele ficou doente e os vizinhos sugeriram que a levasse ao médico. O homem rico disse: "Se a minha mulher tiver que ser salva, não há doença que possa matá-la. Se for a vontade de Deus, nada tirará a vida dela". Quanta sabedoria! "E se Deus não quiser salvar a vida dela, por mais que eu gaste com remédios, vou jogar dinheiro no lixo, porque ela morrerá de qualquer jeito. Eu confio em Deus."

O que não fazem as pessoas! Muita gente desonesta esconde suas fraquezas por trás de teorias. Ele disse algo tão religioso que todos se calaram.

Por fim a esposa morreu. E as pessoas pediram ao homem rico que gastasse dinheiro com o funeral. Ele disse: "A minha mulher morreu e não há necessidade de gastar dinheiro com ela. Para quê? O serviço funerário do município a enterrará. Para que carregar o corpo, fazer barulho em torno dele e gastar tanto dinheiro? Se eu não consegui salvá-la em vida, por que gastaria com o cadáver?"

Passou-se um tempo após esse incidente, e chegou a hora de o homem rico partir. As pessoas disseram: "Você está velho e a morte se aproxima. Está fraco e doente. Procure um tratamento".

Ele disse: "Não vou desperdiçar dinheiro. Tenho muita sorte de adoecer. As doenças acontecem devido ao carma das nossas vidas passadas. O que o dinheiro poderia fazer a respeito disso?"

As pessoas disseram: "Aí é demais. Você não gasta dinheiro nem consigo mesmo? Depois que você morrer, outras pessoas gastarão todo o seu dinheiro – você não tem filhos nem parentes".

Ele disse: "Não vou deixar meu dinheiro para trás. Não vou deixar que o levem".

"Nunca tínhamos ouvido nada parecido", replicaram os outros.

As pessoas acreditam que não deixarão nada para trás. Se vocês tiverem certeza de que deixarão tudo quando se forem, as suas ligações serão desfeitas nesse exato momento. Elas são tão fortes quanto a certeza de que tudo ficará para trás quando vocês morrerem. Senão, por que as pessoas lutariam, matariam e espalhariam tanto sangue sobre a terra? Por que arriscariam a própria vida por nada? As ligações são tão fortes que as pessoas acham que nunca vão se desligar.

O ricaço pensou a mesma coisa – e suas palavras foram bem claras: ele não se desligaria. As pessoas replicaram: "Nunca tínhamos ouvido nada parecido. Todo mundo se desliga na hora da morte".

Ele disse: "Mas eu tomei algumas providências para levar tudo comigo".

Quando a noite da sua morte se aproximava, ele foi até a margem do rio, acordou um barqueiro e disse: "Leve-me em seu barco até o meio do rio. Quero me afogar nas águas profundas do Ganges sagrado. Ah, se a morte é inevitável, quero morrer em um local de peregrinação. Pensei no que aconteceria com meu dinheiro e decidi pular no rio junto com ele".

É por isso que pessoas ricas visitam os locais sagrados antes de morrer. Fazem de tudo para levar consigo o que juntaram durante toda a vida. Para levar os bens que acumularam além da morte, visitam um local de peregrinação ou constroem templos e hospitais. São truques para carregar o dinheiro consigo. Meros truques. Os sacerdotes dizem que, se elas doarem o dinheiro para uma religião, receberão de volta quando chegarem à outra margem. Se você doar 1 milhão aqui, receberá 10 milhões lá. Por isso os mesquinhos, os sovinas e os gananciosos doam dinheiro, para receber dez vezes mais do outro lado.

O ricaço colocou as sacolas no barco, mas o barqueiro exigiu: "Quero uma moeda de ouro pela viagem porque já passa da meia-noite. Eu estava dormindo e você me acordou".

O rico disse: "Uma moeda de ouro? Não tem vergonha? Não sente compaixão por um moribundo? Uma moeda de ouro, que descaramento! Eu nunca dei isso a ninguém em toda a minha vida. E você não se compadece de alguém que está prestes a morrer. Que homem mais rude!"

O barqueiro retrucou: "Então contrate outro no meu lugar".

O rico pensou: "Vou ficar bem quieto, senão as pessoas virão para cá quando souberem que pulei no rio com todas as minhas moedas de ouro. Vão começar a pescá-las até não sobrar nenhuma". Ele virou-se para o barqueiro e disse em voz alta: "Está bem, irmão. Mas espere um minuto até eu encontrar a menor moeda que eu tiver".

Ora, ele vai pular no Ganges e vai morrer, mas a mente... Com certeza esse homem viveu de sonhos – durante toda a vida ele foi obcecado por esse sonho, essa loucura. Ele enlouqueceu por dinheiro.

Se vocês virem alguém apegado ao dinheiro, saibam que essa pessoa é louca. Há tanta gente louca neste mundo que jamais teremos a quantidade necessária de manicômios. Na verdade, se construíssemos casas para os loucos e para os sãos, teríamos menos casas para os sãos do que para os loucos. Estes são a maioria.

A pessoa obcecada por dinheiro está presa a um sonho. Isso a torna totalmente inconsciente, como se não tivesse nenhum interesse pela vida. É mais fácil entender alguém ganhar dinheiro e gastar se divertindo.

As pessoas se prendem aos mais diferentes tipos de sonhos. Se o homem sonha com *status*, ele tem que subir a escada do *status* do mais baixo ao mais alto posto, e deste ao mais alto ainda. Tem que cumprir a jornada da conquista de *status*. O sonho "Eu vou conseguir!" tem que ser realizado.

Alexandre, o Grande, Napoleão e outros se empenharam na mesma busca. Eles sonharam. Alexandre sonhou conquistar o mundo. Para quê? Imaginem conquistar o mundo inteiro. E daí? E depois, o que acontece? Não acontece nada. Mas a busca é constante, a perseguição é insana. E o homem continua correndo atrás.

Ouvi contar...

Alexandre, o Grande, conheceu um místico quando seguia para a Índia. Ele se chamava Diógenes, vivia nos arredores de um vilarejo e costumava andar nu. Alexandre ouviu dizer que existia um grande místico por ali e decidiu visitá-lo.

Alexandre chegou bem cedo. A manhã estava fria e o místico dormia nu ao ar livre. O sol brilhava e ele tomava banho de sol. Alexandre se aproximou e sua sombra cobriu Diógenes.

Alexandre disse a ele: "Você deve saber que sou Alexandre, o Grande. Vim visitá-lo".

Diógenes soltou uma gargalhada e chamou o cachorro que estava deitado na cabana, dizendo: "Ouviu o que ele disse? Que é muito grande! Nem os cães cometem esse erro."

Alexandre se assustou. Um homem que não usava uma única peça de roupa tinha o topete de dizer uma coisa dessas a Alexandre, o Grande? Sua mão alcançou a espada.

Diógenes disse: "Deixe a espada onde está, não perca seu tempo – espadas são para aqueles que têm medo de morrer. Eu estou além do lugar em que a morte acontece; já abandonei os sonhos que inventaram a morte. Eu morri para esses sonhos. Agora estou onde não há morte. Deixe sua espada embainhada. Não perca seu tempo".

Como alguém ousava falar com Alexandre, o Grande, dessa maneira? E um homem valente como ele se viu obrigado a guardar a espada! A espada era redundante diante de alguém como aquele homem. Espadas são como um brinquedo de criança diante de um Diógenes.

Alexandre perguntou: "O que posso fazer por você?"

Diógenes respondeu: "O que você pode fazer? O que seria? Você só pode fazer uma coisa: afastar-se um pouco porque está bloqueando o meu sol. Jamais seja uma barreira para o sol de ninguém".

Alexandre disse: "Vou embora agora, mas pela primeira vez na minha vida encontrei um homem com quem me sinto como um camelo que vê a montanha pela primeira vez. Conheci muita gente, pessoas muito arrogantes, todas se curvaram diante de mim, mas esse homem... Se Deus me permitir viver outra vez, pedirei para ser como Diógenes".

Diógenes disse: "Ouça a minha história também: se Deus viesse até mim com as mãos postas, encostasse a cabeça em meus pés e pedisse que eu me tornasse Alexandre, o Grande, eu responderia que seria melhor não me criar. Eu não sou louco de querer ser um Alexandre. Antes que você se vá, posso lhe fazer uma pergunta? Aonde você vai com tanta pressa, com tanto barulho e com um exército tão grande?"

Alexandre respondeu com um brilho de felicidade no olhar: "Isso é uma pergunta? Vou conquistar a Ásia Menor".

Diógenes perguntou: "E o que fará depois?"

"Depois vou conquistar a Índia."

"E depois?"

"A China."

"E depois?"

"Depois vou conquistar o mundo inteiro."

Diógenes disse: "Uma última pergunta: e depois disso, quais são seus planos?"

Alexandre respondeu: "Ainda não pensei, mas, já que perguntou, acho que vou relaxar".

Diógenes voltou-se para o cachorro e disse: "Ele é louco mesmo! Nós dois estamos relaxando sem conquistar o mundo, e ele diz que primeiro vai conquistar o mundo para depois relaxar". E então, para Alexandre: "Até meu cachorro relaxa, eu mesmo estou relaxando. Você enlouqueceu? De uma maneira ou de outra, no fim você vai relaxar, não é?"

Alexandre respondeu: "É claro, eu quero relaxar".

Diógenes disse: "O mundo não impede você de descansar. Por favor, fique conosco, há muito espaço na nossa cabana. Cabem mais que duas pessoas". A cabana de um pobre é sempre maior que o palácio de um rico. No palácio de um rico é difícil acomodar mais uma única pessoa. O rico precisa de palácios cada vez maiores. O palácio não é grande o bastante nem para uma única pessoa, na verdade, nem para ele mesmo. A cabana do pobre é mais ampla. O místico continuou: "Há muito espaço aqui para nós dois ficarmos confortavelmente. Por favor, fique. Para onde você está indo sem necessidade, e por que está tão incomodado?"

Alexandre respondeu: "Seu convite é atraente. Sua coragem, sua dignidade e o que você diz penetram em minha mente. Mas já estou na metade da minha jornada, não posso voltar agora. Tentarei retornar em breve".

Diógenes disse: "Como quiser. Tenho visto muita gente que parte em suas jornadas e não volta".

Alguém já retornou de uma viagem errada? Se a pessoa acha que está consciente, mas não consegue retornar quando toma um caminho errado, isso significa simplesmente que não está consciente. Digamos que um homem esteja prestes a cair em um poço; ele toma o caminho errado, há um poço mais à frente, e ele não sabe disso. Se alguém dissesse: "Não vá por aí porque há um poço", ele responderia: "Já estou no meio do caminho e não vou mais voltar"? Não, ele daria meia-volta imediatamente. Se um homem está caminhando perto de uma cobra e alguém diz: "Não vá por aí porque há muitas cobras", ele diria: "Já cheguei até aqui e não posso mais voltar"?

Diógenes prosseguiu: "Alexandre, os sonhos não terminam e a vida é muito curta. Ela vai sendo consumida e os sonhos nunca se realizam. A escolha é sua. Quando você voltar, a nossa casa estará aberta. A cabana não tem porta. Se eu estiver dormindo, não se preocupe, entre e descanse. E se eu não estiver... Ninguém sabe o dia de amanhã – hoje o sol está brilhando, amanhã pode não estar, e essa cabana não é nossa. Mas se quiser ficar na cabana quando voltar... ela estará aqui".

Alexandre não entendeu, mas ficou pensativo. Na verdade, quem vive em um mundo de sonhos tem muita dificuldade de se aproximar de um homem verdadeiro porque ambos têm linguagens muito diferentes.

Ao retornar à Índia, Alexandre morreu em algum ponto da jornada e nunca mais voltou. Na verdade, as viagens às cegas jamais se completam; o homem desiste. E a verdade é que durante muitas vidas a nossa jornada foi feita às cegas, tivemos que morrer muitas vezes e voltamos correndo atrás dos mesmos sonhos que nunca se realizam.

Se o homem viesse a saber o que fez em suas vidas passadas, sua vida paralisaria porque ele faria as mesmas coisas. As mesmas besteiras, os mesmos inimigos, os mesmos amigos, a mesma busca por sucesso, fama, *status*. Ninguém sabe quantas vezes cada ser humano já morreu. Por isso a natureza nos faz esquecer nossas vidas anteriores – para participar do mesmo ciclo de acontecimentos do qual participamos muitas vezes. Se alguém sabe que algo aconteceu muitas vezes, que já fez alguma coisa várias vezes, tudo perde completamente o sentido.

Alexandre, o Grande, morreu. E nesse mesmo dia Diógenes também morreu. E algo incrível aconteceu... Essa história se popularizou na Grécia depois da morte deles. A história de um homem comum, um místico, que tinha dito muitas coisas a Alexandre já havia se espalhado por toda a Grécia – e os dois morreram no mesmo dia. Após a morte deles, outra história se espalhou: eles se encontraram nos portões do céu.

Alexandre chegou à frente de Diógenes porque tinha morrido uma hora antes. Ao se aproximar dos portões, ouviu uma risada. Seu coração deu um salto. Ele conhecia aquela risada; só podia ser a risada de Diógenes!

Ninguém ria como Diógenes. A nossa não é uma risada real. Quem vive sofrendo e chorando só pode ter uma risada falsa. A risada pode estar na superfície, mas por trás dela o homem chora. As lágrimas se misturam à risada. Só alguém que penetrou em seu ser pode rir verdadeiramente. Quem tem um coração repleto de sofrimento ri superficialmente porque está se esforçando para esquecer o sofrimento.

Era a risada de Diógenes. Alexandre começou a tremer. Sentiu que teria problemas. No encontro anterior deles, Alexandre usava o manto real e Diógenes estava nu. Agora a situação era outra – Alexandre também estava nu. Os dois estavam nus. Diógenes sempre estivera nu, então isso agora não seria motivo de vergonha. Alexandre recuou, criou coragem, sentiu-se mais confiante e riu também.

Mas Diógenes disse: "Pare de rir! Sua risada é falsa. A vida toda você só cometeu falsidades, e sua risada é falsa mesmo depois da sua morte. Pare de rir!"

Alexandre ficou muito nervoso e disse: "Estou feliz por encontrar você de novo. É maravilhoso. É muito raro um rei se encontrar com um faquir nu depois da morte, nos portões do céu. Deve ser a primeira vez que isso acontece".

Diógenes replicou: "Tem razão. Mas você está cometendo um erro: neste momento, quem é o rei e quem é o mendigo? Aqui, o rei está atrás e o mendigo está na frente. Você veio depois de perder tudo, porque o que desejava realizar era algo que só existia em sonho. E eu cheguei aqui depois que realizei tudo, porque parei de sonhar e descobri o que permanece além dos sonhos".

Toda a nossa pressa pertence ao mundo dos sonhos. O que se ganha quando se tem fama e *status*? O que acontece? Que diferença faz se algumas pessoas nos adoram, veneram, respeitam? Não faz nenhuma diferença. E o que é realmente importante, que só pode acontecer através da busca interior, fica adiado em razão dessa pressa desesperada.

As pessoas chegam aqui e dizem: "O que você diz está certo, mas não tenho tempo sobrando; não tenho tempo de meditar. Não tenho tempo de buscar a verdade. Não tenho tempo". O tempo das pessoas é consumido por sonhos. O que elas estão dizendo é: "Onde vou encontrar tempo para a verdade?"

Que pergunta mais estranha e incrível. Os sonhos ocuparam tanto a a mente das pessoas que não permitem que elas desperdicem um único instante da vida. E por que os sonhos fazem isso? Porque, se um único raio de verdade penetrar na vida delas, não apenas um único sonho como também o próprio ato de sonhar vão desaparecer. Evaporar.

Daí que elas não dão chance para que isso aconteça. Ocupam-se, têm sempre muita pressa, continuam correndo. Se uma corrida termina, começam outra. A mente diz: "Antes de satisfazer um desejo, deseje outra coisa!" Mesmo que um desejo acabe, outro está nascendo. A mente diz: "Antes que uma busca termine, comece a buscar outra coisa". A mente insiste: "Antes que um sonho seja interrompido, tenha outro sonho". Porque, se um único raio de verdade entrar no espaço vazio entre um sonho e outro, tudo muda. Tudo se transforma. Por mais profundos que sejam os sonhos das pessoas, nenhum deles será poupado ao mais leve despertar.

Então, neste nosso terceiro encontro, quero dizer a vocês que, se quiserem buscar a verdade interiormente, primeiro terão que reconhecer que os sonhos são sonhos. Terão que se perguntar se não estão alimentando os próprios sonhos. Terão que se examinar interiormente para ver se não estão reforçando as raízes dos sonhos. Se não estão fortalecendo os sonhos. Se não estão vivendo de sonhos. Terão que responder a essas perguntas. Se a busca seguir na direção certa, a mente conseguirá compreender, a consciência verá o sonho como um sonho e a corrida terminará.

Para se identificar com os sonhos, é preciso ter a ilusão de que eles são a realidade. Os sonhos são tão fracos que a gente só consegue dominá-los se eles fingirem que são a realidade. Se quisermos que a mentira prevaleça, ela terá que vestir as roupas da verdade. Se a desonestidade quiser prevalecer no mercado, terá que escrever em um cartaz: "A nossa política é a honestidade". Mesmo que vocês queiram vender manteiga falsa, terão que começar a vender manteiga verdadeira!

Os sonhos, as mentiras e os não essenciais são tão fracos, tão impotentes que têm sempre que tomar por empréstimo as pernas da verdade.

Eu ouvi uma história…

Quando o planeta foi criado e as coisas desciam à Terra vindas do céu, Deus criou a deusa da beleza e a deusa da feiura. As duas deusas desceram do céu para a Terra. No caminho, as roupas e o corpo delas ficaram cobertos de poeira e suor.

Quando chegaram à Terra, elas tiraram as roupas, deixaram sobre as margens de um lago e entraram na água para se banhar. A deusa da beleza atravessou o lago a nado, mas a deusa da feiura voltou para a margem, vestiu as roupas da deusa da beleza e foi embora.

De volta à margem, a deusa da beleza viu que estava com um problema: a deusa da feiura tinha roubado suas roupas. Ela não sabia o que fazer. Estava nua, o dia amanhecia e a aldeia começava a acordar. As únicas roupas disponíveis eram as da deusa da feiura. Como não havia outro jeito, ela vestiu aquelas roupas, pensando que, se encontrasse a deusa da feiura pelo caminho, trocaria de roupa com ela.

Dizem que desde então a deusa da beleza está andando por aí com as roupas da feiura, e a deusa da feiura faz o mesmo usando as roupas da beleza. E as duas nunca se encontram. A deusa da feiura nunca para em lugar nenhum. Está em constante movimento, sempre correndo. Hoje, tanto tempo se passou que a beleza desistiu da ideia de encontrar as próprias roupas.

O irreal está fazendo a mesma coisa — os sonhos também. Se eles quiserem se deslocar, precisarão dos pés e das roupas da verdade. Os sonhos só podem circular se pensarem que são verdadeiros. No momento em que são vistos como sonhos, desaparecem no mesmo instante.

Vocês já pensaram que, quando estão sonhando, não têm consciência de que é sonho? E, quando se tornam conscientes de que não é apenas sonho, imediatamente o estado onírico termina e vocês acordam. E, ao acordar, só então se dão conta de que era apenas um sonho.

O buscador que se lança à procura da verdade suprema tem que explorar o que são os sonhos em sua vida. O que, na vida, pertence aos sonhos? Quanto mais ele pensa nisso de modo consciente, quanto mais explora e identifica alguma coisa como um sonho, esse mesmo sonho logo evapora. E, quanto mais seu entendimento se aprofunda e a clareza se expande, na mesma proporção, os sonhos vão perdendo a intensidade. A consciência relaxa e retorna à sua fonte original, volta-se para dentro, onde está a verdade. Uma consciência que se volta para dentro e se distancia dos sonhos acaba alcançando a verdade.

Toda a nossa consciência está ocupada na perseguição de sonhos. Estamos sempre correndo na direção deles. E a sociedade nos incentiva a correr atrás de sonhos desde o berço até o túmulo. Quando a criança entra na escola, seus pais lhe dizem para ser a primeira da classe; já começaram a cultivar sonhos na mente dela. A professora estimula o primeiro lugar – abençoado seja o primeiro! Todos os demais que não conseguiram ficar em primeiro lugar são os desafortunados.

A competição começou. A criança pequena teve a mente envenenada. Ela se esforçará durante toda a vida para estar em primeiro lugar. Onde quer que esteja, ela terá que ser a número um. "Tenho que ser a primeira!" A competição começou.

Se alguém perguntar "Para que ser o primeiro?"... Seria compreensível se alguém dissesse: "Onde quer que você se encontre, seja feliz". Mas a gente aprende que só pode ser feliz se for o número um. E o mais surpreendente é que a pessoa de número um dificilmente é feliz. Somos todos tão cegos!

Desde quando quem ocupa a primeira posição é feliz? E, na verdade, quem consegue ser o número um? Onde quer que a pessoa se encontre, sempre haverá alguém na frente dela. Sempre haverá alguém na frente e alguém atrás, como se toda a humanidade andasse em círculos. Como se todos nós andássemos em círculos: por mais que a gente corra, sempre haverá alguém à nossa frente e alguém atrás de nós. E a pessoa quer ser o número um?

Jesus disse: "Abençoados sejam os últimos". Será que ele disse a coisa errada? Porque todos os nossos mestres, toda a sociedade e a civilização pregam que devemos ser os primeiros. No campo da saúde, do conhecimento ou da iluminação, ser sempre o número um.

Os santos também participam dessa corrida: como ser um mestre no mundo, como alcançar o trono de Shankara. Mas, quando eles se sentam no trono de Shankara, tornam-se tão arrogantes quanto qualquer ministro de Estado. Os santos são tão arrogantes quanto os políticos, mas têm uma atitude própria: tratam os outros como insetos rastejantes, enquanto eles são mestres no mundo. E, o que é mais interessante, como foi que eles se tornaram "mestre no mundo" sem ter perguntado ao mundo? Ninguém perguntou nada ao mundo e eles se declaram mestres no mundo.

Por trás disso está a vaidade, estão os sonhos. A ambição é ser imperador do mundo, o desejo é ser guru. As duas coisas são exatamente a mesma. Demonstra o esforço deles para subir nas costas dos outros. Mas o que realmente se ganha com isso? É uma corrida de ambição, e ambição implica sonho.

Somos todos ambiciosos. E, quanto mais ambiciosa é a pessoa, mais ela se afasta de si mesma e se distancia da verdade. A verdade só é descoberta por quem não é ambicioso. Uma mente não ambiciosa, uma mente sem nenhuma ambição, a mente que não quer ser nada, não quer encontrar nada, não quer dominar ninguém, não quer controlar ninguém, não quer ser guru de ninguém. É alguém que não espera mais nada, não quer ser nada, é alguém que só quer saber, quer viver e ser o que é. Alguém que não caminha na frente nem foge de si mesmo. Mas todos continuam correndo atrás.

Observem um santo em sua corrida. Se lhe perguntarmos aonde vai, ele responderá: "Até eu alcançar a suprema libertação, não posso relaxar". E onde está a suprema libertação? Ele dirá: "Quanto mais rápido eu correr, mais depressa encontrarei". Mas podemos perguntar para onde ele corre, aonde ele vai e onde exatamente está a suprema libertação. Ele responderá: "Não me faça perder tempo, preciso ir mais rápido. Quanto mais rápido eu for, mais cedo chegarei". Mas nem ele sabe onde está aquilo que ele tanto persegue. Para onde vocês correm? Se a suprema libertação está fora de vocês, se vocês correrem vão chegar lá?

Quem quer enriquecer entra na corrida pelo dinheiro e está sempre correndo atrás dele. Mas não pergunta se a verdadeira riqueza está do lado de fora. Sim, lá fora *existem* riquezas de bens e dinheiro. Mas, por mais que o homem acumule, alguém já ficou rico? A pobreza interior jamais deixa de existir. Os ricos acumulam externamente, mas a pobreza interior permanece.

O imperador Akbar tinha um amigo chamado Farid. Um dia, os vizinhos de Farid disseram: "Vá ver Akbar, ele gosta tanto de você. Peça a ele que abra uma escola na vila".

Farid, que nunca tinha procurado Akbar, respondeu: "Eu nunca pedi nada a ele; nunca pedi nada a ninguém. Vocês estão criando uma situação difícil. Se eu disser que não vou, vocês vão me criticar por não fazer um pequeno favor para a vila. E, se eu for, o que Akbar vai pensar? Ele costuma me pedir a bênção e agora sou eu que vou lhe pedir alguma coisa? Mas, se vocês insistem, eu vou".

E Farid foi visitar Akbar. Chegou bem cedo, antes que a corte acordasse, e encontrou-o na mesquita. O místico entrou. Akbar estava terminando de fazer as suas orações matinais. "Oh, Deus, dê-me mais riquezas! Por favor, aumente os meus bens e expanda o meu império!"

Ao ouvir isso, Farid imediatamente saiu da mesquita. Akbar se levantou e viu Farid descendo as escadas. O imperador chamou-o e perguntou: "O que veio fazer aqui? E por que está indo embora sem ao menos me cumprimentar? Fiz alguma coisa errada?"

Farid respondeu: "Você não fez nada errado. Eu cometi um erro".

"Que erro? O que você fez de errado?"

Farid respondeu: "Vim ao lugar errado. O povo da vila disse que Akbar é um imperador, mas quando cheguei descobri que Akbar é um mendigo e também pede esmola. Mas não o culpo por isso. Por favor, me perdoe, eu vim ao lugar errado. Se é para pedir a Deus, eu mesmo posso pedir ao mesmo Deus a quem você pediu uma esmola. Não há nada errado com você, mas seria difícil você construir uma escola na minha vila".

Akbar não entendeu. "Que escola? Para quê?"

Farid respondeu: "Não importa. Você não precisa construir nenhuma escola. Isso reduziria os seus bens; você não tem o suficiente, vi que estava pedindo mais a Deus. Não quero incomodá-lo. Eu sou um monge e sem querer encontrei outro mendigo".

Nem mesmo um imperador como Akbar é rico. Na verdade, gente rica nunca consegue se tornar rica. Os ricos acumulam apenas exteriormente, mas o mendigo interior permanece o mesmo. Ele exige cada vez mais. Nada muda através da riqueza exterior; nossa pobreza não termina com ela.

Existe outro tipo de riqueza. Essa riqueza não está nas moedas do mundo exterior. Existe *status* – o *status* do mundo exterior. A posição da pessoa não importa, não importa mesmo; é como se fosse uma brincadeira de criança e nada além disso. É como a criança pequena que sobe na cadeira e diz ao pai: "Papai, olhe para mim, fiquei mais alto que você". O pai ri e diz: "É, ficou mesmo". E ele põe a criança nos ombros para que ela se sinta ainda maior. E a criança fica feliz, se orgulha de ser tão grande.

Se a criança acha que é maior que o pai porque subiu na cadeira, então quem acha que cresceu porque seu *status* aumentou pode ser considerado infantil. Não seria outra coisa. Como é possível crescer só por se sentar em um lugar mais alto?

Havia um juiz britânico em Chennai. Ele era muito exigente e queria que as pessoas ocupassem seus lugares no tribunal de acordo com o *status* delas. Todos nós temos essa preocupação, mas não somos tão loucos. Ele era consistentemente louco, era organizadamente louco.

Todos nós nos preocupamos com esse tipo de coisa: se chegar um criado, não importa quantos anos tenha, ninguém dirá a ele que se sente. O criado ficará em pé e o jovem patrão, sentado. E o jovem fala com o homem mais velho de maneira desrespeitosa. "Faça isso, faça aquilo." Ninguém o convida a se sentar. O criado é quase invisível para as pessoas da casa, embora também seja pai de alguém. Então chega um homem rico: ele não vale nada como pessoa, mas tem muito dinheiro. Imediatamente a gente se levanta, começa a elogiá-lo e diz: "Sente-se, por favor!" Todos nós temos o mesmo tipo de mente.

Essa era a condição do juiz, que era muito organizado. Ele tinha em seu tribunal sete cadeiras, numeradas de um a sete; quando chegava alguém, ele pedia ao seu funcionário que trouxesse a cadeira que correspondia ao *status* da pessoa. Por exemplo, ele nunca convidava quem não tinha *status* a se sentar – a pessoa precisava ficar em pé.

A cadeira de número sete era destinada aos que tinham o *status* mais baixo. Não havia cadeira de número oito. Em seu tribunal, quem pertencesse à classe baixa tinha que ficar em pé. E mesmo a cadeira de número sete não passava de um banquinho.

Um homem chegou em um dia de manhã. E isso não é uma história, aconteceu realmente. O dr. Pattabhi Sitarmaiya conhecia bem o juiz e conta isso em sua autobiografia. O tribunal desse juiz era motivo de piadas na cidade.

Então o homem chegou ao tribunal; era um velho que usava roupas velhas e se apoiava em uma bengala. O juiz permitiu que ele entrasse e avaliou que deveria ficar em pé. Mas, quando o velho consultou seu relógio, o juiz viu que era um relógio caro e imediatamente ordenou que o funcionário trouxesse a cadeira de número três.

Enquanto a cadeira estava sendo trazida, o velho disse ao juiz: "Você não está me reconhecendo. Sou o dono desta vila". Imediatamente o juiz mandou o funcionário levar de volta a cadeira de número três e trazer a de número dois. Nesse meio-tempo o velho acrescentou: "Não, você ainda não me reconheceu. Eu doei 1 milhão de rupias ao governo na Segunda Guerra Mundial".

Dessa vez o funcionário tinha trazido a cadeira de número dois, mais o juiz ordenou: "Leve essa cadeira de volta e traga logo a de número um".

O velho disse: "Estou cansado de ficar aqui em pé. Peça ao funcionário a cadeira de número mais alto que você tiver, porque vim aqui para doar a você 1 milhão de rupias".

É assim que avaliamos os seres humanos. Se esse homem não tivesse dinheiro, seria outra pessoa? Se não usasse um relógio caro, seria uma alma diferente? Se não doasse 1 milhão de rupias ao juiz, seria um joão-ninguém? Não seria ninguém, não seria nada, não teria nenhum valor? A sua existência não valeria nada?

Essa é a nossa avaliação. Estamos pesando sonhos ou medindo a verdade? A verdade está dentro do homem, é o seu próprio ser, é o que ele é. O resto é sonho: ter um relógio caro, uma boa casa ou *status*. São todos sonhos que nos conectam aos outros.

Mas só reconhecemos os sonhos porque vivemos dentro deles. Insistimos neles, os reivindicamos e queremos seguir adiante com eles. Um mundo dos sonhos é o mundo de roupas externas. O mundo dos sonhos é o mundo dos olhos externos. Não existem sonhos no mundo interior; todos os sonhos pertencem ao mundo exterior. E a pessoa que deixa de sonhar, que desperta e não se identifica mais com os sonhos, é alguém que se voltou para dentro.

Então, vocês terão que descobrir por si mesmos; isso não tem a ver com mais ninguém. Cada um tem que perguntar a si mesmo: "Sou um sonhador? Cultivo sonhos? Alimento os sonhos?" Todos nós cultivamos sonhos. E com quantas coisas sonhamos? Quantas coisas desejamos que aconteçam? Quantas ideias temos de nos tornarmos alguém na vida? E às vezes temos até uns desejos estranhos de ser e acontecer! É difícil encontrar um homem que, andando pela rua, não sonhe se tornar o presidente do país. Muitas vezes sentimos: "Os meus vizinhos pensarão em mim? No parlamento alguém proporia meu nome para a presidência?" Sempre temos essas ideias. Quem já não pensou nisso? Quantas vezes essas coisas já não passaram em nossa mente? Alguns andam pela rua imaginando que ganharam na loteria – como se realmente tivessem ganhado 1 milhão.

Eu tinha um amigo que era médico. Dia e noite ele jogava na loteria! E sempre esperava ganhar milhões. Sua clínica ia de mal a pior. Como poderia ir bem, com uma mente tão obcecada? Os pacientes chegavam e ele só pensava na loteria. Pedia que o esperassem porque ele estava preocupado em ganhar milhões. Por que se preocuparia com as poucas rupias que receberia dos pacientes?

Eu também o procurei algumas vezes. Todos os meses ele sonhava ganhar milhões na loteria, mas não ganhava nunca. As apostas fechavam, ele esperava reabrirem para jogar novamente, sempre o mesmo jogo. Um dia, ele me disse: "Desta vez tenho certeza de que vou ganhar 100 mil rupias".

E eu disse a ele: "Se você ganhar 100 mil rupias, vai doar um pouco para a biblioteca da vila? Eles estão precisando".

Ele pensou em quanto poderia doar. Com grande dificuldade, decidiu que contribuiria com 5 mil rupias. Ele ia ganhar 100 mil rupias e doar apenas 5 mil! E, assim mesmo, com grande sacrifício.

Eu disse: "Não. Cinco mil é muita coisa. Ficará muito pesado para você".

"Tem razão, 5 mil será muita coisa para mim. Mas 2,5 mil rupias posso doar. Doarei então 2,5 mil rupias."

Eu disse: "Escreva isso. Você pode mudar de ideia".

Enquanto ele escrevia, disse: "Duas mil e quinhentas rupias! Quem mais doou? Quem mais doa nesta vila? Quanto os homens ricos da vila costumam doar?"

"Eles doaram apenas 201 rupias", eu disse.

"E você quer que eu doe 2,5 mil! Se eles doam 201 rupias, vou doar o mesmo."

Ele ainda tinha que ganhar na loteria. Esperava ganhar 100 mil e estava absolutamente convencido de que isso aconteceria...

"Como quiser. Mas me dê isso por escrito", eu disse.

"Para que escrever? Estou prometendo e vou cumprir", replicou ele.

Fui embora rindo. Que tipo de homem era aquele? Que tipo de homem e que tipo de mente!

Eu já estava dormindo, e lá pelas onze da noite ele gritou do jardim da minha casa: "Ei!"

"O que aconteceu?", perguntei.

"Esqueça a ideia da doação; só vou doar quando ganhar na próxima vez", disse ele.

Ele foi à minha casa às onze da noite depois de pensar melhor. E nós não morávamos perto um do outro.

Eu perguntei por que não deixou para me dizer isso na manhã seguinte, e ele respondeu: "Eu não conseguia dormir. Mas prometo que na próxima vez que eu ganhar eu doo".

Ele ainda não ganhou na loteria pela primeira vez, de modo que não se cogita uma próxima vez.

Vejam só como vive esse homem! E todos nós vivemos assim. Por favor, não riam, porque ele não é especial; é exatamente como todos nós. Nós todos somos assim. Exatamente assim.

Esse tipo de mente já encontrou a verdade? E existe alguém que nunca teve sonhos? Até quando vamos cultivar nossos sonhos? Existe alguém que não conduziu seu barco de sonhos pelo oceano?

Se um barco de papel é frágil, um barco de sonhos é ainda mais frágil. O barco de papel também afunda, mas o barco de sonhos nem sequer flutua – mas todo mundo veleja nele. E, se o barco afunda, sofremos e rapidamente construímos outro barco do mesmo material. Antes que o barco afunde, começamos a construir outro.

Temos que observar todos os nossos sonhos com muita atenção. No momento em que percebemos que algo é um sonho, ele desaparece. No momento em que temos consciência de que é um sonho nosso e que estamos vivendo um sonho, nesse exato momento o sonho evapora. Mas, enquanto continuarmos sentados no sofá, nossa mente vai sonhar – e os devaneios começam.

Esse estado mental é o grande obstáculo à meditação. A mente sonhadora é a maior obstrução à meditação. Só quem sai do estado mental sonhador pode entrar em meditação.

Mas não temos consciência do nosso próprio estado. Conseguimos perceber facilmente o estado mental de outra pessoa: "Sim, ela está sonhando". Mas, quando olhamos para nós mesmos, não conseguimos perceber que estamos sonhando.

Todos se olham no espelho para melhorar a aparência antes de sair de casa. Fazem isso pensando que serão notados por todos – mas quem tem tempo de notar qualquer um na cidade? E a pessoa se arruma tanto para sair! São todos tão insensíveis que ninguém nota o esforço que ela fez. Ninguém tem tempo para isso. E os outros também se arrumaram. Também quiseram que alguém os notasse. É muito difícil. Quem observa quem?

Um pai disse a seu filho: "Deus criou você para servir aos outros". Antigamente o filho aceitaria isso com facilidade. Hoje em dia as crianças são mais espertas. O filho respondeu: "Entendo quando diz que Deus me criou para servir aos outros. Mas para que Deus criou os outros? Também tenho o direito de saber para que os outros foram criados. Se também foram criados para servir a outros, então é uma grande rede – nós servimos a eles e eles nos servem. Seria melhor que todos eles nos servissem".

Todo mundo sai de casa com a ideia de que será notado pelos outros – todos, sem exceção. E os outros também pensam a mesma coisa. Todos saem para ser notados. Seria melhor que todo mundo tivesse o seu espelho e, quando quisesse, se olhasse nele. Algumas mulheres inteligentes levam um espelho na bolsa. Os homens não são tão inteligentes ou não têm tanta coragem.

Quem observa quem? Quem tem tempo para isso? Como perdemos tempo com sonhos desnecessários! Mesmo que alguns poucos nos olhem, que diferença faz? O que ganhamos com isso? É apenas um sonho achar que todo mundo nos observa. Por quê? Qual é a necessidade? Qual é o propósito? O que isso nos trará? Enquanto amarramos os cordões dos sapatos ou vestimos uma gravata, ninguém sabe em que mundo imaginário estamos vivendo, imaginando que alguém nos observará.

Não usamos roupas apenas para cobrir o corpo. Elas também têm outro propósito. Toda roupa cobre o corpo, mas não só. Essa é outra questão – cobrir o corpo se tornou secundário. Há algo mais. Na verdade, muito pouca gente usa roupas só para cobrir o corpo; as roupas são usadas para exibir o corpo. Roupas que exibem o corpo são consideradas elegantes.

Consequentemente, as roupas tendem a ficar mais justas. As roupas vão ficando cada vez mais apertadas no corpo e a moda vai espremendo o ar de dentro das pessoas. Quanto mais justas são as roupas, mais exposto o corpo fica. E a vida vai se esvaindo do corpo através das roupas justas. Se olharmos bem, veremos que as roupas sufocam as pessoas. Mas elas se autorrestringem. Praticam forte abstinência! Na verdade, praticam a austeridade. A Índia é um país quente e os homens continuam usando gravata! Por que não se enforcam? É um país quente e os homens continuam usando sapato e meia. Eles vivem aqui ou pensam que estão em qualquer outro lugar? Talvez outros valores os estejam influenciando.

Aconteceu...

Ghalib, o famoso poeta, foi convidado a visitar o xá Bahadur Zafar. Ghalib era um homem pobre e usava roupas velhas – os poetas ainda não aprenderam a ser ricos. Um poeta não tem chance de enriquecer; só os ladrões enriquecem. Como pode um poeta enriquecer? Sim, se o poeta também for ladrão, isto é, se roubar poemas dos outros, ele também ficará rico.

Mas Ghalib era pobre. Dificilmente alguém ganha dinheiro com poesia. E agora recebera o convite do monarca. Seus amigos disseram: "Ficou louco? Vai visitar o xá com essas roupas? Os guardas não vão deixar você entrar".

Ghalib respondeu: "O convidado sou eu, não as minhas roupas". Ele não concordou com os amigos de jeito nenhum. Homens menos sofisticados não concordam com a sociedade, e Ghalib devia ser um deles.

As pessoas mais bem informadas – ou seja, as mais espertas – sabiam o que estavam dizendo: "Ninguém vai saber quem você é com essas roupas tão velhas. O xá ouviu a sua poesia, ouviu falar do seu talento, mas os guardas, não. Eles não conhecem você".

Ghalib não lhes deu ouvidos e se pôs a caminho. No portão do palácio, disse: "Deixem-me entrar. Sou amigo do xá. Fui convidado para jantar".

O guarda nem respondeu. Empurrou-o e disse: "Todo mendigo da vila diz que é amigo do xá. Todo dia temos que lidar com isso. Todo mundo quer entrar no palácio. Fora daqui!"

Ghalib não entendeu nada, mas viu que seus amigos tinham razão. Voltou para a cidade e disse a eles: "Vocês estavam certos. Por favor, encontrem roupas melhores para mim".

Os amigos conseguiram roupas com os vizinhos. Uma boa camisa, um casaco, um turbante e bonitos sapatos – tudo emprestado. Ghalib se trocou e voltou ao palácio. Agora estava bem-vestido. Pessoas emprestadas estão sempre bem-vestidas! No caminho, todos olhavam para ele e perguntavam: "Quem é esse homem?"

O mesmo guarda curvou-se cumprimentando Ghalib e disse: "Entre, seja bem-vindo. Quem é o senhor?"

Ghalib mostrou as roupas e disse: "Sou isto!"

O guarda não entendeu o que Ghalib quis dizer, mas, com medo de que ele fosse alguém importante, deixou-o entrar. O guarda do portão achou que ele fosse alguém importante porque Ghalib estava usando uma corrente de ouro. Mas não sabia que a corrente era emprestada e não lhe pertencia: "Deve ser dele, porque está em seu pescoço. Quer prova maior que essa?"

Ghalib entrou. O monarca, que já estava preocupado com o seu atraso, perguntou: "Por que chegou tão tarde?"

"Peço desculpas", disse Ghalib. "Eu tive problemas. Movido pela minha ignorância, cometi o erro de não ouvir pessoas mais experientes. Por isso me atrasei."

O xá não entendeu nada e disse: "Está bem, sente-se. Já é tarde e a comida está pronta".

Ghalib foi servido e disse ao seu turbante: "Querido turbante, por favor, coma". Depois, ao casaco: "Querido casaco, coma!"

O xá perguntou: "Por que isso? Que hábitos estranhos você tem. Por que está se comportando assim?"

Ghalib respondeu: "Eu cheguei aqui muito cedo, mas não pude entrar porque minhas roupas eram muito velhas. Agora, graças às roupas boas, pude entrar; são elas os seus convidados e só elas podem jantar com vossa majestade. Me desculpe, não estou acostumado com isso. Eu não existo. Na verdade, os seus guardas me impediram de entrar. Desta vez, as roupas vieram visitá-lo e só elas comerão. Por favor, cumprimente-as e converse com elas".

Ghalib disse a coisa certa. Só as roupas importam. Nós vivemos em roupas que são falsas. A verdade interior está enterrada por baixo delas.

As roupas dos sonhos são diferentes – são de respeitabilidade, de honra, de conhecimento e até de renúncia. Reparem com que arrogância caminha um homem que fez uma pequena renúncia! Você caminha com tanta arrogância só porque fez sete dias de jejum? Foi por falta de sorte que você passou fome e morreu de inanição? E por que tanta arrogância por isso? Ninguém tem culpa que você jejuou por sete dias. Por que anda por aí anunciando o seu jejum ao som de tambores, música e tudo o mais, perturbando crianças que estudam para os exames? Que arrogância é essa? Se você come ou não come sete dias por semana, a escolha é sua!

Não, ele prefere anunciar ao mundo que fez sete dias de jejum e se tornou uma pessoa especial. É uma vida de sonhos! Alguém se torna especial por jejuar?

Nós estamos ligados a coisas que não têm nada a ver com o conhecimento da verdade. Em vez disso, elas funcionam como mecanismos de escape e falsificam a vida. Se permanecermos ligados a elas, a nossa jornada dentro da meditação não será possível.

Consequentemente, a segunda coisa que quero dizer é que, quando nos sentarmos em meditação, observem atentamente que sonhos mantêm vocês ocupados. Perdoem os seus sonhos e os deixem ir.

A mente vai se sentir mal, porque dói muito quando nos arrancam dos sonhos que eram tudo para nós. Eles são os nossos bens, a nossa força vital, nós nos tornamos um só com eles. Então, quando os sonhos são arrancados pela raiz, é o mesmo que morrer. Eles são tudo para nós. Quando desaparecem, somos reduzidos a nada. Nus, vazios, não temos nada a perder. O que temos além das roupas? O que temos além dos pensamentos? O que mais temos além da nossa mente condicionada que não para de tagarelar? É a nossa riqueza, é a nossa vida. Transformada na nossa alma. É o que estou pedindo que vocês abandonem. E então vocês terão ido, irão desaparecer.

Mas quem está pronto para desaparecer pode descobrir a suprema satisfação. Quem se dissolve é designado a ser ele mesmo.

O que significa dissolver-se? Só o que é temporal pode terminar. Só os sonhos podem desaparecer. Aquilo que *é* não termina jamais. A verdade não pode ser apagada. Então, continuem desenraizando todos os sonhos dentro de vocês, continuem derrubando e demolindo todas as casas imaginárias que vocês construíram, limpem-se interiormente de tudo que vocês viveram.

Crianças brincam na praia construindo castelos de areia. Elas lutam e afastam as outras de seus castelos de areia dizendo: "Tire seus pés da minha casa ou ela vai cair". Por um lado, elas estão construindo castelos feitos de areia, por outro estão pedindo que "ninguém se aproxime do meu castelo porque ele pode cair".

Quando construímos castelos de areia, por que tememos que eles venham abaixo? Queremos ter certeza de que os outros não se aproximarão dele. Se uma criança pisar no castelo de areia de outra, haverá discussão, luta, roupas rasgadas, ferimentos e sangue escorrendo.

Alguém vai perguntar: "O que estão fazendo? Estão machucando uns aos outros por causa de castelos de areia! Estão rasgando a roupa e batendo em alguém".

Quando o sol se põe e a noite cai, a mãe chama as crianças para jantar. Então elas chutam seus próprios castelos e correm para casa. Espalham tudo pela areia; o motivo de tanta briga fica lá, jogado na areia.

Mas os adultos agem exatamente assim. Constroem casas de sonhos na praia da vida e depois brigam com os vizinhos ou com outra pessoa qualquer. Há casos e mais casos nos tribunais e uma teia de consequências! O que são todas essas teias... eu construí um castelo de areia, você construiu outro, e alguém os invadiu. Minha casa caiu por cima da sua, sua casa invadiu a minha, o telhado da sua casa está obstruindo o meu sol – isso é invasão! O sonho de um invade o sonho do outro. As pessoas se matam por isso. Os tribunais se envolvem. Que pretensão notável! Enquanto alguns tolos lutam entre si, outros tolos estão sentados nos tribunais com roupas especiais e fazendo julgamentos.

E a pergunta é: pelo que estão brigando? Por que vocês brigam? Se a consciência estiver um pouco desperta... E ninguém mais poderá despertá-la. Só vocês, examinando sua vida, milímetro por milímetro. Por que estou vivendo, pelo que estou brigando, o que estou construindo, o que estou procurando e o que quero me tornar. E, se o questionamento continuar, de repente um tremendo silêncio começará a se espalhar dentro de vocês e nessa clareza vocês verão que é tudo um sonho que nasce e desaparece.

Os sonhos desaparecem e a verdade surge. A verdade é eterna; só está enterrada sob os sonhos. E a verdade pode ficar escondida sob os sonhos? Ela fica presa como o reflexo da lua ficou preso dentro do poço. Na realidade, ela nunca fica presa – como é possível prender a verdade? Sim, no poço dos sonhos, o reflexo da lua ficou preso. Mas a lua continuou no céu.

O que somos realmente está no centro mais profundo do ser – aquilo que é –, intocado. E só o que existe à nossa volta é a teia de sonhos emaranhados; o reflexo é formado nessa teia de sonhos. A imagem fica presa. E nós somos capturados.

Meditar é acabar com essa criação de reflexos, afastar-se das imagens e descobrir quem está refletido.

Agora vamos nos preparar para a meditação da noite. Primeiro, por alguns minutos procurem entender o que faremos. Na verdade, é um não fazer. E, nesse estado de não fazer, deixem tudo para trás.

Por dez minutos, deixem tudo para trás e sentem-se em silêncio. Sintam o seu corpo totalmente congelado, fechem os olhos. Procurem ver apenas uma coisa: tudo está fora de mim. E o que estiver fora é um sonho. Eu estou dentro, estou só, consciência pura, meu ser e o observador são a única verdade.

E, aos poucos, muito lentamente, relaxem na observação. O relaxamento acontece quando a clareza começa. E essa clareza vai acontecer. E eu ficarei em silêncio por dez minutos. E vocês continuarão observando.

Por favor, deixem um espaço maior entre cada um de vocês. Ninguém deve encostar em ninguém. Não invadam! Ninguém pode tocar em ninguém. Por favor, afastem-se uns dos outros. E não conversem. Não conversem de jeito nenhum!

Se alguém quiser sair, espere dez minutos para não incomodar os demais. Mesmo quem não quiser meditar, sente-se em silêncio, mas não saia imediatamente, porque os outros serão perturbados. Enquanto estiver saindo, a perturbação não termina. Então, em respeito aos outros, continue sentado. Mesmo que esteja com pressa, sente-se em silêncio e espere.

Mantenham um espaço entre cada um de vocês. E sentem-se onde encontrarem lugar.

Capítulo 5

Pare de sofrer, seja feliz

Meus queridos,
O homem vive em sofrimento e fantasia sobre a felicidade; o homem vive na ignorância e fantasia sobre o conhecimento; o homem nem está vivo no sentido real, mas fantasia sobre a vida.

Hoje, quero dizer a vocês que, por estarmos vivendo a fantasia, não conseguimos ser o que poderíamos. Se um homem doente acreditar piamente que é saudável, ele vai parar de procurar a saúde. Se ele acreditar que é saudável, não há razão para recuperar a saúde. Se um cego pressupõe que conhece a luz porque sabe o que é a luz, ele para de procurar a cura para os olhos.

O cego tem que saber que não sabe nada sobre a luz. Um doente tem que saber que não é saudável. Quem sofre tem que saber que não é feliz. Mas, para nos confortarmos e nos consolarmos, imaginamos o que não somos.

O homem é infeliz, mas vive em um sonho da felicidade. E lembrem-se: o sofrimento não termina com o ato de fantasiar sobre a felicidade. Fantasiar sobre a felicidade significa que o sofrimento continua e só aumenta.

Para que o sofrimento pare, as fantasias de felicidade têm que ser abandonadas – a pessoa precisa conhecer o seu sofrimento. O sofrimento acaba para quem o conhece. Mas para quem impõe a felicidade a si mesmo o sofrimento permanece encoberto. Ele não deixa de existir; continua sob a superfície.

Se vocês quiserem que a ignorância desapareça, não precisam imaginar a sabedoria, só precisam enxergar a própria ignorância como ela é. Quem enxerga a própria ignorância alcança a sabedoria. Mas para quem se prende ao conhecimento, ao falso conhecimento, ao conhecimento imaginário, a ignorância não acaba, só fica encoberta. A pessoa não alcança nada porque o conhecimento imaginário é irrelevante.

Seria bom entender isso por dois ou três ângulos. Eu quero perguntar: somos felizes? Já conhecemos a felicidade? Se vocês olharem a sua vida honestamente, verão que jamais conheceram a felicidade, só conheceram o sofrimento.

Mas queremos esquecer o sofrimento; imaginamos uma felicidade que nunca tivemos e queremos impô-la a nós mesmos. Esperamos um dia conhecer a felicidade, mas só esperamos por aquilo que ainda não conhecemos. Não conhecemos a felicidade, por isso não paramos de pensar que seremos felizes amanhã, no futuro. Os mais imaginativos pensam que serão felizes em uma próxima vida. E quem tem uma imaginação ainda mais fantasiosa pensa que encontrará a felicidade no céu, após a morte, em alguma libertação suprema.

Se os seres humanos soubessem o que é a felicidade, não teriam imaginado o paraíso. O paraíso foi imaginado por quem nunca sentiu êxtase. O que os homens nunca sentiram, esperam encontrar no céu.

Nós já vivenciamos a felicidade? Em algum momento da nossa vida, podemos dizer que experimentamos a felicidade? Cuidado, não tenham pressa de responder – porque quem experimentou a felicidade uma vez não pode sofrer. Quem conhece a felicidade não consegue sofrer; não experimenta o sofrimento novamente. É absolutamente incapaz de ser infeliz. Porque quem conhece a felicidade sabe que *é* feliz. Isso é muito interessante. E, como sofremos o tempo todo, essa é a prova de que jamais conhecemos a felicidade. O que existe é imaginação e esperança.

Às vezes também forçamos a felicidade. Chega um amigo na nossa casa, nós o abraçamos e dizemos: "Que imenso prazer!" A gente tem prazer em abraçar e ser abraçado pelo amigo! Mas imaginem se ele continuar abraçando vocês por dez, quinze, vinte minutos, sem largar do seu pescoço, vocês não teriam vontade de chamar a polícia para se livrar dele? "Pare com isso!" E ele abraçando por uma ou duas horas seguidas seria como uma corda de forca apertando vocês.

Se isso fosse felicidade, teria aumentado. A felicidade que é sentida por um segundo é dez vezes maior nos dez segundos seguintes. Mas não era felicidade o que a gente sentiu, era só imaginação, porque desapareceu em um segundo. Só as coisas imaginárias desaparecem de um momento para o outro; o que é verdade é eterno. O que é imaginado é temporário. O que é passageiro é imaginação. Mas o que *é* é infinito, é eterno – o que não é apenas momentâneo é atemporal e não pode morrer. *É*, é e é. É o que foi, será e será. Não haverá um momento em que cesse de ser.

O prazer que se transforma em dor, saibam que ele é imaginário. Não é prazer, absolutamente. E todos os prazeres que conhecemos conseguem se transformar em dor.

Vocês fazem a sua refeição e pensam que a comida está deliciosa... Se continuarem comendo, o prazer de comer se transformará em sofrimento. E se comerem mais ainda – muita gente não consegue parar de comer – a sua vida será torturada pelo sofrimento de comer.

Médicos costumam brincar dizendo que só a metade do que comemos é usada na nossa nutrição; a outra metade serve para a nutrição deles.

Se você reduz o seu consumo de comida pela metade, não precisa mais ir ao médico. Muitas doenças são causadas pelo excesso de comida, seguido por uma consulta ao médico. Comer demais é um veneno. Muitos morrem por excesso de comida.

Alguém está cantando, e dizemos: "Que lindo! Cante outra vez". A pessoa canta outra vez e a gente não diz nada, ouve em silêncio. Ela canta outra vez e pensamos: "Já chega!" Ela canta mais uma vez e pedimos licença para sair. Na quinta vez, ela começa a cantar e a gente foge. E, se as portas estiverem trancadas e formos obrigados a ouvir, nossa cabeça vai começar a girar. Se a cantoria continuar, enlouquecemos. A mesma canção que nos deu tanto prazer ouvir da primeira vez acaba nos enlouquecendo.

Se fosse um prazer, ouvir dez vezes a mesma música nos daria dez vezes mais prazer. Usem isso como um critério de felicidade. Considerem como critério que o prazer é momentâneo, mas, se causar sofrimento, não é absolutamente prazer. Vocês só imaginaram que seria um prazer. Imaginaram na primeira vez, na segunda foi mais difícil imaginar a mesma coisa, na terceira vez foi ainda mais difícil, e depois de dez vezes vocês não conseguiram imaginar mais nada; as coisas se mostraram como realmente são. Todos os nossos prazeres terminam em sofrimento.

Os nossos prazeres são sofrimentos; só imaginamos o prazer, achando que seja prazer o que vem de fora. Por quanto tempo um prazer imaginado se sustenta? Nós não sentimos felicidade nenhuma, apenas imaginamos a felicidade. O que conhecemos é só o sofrimento. Mas por que imaginamos dessa forma?

Precisamos da imaginação porque, sem ela, o sofrimento acabaria nos matando. Se não imaginarmos o prazer, como sobreviveremos ao sofrimento? Então, criamos uma rede de falsos prazeres para afastar e esquecer o sofrimento. A nossa vida nada mais é que um esforço para esquecer o sofrimento. É um longo esforço para esquecer a tristeza.

Friedrich Nietzsche ria muito. Alguém perguntou a ele: "Por que você ri tanto, porque é muito feliz?"

Nietzsche respondeu: "Por favor, não diga isso. Estou rindo por um motivo muito diferente".

"Que outro motivo você teria, senão ser feliz?"

E Nietzsche respondeu: "Nada disso. O motivo é outro. Não estou rindo de felicidade".

O amigo insistiu: "Então, por que está rindo?"

"Estou rindo para não chorar. Se eu parar de rir, começo a chorar. Estou chorando por dentro; faço força para rir e impedir que as lágrimas escorram", concluiu Nietzsche.

Quanto mais a pessoa é absorvida pela busca do prazer, mais ela está sofrendo. A intensidade das duas coisas é a mesma. A pessoa precisa sentir prazer o tempo todo porque sofre 24 horas por dia. Por isso não paramos de inventar aparelhos que nos divirtam. Isso prova quanto o mundo é infeliz. Quem é feliz não procura diversão.

As pessoas vão muito ao cinema, mas se fossem felizes se sentiriam melhor em casa. Elas vão ao cinema porque são infelizes. Pessoas que bebem nos bares são infelizes. Quem gosta de ver prostitutas dançando, se fosse feliz fecharia os olhos e iria a outro lugar para ser absorvido por sua própria felicidade. Mas prefere vê-las dançar porque está sofrendo e quer esquecer o sofrimento. Em toda parte, as pessoas querem esquecer o sofrimento.

E não pensem que só quem se senta em uma sala de cinema quer esquecer a própria infelicidade, só quem bebe em um balcão de bar quer esquecer o sofrimento, só quem espera a prostituta entrar no palco quer esquecer a tristeza. Não, o homem que reza e canta no templo também quer esquecer a sua agonia. Não há diferença nenhuma. Por que uma pessoa feliz entraria num templo para cantar e rezar? Teria enlouquecido? Por que um homem feliz se ajoelharia de mãos postas diante de uma estátua? Quem é infeliz quer esquecer a própria infelicidade e procura um jeito de fazer isso. Canta mantras como "Rama, Rama" para esquecer o sofrimento. Ocupa-se de alguma coisa que ajude a esquecer sua dor.

Tanto faz assistir a um filme ou a uma peça religiosa como *Ramleela*. Ambas são tentativas de esquecer o sofrimento. São esforços para esquecer de si mesmo. O álcool e a oração servem para a mesma coisa. Um é moralmente correto, o outro é moralmente errado, mas ambos ajudam a esquecer. O homem esquece de si de um jeito ou de outro. Quem é infeliz só quer esquecer. Uns esquecem jogando cartas, outros jogando xadrez, outros lendo o Bhagavad Gita. E vocês, o que fazem para esquecer de si mesmos?

Nós não sabemos o que é ser feliz. Somos infelizes. Queremos fugir desse sofrimento de qualquer maneira, queremos esquecer que ele existe. Esquecer como for possível. Se vocês lerem as escrituras antigas como os Vedas, verão que mesmo naquela época as pessoas bebiam soma, uma bebida intoxicante. Se videntes e eruditos bebem, é soma. Se o homem comum bebe, é álcool. Desde os tempos védicos até os Estados Unidos modernos – do soma à mescalina e ao LSD! Hoje, o LSD, a mescalina e a maconha são consumidos em todo o mundo. E pessoas como o grande escritor norte-americano Aldous Huxley dizem que o sofrimento do homem é tão intenso que temos que encontrar meios de esquecê-lo. Temos que esquecer o sofrimento.

Será que todos os tipos de prazer só existem para esquecermos o sofrimento? Inevitavelmente, é por isso que nenhum deles funciona. Se um homem se apaixona loucamente por uma mulher, ele pensa que só será feliz se a tiver para si. No momento em que a tem, ela perde o encanto. Mas a mulher seria mesmo a bem-amada? A mulher com quem ele se casa e leva para casa não serve mais. A fantasia desaparece em segundos. A esposa mal entra em casa e já é esquecida. Agora, até os vizinhos podem olhar para ela e sentir algum prazer, mas para o marido ela não serve mais.

Lord Byron se casou. Era um homem incrível. Era tão apaixonado por sua mulher antes de se casarem que pensava que a vida só valeria a pena se a desposasse. Eles se casaram e desceram os degraus da igreja de mãos dadas. Os sinos tocavam e os convidados começaram a se despedir. A cerimônia do casamento tinha terminado e as velas ainda estavam acesas. De mãos dadas com a esposa, Byron ia em direção ao carro que os levaria embora quando viu uma mulher na calçada.

Byron devia ser uma pessoa honesta. Quando entraram no carro, ele disse à esposa: "Que coisa incrível! Até ontem eu pensava que se tivesse você teria tudo na minha vida. E agora, descendo os degraus da igreja, uma mulher passou na nossa frente e eu me encantei por ela. Esqueci de você e desejei aquela mulher! Esqueci de você totalmente porque está disponível para mim e por isso não tem mais importância. Agora você é minha e perdeu o valor".

Toda atração é por algo que a gente não tem. Toda atração é pelo que ainda não está disponível. O que está disponível perde a importância. Por quê? Porque a nossa fantasia de prazer se perpetua naquilo que não está disponível. A nossa fantasia de felicidade termina naquilo que é acessível, porque é acessível. Um rápido vislumbre do prazer acontece e tudo se perde. A fantasia acaba.

Um poeta expressou isso assim: "Abençoados sejam os amantes que jamais se apossam de seus bem-amados, porque podem imaginar o prazer de se unirem a eles pelo resto da vida. E infelizes sejam os amantes que se apossam de seus bem-amados, porque chegaram ao inferno".

Todos os prazeres, em qualquer nível, são imaginários. E o nosso sofrimento é absolutamente real. Ninguém se imagina sofrendo. Quem quer imaginar a si mesmo sofrendo? Procuramos evitar o sofrimento e os nossos prazeres são imaginários. Essa é a dificuldade. E o homem que perde tempo com prazeres imaginários perde a si mesmo.

Podemos parar de imaginar tanta coisa...

O líder da vila em que morava Majnu mandou chamá-lo e disse: "Você enlouqueceu? Laila, a moça por quem você é perdidamente apaixonado, é uma pessoa muito comum. Encontraremos moças muito melhores para você. Já convocamos muitas outras, venha ver. Você só se apaixonou porque o pai dela não lhe permitiu vê-la. Deixe-a ir; não há nada de especial nessa moça. Ela é igual a tantas outras".

Vocês devem estar pensando que Laila era uma moça muito bonita, mas não era. Laila era bastante comum, uma moça muito simples. Sabem qual foi a resposta de Majnu? "Não, não, você não sabe o que diz; só Majnu pode ver a beleza de Laila."

O líder retrucou: "Está dizendo que sou cego?"

E Majnu respondeu: "Não, você não é cego; eu sou cego. Mas o que eu vejo só eu vejo e mais ninguém. E vejo tudo isso somente em Laila, e em mais ninguém!"

Ninguém mais é capaz de ver o que Majnu consegue perceber. Por isso os amantes parecem ter enlouquecido. Todo mundo sabe que estão loucos, menos eles. Um homem apaixonado é incapaz de reconhecer a própria loucura. A teia da imaginação dele está tão embaralhada que ele não consegue ver o que a gente vê.

O que o amante vê em sua amada é uma projeção do que ele imagina; não é ela, necessariamente. O que a amada vê em seu amante é uma projeção da imaginação dela; não é realmente ele. O prazer que achamos que o outro nos proporciona é o que a nossa imaginação projeta nele. Por quanto tempo essa projeção vai durar até desaparecer? Ela não demora para desaparecer; morre com a proximidade. Começa a esvanecer quando eles se conhecem, evapora com a intimidade e desaparece com a convivência. A fantasia é criada pela distância; a projeção é alimentada pela distância.

As pessoas não cultivam fantasias só de prazer na vida diária; se não encontram o prazer e não podem evitar o sofrimento no dia a dia, começam a elaborar fantasias ainda mais grandiosas. Alguém fecha os olhos, vê Krishna tocando sua flauta e é absorvido por essa imagem. Outra pessoa tem uma visão de Jesus Cristo; outra tem visões de Rama com seu arco e flecha. Nenhuma dessas fantasias levará à verdade, por mais profundas que sejam. Se alguém tem uma visão de Krishna tocando flauta, de Rama com seu arco e flecha, de Jesus preso na cruz, de Buda ou de Mahavira, tanto faz. Esses personagens não têm nada a ver com as visões das pessoas. Nada mais são que a imaginação delas.

E ao imaginá-los as pessoas se esquecem de si mesmas. Lembrem-se de que as fantasias podem ser sustentadas por longo tempo porque não há nada sólido nelas que possa ser destruído. É só imaginação, e a imaginação pode ter vida longa.

Então, quem ama um ser humano comum tem a chance de se livrar da fantasia, mas os devotos que fantasiam Deus não se livram tão facilmente. A imaginação deles é vaga; eles a moldam como querem. Se nos apaixonamos por um ser humano real, nem sempre ele vai se comportar como gostaríamos. Se pedirmos a alguém que erga a perna esquerda, segure uma flauta na mão e fique imóvel por uma hora, a pessoa dirá: "Me desculpe, mas estou com pressa, até logo!" Já Krishna é imaginação nossa, então podemos deixá-lo em pé, equilibrado em uma perna e segurando uma flauta. Ele não pode fazer nada, mas nós podemos exigir que ele fique como quisermos; se ordenarmos que ele ponha o outro pé no chão, ele obedecerá. É só uma projeção da nossa imaginação, não há ninguém lá. Por isso o devoto fica tão feliz de ter Deus em suas mãos. Pode fazê-lo dançar como quiser; Deus está nas mãos dele! Mas a entidade que está em suas mãos é mero produto da sua imaginação.

O que alguém ganha ao se entregar às fantasias? O que alcança? A felicidade não pode ser alcançada esquecendo-se o sofrimento. Se vocês quiserem somente esquecer o sofrimento, a imaginação é um instrumento fascinante. Mas, se quiserem alcançar a felicidade, a imaginação é um mecanismo fatal. Nesse caso, fiquem longe dela.

É isso que quero mostrar a vocês: nós tentamos esquecer o sofrimento de todas as maneiras. E alguém que tenta esquecer o sofrimento está criando uma armadilha para si mesmo da qual será muito difícil sair. Terá que criar novas teias de fantasia dia após dia, inventar novas mentiras para sustentar a mentira original. No final serão muitas mentiras e a pessoa não saberá mais onde está a verdade.

Inventamos muitas mentiras! Criamos longas filas de mentiras a ponto de nos perdermos no meio delas. Mas não temos consciência disso. Nossa família é uma mentira; está apoiada na nossa fantasia, e não na verdade. Nossas amizades são mentiras; estão apoiadas em nossa imaginação, e não na verdade. Nosso inimigo é uma mentira, nossa religião é uma mentira, nossa devoção é uma mentira, nossa prece é uma mentira. Tudo é fundamentado na imaginação, e não na verdade.

Ampliamos tanto a rede de mentiras que hoje é muito difícil saber como rompê-la. Um homem reza na frente de um templo – para quem ele reza? Ele não sabe nada sobre Deus. Se você se ajoelha de mãos postas diante de alguém que não conhece, as suas orações serão falsas. Para quem você está rezando?

Ouvi contar...

Um grupo de mercadores retornava de barco para casa. Tinham feito bons negócios e traziam muitos diamantes e pedras preciosas. Entre eles havia um místico, que pedira para acompanhá-los na viagem de volta. Era o último dia da expedição e já estavam próximos da praia. Mas uma forte tempestade se aproximou; nuvens encobriram o sol, ventos começaram a soprar com força e ondas imensas passaram a quebrar contra o casco. O barco estava quase indo a pique.

Os viajantes deram-se as mãos e se ajoelharam. De olhos fechados, ergueram os braços para o céu e rezaram. "Salve-nos, Deus! Por favor, salve-nos. Faremos qualquer coisa para salvar a nossa vida."

Eles rezaram para sobreviver e chegar à praia, um dizendo que distribuiria toda a sua fortuna entre os pobres, outro, que doaria o que havia ganhado para obras humanitárias. Um deles implorou: "Farei qualquer coisa que me pedir, mas, por favor, me salve!"

Em meio ao caos, o místico ficou sentado tranquilamente, rindo. Perguntaram: "O que faz aí? Se vamos todos morrer, inclusive você, venha rezar conosco. Suas orações serão ouvidas mais rapidamente".

Mas o místico disse: "Continuem rezando". E quando todos rezavam de olhos fechados, ele gritou: "Parem! Não façam promessas a Deus de que doarão tudo o que têm. A terra está logo ali. Já consigo avistar a praia".

Imediatamente os homens se levantaram aliviados e começaram a recolher seus pertences. Disseram ao místico: "Foi bom você nos avisar a tempo. Caso contrário, poderíamos ter feito promessas a Deus e ter problemas".

Mas um homem tinha feito uma promessa. E todos a ouviram. Ele era o homem mais rico da aldeia e prometera vender sua casa e distribuir o dinheiro entre os pobres. Os outros disseram: "Agora o problema é seu". E ele ficou preocupado.

Mas o místico disse: "Não se preocupem, ele é muito esperto e vai conseguir enganar até Deus".

E foi o que aconteceu. Quinze dias depois, os moradores da vila ouviram um rufar de tambores. O homem rico estava declarando que vendera sua casa e que distribuiria o dinheiro da venda entre os pobres.

Toda a vila se reuniu, porque a casa dele era a melhor e valia milhões. Quando todos chegaram, o homem abriu a porta. Ele tinha amarrado um gatinho na porta e as pessoas começaram a perguntar: "Por que você amarrou esse gato na porta?"

E ele disse: "Eu tenho que vender o gato e a minha casa. Minha casa custa 1 rupia e o gato custa 1 milhão. Quem quiser comprar terá que pagar pelos dois".

O místico, que estava entre os moradores, fez: "Hummm!..."

A casa foi vendida. Valia 1 milhão. As pessoas disseram: "Não importa. Compraríamos a casa por 1 milhão e o gato por 1 rupia! De uma maneira ou de outra, tanto faz". Alguém comprou a casa.

O homem rico vendeu a casa por 1 rupia e o gato por 1 milhão. Ele guardou 1 milhão no bolso e doou a rupia aos pobres.

Ele fizera a promessa de distribuir aos pobres o dinheiro da venda da casa.

Esses são os nossos devotos, essa é a nossa devoção e, no fim, tudo faz parte da nossa desonestidade. Não poupamos nem mesmo Deus das nossas trapaças! E é natural, já que não temos nada a ver com Deus! Ele é só uma fuga do nosso sofrimento. O que temos a ver com Deus?

Quando o barco estava prestes a afundar, o rico fez uma promessa. Ele tinha algum interesse por Deus? Tinha algum interesse pelos pobres? Ele só estava preocupado com o seu sofrimento. Após sobreviver, ele foi confrontado por um novo sofrimento, o de perder a casa de 1 milhão de rupias, mas encontrou um jeito de se livrar deste também.

Não há contradição entre essas duas coisas. A promessa feita no barco foi um meio de fugir do sofrimento e a esperteza de vender a casa por 1 rupia também foi um ato para evitar o sofrimento. O que o homem faz para se livrar do sofrimento não pode ser um ato religioso.

A religiosidade não é uma maneira de evitar o sofrimento. Fugir do sofrimento só levará vocês por um caminho errado, porque ao fazer isso vocês estão aceitando a mentira fundamental de que estão sofrendo. "Eu estou sofrendo" – essa mentira fundamental que vocês aceitam sem discutir. E então vocês terão que fugir do sofrimento.

Minha sugestão é que há outra maneira de abordar o sofrimento: não é fugir dele, mas procurar saber o que ele é. E onde ele está.

O homem que questiona o que é o sofrimento e onde está o sofrimento se surpreende: "O sofrimento está fora de mim e eu estou separado dele. Eu nunca sofro. Se eu não estou sofrendo, por que fugir?" E fugir do quê? E o homem que compreende que não está sofrendo acaba em que condição? O homem que compreende que não está sofrendo simultaneamente compreende que é feliz.

Mas nós acreditamos que estamos sofrendo – "Eu sou infeliz. Eu sofro e sou infeliz". E essa afirmação nos leva a outra mentira: como faço para me livrar desse sofrimento?

Um homem procurou um místico e pediu: "Por favor, me diga como fugir da morte".

O místico disse: "Pergunte a outra pessoa, porque eu nunca morri. A morte se apresentou a mim várias vezes, mas eu nunca morri. Não tenho mais esse problema. Agora sei que não vou morrer. Então não conheço nenhum jeito de evitar a morte. Procure alguém que já morreu e pergunte. Talvez essa pessoa possa lhe dizer como escapar da morte. O que eu posso dizer se nunca morri? Agora eu sei que não morro nunca. A morte não é um problema para mim".

A primeira questão é que aceitamos a morte como fato consumado. A segunda falácia é perguntar como evitá-la. A primeira falácia é aceitar que morremos. E então a segunda mentira que teremos que inventar é como escapar da morte. E a série de mentiras continuará. Mas uma construção erguida sobre os alicerces da mentira jamais será permanente. Uma construção erguida sobre bases falsas acaba caindo. E, quando começa a ruir, construímos apoios falsos para impedir que se desintegre. E assim caímos em um círculo vicioso. Serão mentiras sobre mentiras e nada mais.

Mas não percebemos que se formos atrás da mente, que nos ensinou a primeira mentira, ela nos fará mentir mais. Entendam bem isto: a mente é uma fábrica de mentiras; é na mente que elas são fabricadas.

Anteontem mesmo eu contei essa história...

Um místico muito pobre vivia em uma vila. Dia e noite ele rezava a Deus e sua mulher já estava cansada disso. As mulheres dos devotos geralmente ficam irritadas. Ela se preocupava, sim, mas era com o pão de cada dia. Temia que o homem não fizesse outra coisa além de rezar a Deus.

Um dia, ela não se aguentou e disse: "Já basta! Você vive dizendo que é um servidor de Deus! Se até um servidor público consegue ganhar seu pão, o que você ganha servindo a Deus?"

O místico respondeu: "Não diga isso, por favor. É outra questão o fato de eu nunca pedir nada. Se eu peço, tudo fica depositado em uma conta. Eu tenho servido a Deus há tanto tempo; todos os meus atos estão lá guardados. Eu não peço nada, isso é outra questão".

"Então mostre o que recebe se pedir hoje", provocou ela.

O homem saiu, ergueu as mãos para o céu e clamou: "Mande mil rupias imediatamente!"

O vizinho, que era um homem muito rico, tinha ouvido toda a conversa. E resolveu fazer uma brincadeira: pôs mil rupias em uma sacola e a jogou pela janela da sua casa. Ao ver o místico sair, exigir que Deus lhe mandasse mil rupias imediatamente e dizer que nunca lhe pedira nada em troca dos serviços prestados, o vizinho pensou: "Isso é demais! Vou dar uma lição nesse homem".

A sacola com as mil rupias caiu no chão. O místico correu para pegá-la e disse: "Obrigado, Deus! Pode guardar o resto. Pedirei quando precisar".

Ele entrou em casa e entregou a sacola para a mulher. Ela ficou surpresa e impressionada com as mil rupias bem na sua frente, mas preferiu não dizer nada.

O homem rico resolveu ir à casa do pobre pedir a sacola de volta. Mas então viu que muitas coisas estavam sendo entregues na casa deles: "Oh, isso não vai ser fácil. A minha brincadeira pode sair cara. Ele mandou alguém comprar todas essas coisas. E outras estão a caminho. E são coisas caras".

O rico chegou e disse: "Desculpe, amigo! Foi só uma brincadeira que fiz com você. Fui eu quem jogou a sacola com o dinheiro".

O místico disse: "Basta! Você me ouviu pedir a Deus que me mandasse mil rupias? Eu também agradeci. Não ouviu isso?"

"Ouvi", disse o vizinho. "Mas fui eu quem jogou o dinheiro."

"Não aceito isso. Minha mulher é minha testemunha."

"É mentira! Vamos resolver isso no tribunal, vamos procurar o juiz", propôs o homem rico.

O místico disse: "Não posso ir desse jeito porque sou pobre, veja as minhas roupas. Você vai montado em seu cavalo com roupas luxuosas e o juiz naturalmente o favorecerá. Já viu algum juiz favorecer um pobre? Ele vai acreditar no que você disser. Quem tem dinheiro tem sempre razão. Assim que ele vir as minhas roupas, pedirá que eu devolva a sacola com o dinheiro". E acrescentou: "Não, antes me dê boas roupas e o seu cavalo. Se eu puder ser respeitado, então irei. Caso contrário, nada feito.

Como o rico queria recuperar o seu dinheiro, deu ao homem pobre seu cavalo e suas roupas. Ele mesmo foi a pé. O místico foi montado no cavalo.

Quando chegaram ao tribunal, ele amarrou o cavalo e ordenou em voz alta para que o juiz pudesse ouvir: "Cuide do cavalo". E entrou com suas roupas magníficas.

O homem rico entrou atrás e apresentou o caso: "Esse pobre estava rezando e só por brincadeira eu joguei uma mala de dinheiro para ele. Desde quando Deus manda dinheiro? Já ouviu dizer que Deus tenha mandado dinheiro para alguém? Mas esse louco pegou o dinheiro e disse que era dele. Quero o meu dinheiro de volta!"

O juiz perguntou ao místico o que ele tinha a dizer.

"Não tenho nada a dizer exceto que esse homem perdeu a cabeça, ele enlouqueceu."

O juiz lhe perguntou se tinha provas do que estava dizendo, e o místico respondeu:

"A prova é que ele está falando só do dinheiro, mas se perguntar a esse homem de quem são as roupas que eu estou vestindo, ele dirá que são dele. E, se perguntar de quem é o cavalo, ele dirá que também é dele".

Imediatamente o rico disse: "Cale essa boca! As roupas são minhas e o cavalo também".

O juiz disse: "Caso encerrado! Esse homem é louco".

O rico não sabia que era tão perigoso dar suas roupas e seu cavalo a um místico capaz de dizer uma mentira tão grande. E o místico poderia mentir mais ainda.

Se seguirmos a mente, que nos treina nos fundamentos da mentira, todos os planos que fizermos em nossa vida fatalmente serão falsos.

Mas não paramos para pensar que aceitamos o primeiro plano falso que a mente nos oferece: "Estou sofrendo". É uma falácia. Nenhum ser humano, nenhuma alma jamais sofre. O sofrimento está em volta, do lado de fora, e a mente diz: "*Eu* estou sofrendo!"

A própria identidade de "Eu estou sofrendo" é uma mentira fundamental. Depois de aceitar essa mentira, entramos em outras mentiras para "esquecer esse sofrimento" – bebendo álcool, rezando, adorando, dançando, ouvindo música etc. Como esquecer o sofrimento? Estou sofrendo, como esquecer isso? E o homem que age para esquecer o sofrimento não pode nunca tomar o caminho da verdade.

O que fazer, então? Hoje eu digo a vocês, não queiram esquecer o sofrimento. Ninguém consegue acabar com o sofrimento esquecendo-se dele, porque quem tenta esquecê-lo admite que está sofrendo. Ora, se a pessoa quer esquecer o sofrimento e faz de tudo para que isso aconteça, o sofrimento não acaba.

O caminho é saber: onde está o sofrimento? O que está sofrendo? Está realmente acontecendo? Em primeiro lugar, reconheçam o sofrimento. Porque se a pessoa quer reconhecer o sofrimento e seus olhos estão focados no sofrimento, ele desaparece como desaparecem as gotas de orvalho sob o sol da manhã.

Quando um homem começa a observar atentamente o sofrimento, os raios de sol da atenção incidem sobre o sofrimento, que desaparece como gotas de orvalho, sem deixar nenhum rastro. O que fica é a felicidade.

Felicidade não é o oposto de sofrimento. Ninguém jamais é feliz lutando contra o sofrimento. Felicidade é ausência de sofrimento. Quando o sofrimento acaba, o que fica se chama felicidade.

Vocês precisam entender bem isso. Ninguém pode ser feliz lutando contra o sofrimento. Ser feliz não é o oposto de sofrer – vocês não precisam vencer o sofrimento para ser felizes. A felicidade não é o oposto do sofrimento. Sim, se o sofrimento acaba, se desaparece, se evapora e vem a compreensão de que não há mais sofrimento, o estado que fica é a felicidade. A felicidade é a nossa natureza; não é preciso trazê-la de volta.

O sofrimento é uma nuvem que encobre nosso céu interior; estamos tão ligados ao sofrimento e nos ocupamos tanto dele que nos esquecemos completamente do que se oculta atrás das nuvens. Nós nos esquecemos do que está além das nuvens – assim como as nuvens encobrem o sol. Deixem as nuvens encobrirem o sol, que diferença isso faz para o sol? O sol perde sua luz quando está coberto por nuvens? Ficar encoberto pelas nuvens faz alguma diferença para o sol? Faz alguma diferença para a natureza do sol? Mas, se o sol tivesse mente e consciência de si, sentiria medo e começaria a dizer: "Oh, estou morrendo, as nuvens me encobriram. O que posso fazer para me livrar delas?"

Aí o sol teria problemas. Como pode o sol evitar as nuvens? Como pode lutar contra elas? E, quanto mais ele luta contra as nuvens, mais quer se livrar delas, mais obcecado por elas ficará. Esquecerá que é o sol e contra quem está lutando – contra nuvens! Mas, se o sol olhar bem, descobrirá o seguinte: "As nuvens estão lá em cima e eu estou aqui – há uma grande distância entre mim e elas. E, não importa quão próximas elas estejam de mim, a distância ainda será grande. A distância é sempre infinita..."

Não importa quanto a gente juntar as suas mãos, ainda haverá um espaço entre elas. O espaço é infinito. O espaço entre as duas mãos não desaparece porque elas estão juntas. Se não houver espaço, as mãos serão uma só. Enquanto forem duas, o espaço existirá. Não importa quanto a gente aproxime uma da outra, a distância permanece.

Não importa quão próximas estejam as nuvens... Hoje cientistas dizem que duas moléculas estão muito próximas uma da outra, mas que a distância entre elas é infinita. A distância é grande. Não pode ser eliminada. Não importa quão íntimos sejam dois amantes, quão de perto eles se abracem, sempre haverá uma distância entre eles. É isso que os incomoda – por mais íntimos que sejam, sempre haverá uma distância entre eles. Eles se casam e a distância não diminui. Registram a proximidade em um cartório e a distância permanece. Eles se sufocam e o espaço não deixa de existir.

A distância jamais é eliminada. Não importa quão próximas as nuvens estejam do sol, o sol é o sol e as nuvens são as nuvens. E a distância entre eles é infinita. Mas, se nossa atenção se dirigir toda para as nuvens, surgirão problemas. O sol se esquece de si e começa a se incomodar com as nuvens. Quem esquece de si aos poucos se identifica com o que os seus olhos focam: "Isso sou eu". Quando o sol começa a dizer: "Eu sou a nuvem, sou a nuvem escura", dizemos que ele está doente de ignorância. Assim também é a ignorância do homem.

O ser mais profundo é feliz. Ele só está rodeado pelas nuvens do sofrimento. Por vivenciar o sofrimento que o circunda, ele se esquece de quem é. Nós nos identificamos tanto com as nossas vivências que pensamos: "Isso sou eu, isso sou eu e isso sou eu! Como evitar? Como me livrar? Como escapar disso? Rezando? Me embriagando? Para onde devo ir? Cometo suicídio ou fico vivo? O que faço? Fico em pé ou de cabeça para baixo?" Que a pessoa faça como quiser. Enquanto acreditar no pressuposto de que ela é o sofrimento que a envolve, terá grandes dificuldades.

É preciso se afastar desse fenômeno e examinar o que é o sofrimento. Onde ele está? Quem sou eu e onde eu estou?

Quando o homem começa essa busca, abre-se um espaço entre ele e o sofrimento. E imediatamente acontece uma transformação. No mesmo instante ele descobre: "O sofrimento está lá e eu estou aqui. O sofrimento é aquilo e eu sou isto. O sofrimento é vivenciado e sou eu que o vivencio. O sofrimento é observado e eu sou o observador. O sofrimento é conhecido e eu sou o conhecedor. Estou separado. Não sou infeliz; o sofrimento e eu não somos um só". E, quando o homem descobre isso, toda a sua energia se desloca para o centro do ser. E, no mais profundo do ser há sol, há felicidade, há êxtase. O homem vislumbra isso, dá uma gargalhada e continua rindo por infinitas vidas. Então ele descobre como as pessoas são loucas: "Por que elas estão sofrendo?"

Quando Buda tornou-se iluminado, as pessoas perguntaram: "O que você alcançou? O que encontrou?" Inundado de felicidade, Buda respondeu: "Não encontrei nada além do que já era meu. Eu encontrei um tesouro". E continuou: "Não alcancei nada, só reencontrei o que me pertence eternamente e estava esquecido. Sim, eu perdi muito, perdi sofrimento, perdi agonia, perdi fuga. Muito se perdeu e nada foi ganho. O que ganhei sempre esteve aqui – sempre esteve aqui com o que existe de mais íntimo e disponível, independentemente de eu ter ou não ter consciência. Foi isso que descobri. Muitas coisas que perdi não me pertenciam e eu acreditava que fossem minhas. Aquilo que não era eu, mas acreditei que era eu, tudo isso se foi. Nada foi ganho e muito se perdeu".

O homem que desperta a partir de dentro descobre que não tem nada a ganhar; tudo que há para ser alcançado já lhe foi dado. Mas muita coisa teve que ser abandonada. Tudo aquilo que nos prende, tudo que pensamos. E a que estamos ligados? Em que podemos nos prender? A capacidade do homem é incrível. A loucura do homem é inacreditável. A capacidade do homem de hipnotizar a si mesmo é infinita. Nós nos hipnotizamos com o nosso próprio sofrimento. Qualquer coisa pode nos hipnotizar.

Contarei agora alguns incidentes para que vocês entendam, e em seguida encerrarei a palestra.

Quando Nehru era vivo, alguns indianos acreditavam que eram Pandit Jawaharlal Nehru. Um deles morava na minha cidade. Não sei por que ele achava que era Jawaharlal Nehru. Até assinava como Nehru. Enviava telegramas a hotéis assinando Nehru e chegava a fazer reservas em nome dele. Quando viam que ele não era Nehru, ficavam confusos e perguntavam: "Quem é você?"

Esse homem dizia ser Pandit Nehru. Tempos depois ele foi internado em um sanatório. Nessa época os sanatórios abrigavam muitos Pandit Nehru.

Certa vez, Pandit Nehru teve a oportunidade de conhecer um deles em um sanatório para doentes mentais. Os médicos acharam que o homem, que estava internado como Pandit Nehru havia três anos, já estava curado e deveria conhecer o verdadeiro Pandit Nehru. Acharam que seria bom para ele receber os papéis de soltura das mãos de Nehru, mas deu tudo errado.

O doente foi apresentado a Pandit Nehru, e Nehru perguntou a ele: "Você já está curado?"

"Estou totalmente curado. Agora estou muito bem, graças aos médicos do sanatório. Minha mente foi curada completamente em três anos. Agora vou para casa", respondeu. "A propósito, qual é mesmo o seu nome?"

Pandit Nehru disse: "Não está me reconhecendo? Sou Pandit Jawaharlal Nehru!"

O homem começou a rir. "Não se preocupe, fique três anos aqui e sairá curado. Eu cheguei nas mesmas condições, mas em três anos me curei completamente. Não se preocupe. Os médicos lhe darão um excelente tratamento. Vão curar você em três anos."

O homem estava tão identificado com a ideia de ser Pandit Nehru que perdeu a própria identidade.

Um incidente parecido aconteceu nos Estados Unidos há alguns anos.

O centenário de Abraham Lincoln estava sendo celebrado. Encontraram um sósia de Lincoln e montaram uma peça que percorreu todo o país. O homem interpretava o papel de Lincoln. Ele viajou por todo o país representando o presidente. Era muito parecido com Lincoln, e de tanto interpretá-lo perdeu a própria identidade. E começou a dizer que era Abraham Lincoln.

No começo as pessoas pensaram que era brincadeira. Mas quando a turnê terminou e a companhia de teatro foi extinta, ele se recusou a sair do papel e a tirar o figurino que usava na peça.

O pessoal da companhia disse: "As roupas têm que ser devolvidas".

Ele retrucou: "Essas roupas me pertencem. Sou Abraham Lincoln".

Mesmo assim, acharam que ele estava brincando. Mas não estava. Ele enlouquecera. O homem voltou para casa usando aquelas roupas. A família tentou explicar a ele que tudo bem usar aquelas roupas no palco, mas se saísse na rua vestido daquele jeito poderiam pensar que ele estava louco.

O homem insistiu: "Eu não estou louco. Eu sou Abraham Lincoln".

No começo a família achou que era brincadeira, mas, quando ele continuou se comportando dessa maneira dia após dia, perceberam que estava mesmo louco. Ao conversar normalmente, ele falava como Lincoln: Lincoln gaguejava e ele gaguejava também. Andava como Lincoln. Repetia as mesmas falas que tinha decorado para a peça. As expressões haviam se intensificado. Ele repetia exatamente as mesmas falas!

Por fim o levaram ao médico. "É um caso difícil. Por que ele tem tanta certeza de que é Abraham Lincoln?"

Durante um ano ele foi envolvido pela nuvem de se tornar Abraham Lincoln – pela manhã, à tarde e à noite. E, por gostar muito de ser Abraham Lincoln, era muito respeitado.

Vejam o que acontece quando alguém se veste como Rama. Um monte de malucos começa a lhe oferecer flores, a se ajoelhar e lavar os pés dele com grande devoção. Então é natural que esse homem enlouqueça. Por que ser um homem comum quando se pode ser o Senhor Rama?

Da mesma forma, aquele homem enlouqueceu e foi levado a um médico.

Existe nos Estados Unidos um aparelho chamado detector de mentiras, que é muito usado em tribunais. Quando alguém vai testemunhar, tem que se sentar na frente do aparelho. Perguntam, por exemplo: "Que horas são no seu relógio?" A pessoa olha no relógio e diz a hora. Por que mentiria sobre isso? A máquina mede o seu ritmo cardíaco. Depois perguntam: "Quanto é dois mais dois?" A pessoa responde "Quatro". Por que mentiria sobre isso? A máquina mostra o seu ritmo cardíaco. Depois perguntam se ela andou roubando. O coração diz: "Sim, roubei", porque roubou mesmo. Mas a pessoa nega. O ritmo cardíaco se eleva como se ela tivesse tomado um choque, e esse choque é registrado pelo aparelho.

Então o ator que tinha interpretado Abraham Lincoln foi submetido ao detector de mentiras. Ele ficou irritado porque perguntaram muitas vezes se era Abraham Lincoln. Cansado de tanto ouvir a mesma coisa, ele decidiu: "Podem perguntar, mas agora vou negar que sou Abraham Lincoln". Ele se sentou diante do aparelho e os médicos perguntaram: "Você é Abraham Lincoln?"

"Não, não sou Abraham Lincoln." Mas a máquina detectou que ele mentia. Ele estava tão convencido de ser Abraham Lincoln que resolvera mentir. A máquina registrou a resposta como mentira e concluiu que ele era mesmo Abraham Lincoln!

A pessoa pode se identificar em um nível muito profundo. É a chamada auto-hipnose. É ser hipnotizado por um determinado pensamento, um certo sentimento.

Nós fomos hipnotizados pelo sofrimento; sofremos dia e noite e tentamos fugir desse sentimento 24 horas por dia. O efeito hipnótico se aprofunda porque não enxergamos nada além do sofrimento. É a hipnose de infinitas vidas. Por isso buscamos alguém que nos diga como nos livrar do sofrimento. "Como evitar a perturbação? Como evitar a escuridão? Como fugir da ignorância?" E, enquanto não encontrarmos o caminho, jamais nos libertaremos, porque o que está na base é uma mentira. Não estamos na ignorância, nem no sofrimento, nem na escravidão nem na não libertação. Não estamos em nada disso, portanto não é uma questão de fugir.

Mas como saber? Prestando atenção no sofrimento. Não fujam. Deixem o sofrimento vir, apenas observem, reconheçam e vejam onde vocês estão sofrendo. E, quando souberem e reconhecerem onde é, ficarão surpresos ao se darem conta de que "eu estou sempre separado, sou sempre o observador. O sofrimento vem e vai embora, ele me rodeia e desaparece. E eu? Eu estou separado. Sou o conhecedor".

O ser humano é conhecimento puro. O sofrimento é falso. O sofrimento não é verdadeiro. Só o conhecimento é verdadeiro. É isso que eu chamo de meditação. Quando o sofrimento se torna consciente, a meditação começa.

Lembrem-se disso quando nos sentarmos para a meditação da noite. Procurem se lembrar disso durante o dia todo – vocês estão sofrendo ou são observadores do sofrimento? Venham para a meditação com essa compreensão e com essa pergunta. Quando ficar muito claro que "o sofrimento está lá e eu estou aqui", vocês terão chegado lá. Começa a transformação que vai conduzi-los na jornada interior rumo à verdade. Vivenciaremos isso durante a meditação noturna. Tentaremos descobrir como usar isso e como nos voltar para dentro.

Estou grato por terem me ouvido em silêncio e com tanto amor. E, para terminar esta palestra, eu saúdo o Buda que há em vocês. Por favor, aceitem meus respeitos.

Capítulo 6

Orar é apaixonar-se pela existência

Primeiro, responderei a um amigo que perguntou:

Osho,
Outro dia você falava em abandonar a busca. Se abandonarmos toda busca, o que acontecerá com o desenvolvimento científico?

Eu falei sobre abandonar a busca no contexto da nossa verdade interior: a busca dessa verdade não é só inútil, é um obstáculo. Mas existe também uma realidade no mundo exterior. E a verdade exterior não pode ser encontrada se não for buscada, investigada.

Portanto, são duas direções. Uma está fora de nós: se tivermos que buscar a realidade no mundo exterior, que é o que faz a ciência, então teremos que investigar. Nenhuma verdade do mundo exterior pode ser descoberta sem investigação.

E existe um mundo interior: para encontrar a verdade interior é preciso abandonar toda busca. Se buscamos, a própria busca será um obstáculo e a verdade interior não será encontrada.

Essas duas verdades são partes de uma única verdade maior. O interior e o exterior são partes de uma única existência. Mas quem quiser começar pelo exterior terá que insistir em uma busca infinita – buscar, buscar e continuar buscando. E quem quiser buscar a verdade interior terá que parar de buscar agora mesmo. Só então a jornada interior começará.

A ciência é uma busca e a religiosidade é o fim de toda busca. A ciência descobre buscando, e na jornada interior só se chega dissolvendo a si mesmo, e não buscando.

Então, o que eu disse não se referia ao contexto da ciência. Referia-se ao contexto do meditador, da meditação, da jornada interior. Eu disse que, se o meditador quiser encontrar a verdade interior, terá que abandonar toda busca. E, se quiser buscar a realidade científica, terá que investigar. Mas lembrem-se, por melhor que seja o cientista, não importa quantas verdades descubra no mundo exterior, ele continuará sendo tão ignorante sobre a verdade interior quanto um leigo.

O oposto também é verdadeiro. Não importa quanto um homem é iluminado, não importa quão sábio ele é sobre o mundo interior, será sempre ignorante em relação à ciência quanto um leigo. Se pedirmos que Mahavira, Buda ou Krishna consertem até um pequeno motor, a iluminação deles não vai ajudar nisso. E, se pedirmos a Einstein que responda sobre os mistérios do ser mais profundo, o conhecimento científico dele não servirá para nada.

A pesquisa científica é um tipo de busca, em uma dimensão. A pesquisa interior se dá em outra dimensão, em uma direção totalmente diferente. Por isso seus resultados têm sido destrutivos. Países do Oriente, como a Índia, envolveram-se em uma busca interior; consequentemente, a ciência não cresceu nesses lugares porque a maneira de abordar a verdade interior é exatamente oposta à maneira de abordar a verdade exterior. Nessa via, é preciso abandonar a lógica, o pensamento, o desejo e, por fim, até mesmo a busca. É preciso abandonar tudo. O caminho da busca interior é abandonar tudo. Por isso a ciência não se desenvolveu na Índia.

A busca científica aconteceu no Ocidente. O homem que pesquisa o mundo exterior tem que usar a lógica, o pensamento, a experimentação e a investigação. Só então obtém um fato científico. Consequentemente, o Ocidente encontrou o conhecimento científico, mas continua primitivo em relação ao mundo interior.

Para uma cultura ser completa, precisa de algumas pessoas que devotem sua energia à busca interior e abandonem toda busca externa. E de pessoas que saiam para uma busca externa e encontrem a realidade exterior.

O homem também pode ser cientista e religioso, simultaneamente. Ninguém deve pensar que não tem uma mente científica porque está em uma jornada interior. E tampouco deve pensar que por ser cientista não pode meditar. Mas, para fazer os dois tipos de trabalho, a pessoa terá que trabalhar nas duas dimensões. Quando faz pesquisa científica, tem que usar a lógica e a experimentação. E, quando entra no caminho da meditação, tem que deixar de lado a lógica, a experimentação e todo o resto. O homem pode ser as duas coisas: o ser humano total tem que trabalhar nas duas dimensões.

Se os habitantes de um país decidem abandonar a pesquisa científica definitivamente, o país se torna muito pacífico, porém muito fraco. Será pacífico e tranquilo, mas sofrerá muito externamente. Internamente será abençoado, mas externamente será escravo, oprimido e subjugado.

E, se um país decidir se concentrar na busca exterior, será rico, poderoso, se livrará de todo sofrimento físico, mas terá instabilidade interna, e a angústia e a loucura pairarão sobre seus habitantes.

Então, para uma nação cultivar a cultura corretamente, terá que trabalhar em ambas as dimensões. E, se os seus indivíduos também quiserem cultivar a cultura, terão que trabalhar em ambas as direções. Mas o supremo propósito da vida é a religiosidade. A ciência pode tornar o caminho da vida mais belo, mais forte e trazer mais riquezas. Mas a paz e a felicidade supremas só serão alcançadas através da religiosidade.

Outro amigo fez muitas perguntas. Eu responderei a algumas hoje e outras discutiremos amanhã.

*Osho,
A quem devemos rezar?*

Se você reza para qualquer um, não é oração. Mas a própria palavra *oração* nos faz sentir que temos que rezar para alguém e pedir alguma coisa. Tem que haver um pedido por trás da oração – um pedinte e um pedido. Por isso sentimos que sem um pedido e sem alguém para pedir não existe oração. Se fosse só você, como fazer, como rezar?

O que estou dizendo é que orar – entendam bem isso – não é uma atividade; é um estado, um estado de oração. A questão não é orar para alguém, mas um espírito de oração. Orar não é a questão, mas ter um coração orante. É algo totalmente diferente.

Por exemplo, um homem está andando pela rua. Ele tem um coração não orante. Vê alguém caído no chão, quase morrendo. O coração não orante segue em frente como se nada estivesse acontecendo. Mas, se o homem tiver um coração orante, ele fará alguma coisa. Tentará ajudar o moribundo, ficará preocupado, buscará ajuda para levá-lo a um hospital.

Se houver espinhos pelo caminho, o coração não orante evitará os espinhos, mas não os tirará do caminho. Um coração orante tirará os espinhos do caminho. Um coração orante é um coração amoroso. Quando alguém ama outra pessoa, isso se chama amor. E, quando o amor de alguém não está preso a uma certa pessoa, mas está voltado para todos, isso é oração.

O amor é uma conexão entre duas pessoas, e a oração é o relacionamento de uma pessoa com o todo. Alguém que está amando tudo o que existe ao seu redor – plantas, pássaros e tudo o mais – está em oração.

Quando alguém está sentado no templo de mãos postas, isso não quer dizer que seja uma pessoa que ora. Não é esse o significado de oração. Orar significa ser amoroso. Seu olhar, seus movimentos, a respiração... a pessoa está repleta de amor em cada coisa e em tudo que faz.

Era uma vez um místico muçulmano: a vida toda ele tinha rezado na mesma mesquita. Já velho, um dia as pessoas não o viram orando e pensaram que tivesse morrido – era impossível que ele não fosse à mesquita se estivesse vivo. Foram à sua casa e o encontraram sentado na calçada, tocando um pequeno tambor e cantando.

Perguntaram a ele: "O que está fazendo? Você se tornou ateu no final da vida? Não vai mais rezar?"

O místico disse: "Não posso ir à mesquita fazer minhas orações".

"Como assim, não pode ir à mesquita fazer as suas orações? Não se pode orar sem ir à mesquita."

O místico apontou para o próprio peito e disse: "Tenho uma úlcera no peito e uma ferida cheia de vermes. Quando me ajoelhei e me curvei para orar, os vermes caíram da ferida e pensei que eles iam morrer. Como poderiam viver fora da ferida? Não posso mais me curvar para orar e por isso não vou mais à mesquita fazer minhas orações".

São poucos os que conseguem entender esse tipo de oração.

Mas, quando falo sobre oração, o que eu quero dizer é: uma mente em oração, em atitude de oração. É orar por tudo que nos cerca.

Não tem a ver com adorar a Deus ou a uma divindade. Eu considero a palavra oração outra palavra para amor, pois o amor é a única oração possível. Se nos ligamos a uma só pessoa, o fluxo do amor é interrompido e o amor se transforma em apego.

Se espalhamos o amor que sentimos e o fluxo do amor é desobstruído, o amor se transforma em oração.

Pensem nisso. Se o amor para em um indivíduo, então se torna apego e causa escravidão. Mas, se o amor continua se expandindo e se espalha por toda parte, aos poucos será incondicional, não temos a obrigação de amar exclusivamente uma só pessoa, e ele se mantém apenas um estado de ser em que somente amamos e nada mais...

Existia uma mística muçulmana chamada Rabia. Em algum lugar do Alcorão está escrito: "Odeie Satã". Ela riscou a frase do seu Alcorão. Um amigo que a visitava perguntou: "Quem fez essa correção no Alcorão? Quem fez uma coisa dessas? Ninguém pode mudar o Sagrado Alcorão!"

Rabia respondeu: "Tive que fazer essa correção porque está escrito no Alcorão que devemos odiar Satã e eu não consigo sentir ódio. No momento em que minhas preces foram atendidas, desde então não consigo sentir ódio. Mesmo que Satã apareça aqui na minha frente, eu vou amá-lo. Não importa quem está na minha frente. Trata-se de mim, que sou só amor. Por isso apaguei a frase. Ela está errada. Se Deus ou Satã aparecerem na minha frente eu vou amar. Não vou saber se é um deus e se é um demônio. E não há necessidade, porque amarei do mesmo jeito, seja quem for!"

Quando o amor para em uma pessoa, ele se torna escravidão, se torna apego. Como um rio que para de correr e se transforma em um charco. Procurem entender: quando um rio não flui mais, ele se torna uma poça d'água. Se parar de fluir e começar a circular no mesmo lugar, criará um lago. A água fica parada e não flui. Quando o rio para de fluir, ele se transforma em um lago. Mas, se o rio flui e se espalha, ele se transforma no oceano.

Se o fluxo de amor dentro da gente formou um fosso em volta de uma ou de várias pessoas – em volta de um filho, da esposa, do amigo... – ele fica estagnado. E desse amor não brota mais nada além de mau cheiro. Por isso as famílias se tornam um centro de fedor. Todas são como poças d'água estagnadas de onde só emana mau cheiro. Todas as nossas relações apodrecem porque, se o amor não flui, imediatamente começa a feder. Entre um marido e uma esposa não há nada mais além de mau cheiro. Assim como entre pais e filhos.

Se o amor não fluir, ele perderá a incorruptibilidade, a inocência, o frescor. Queremos impedir que o amor flua porque estamos apegados e tememos que ele se espalhe para os outros. Todos nós queremos evitar que isso aconteça, porque pensamos que, se o amor não se espalhar, teremos mais amor para nós. O fato interessante é que, se o amor não flui, no mesmo instante ele para, fica estagnado e não se tem mais nada. O amor precisa crescer, se expandir e continuar se expandindo. Quanto mais se expandir, alcançar a sua expansão máxima, mais ele se transformará em oração. E, no fim, se o amor continuar se expandindo, chegará ao oceano e se tornará oração.

Então, a pergunta não é "A quem?" Quando você pergunta "A quem?", na verdade está perguntando "A quem devo dedicar minhas orações – a Rama, a Krishna, a Mahavira ou a Buda?" Então o amor que sentimos por determinada pessoa se projeta até nas nossas orações. Se um devoto de Shiva é muito fanático, ele se recusa a entrar em um templo de Rama. Se é devoto de Krishna, não adora Rama. A oração também é apego!

Existem muitos templos por aí, mas todo mundo tem seu próprio templo para rezar. Até os templos são divididos entre os devotos. Um templo deveria pertencer somente ao deus. Mas todos têm seus próprios templos. Existem até seitas desses templos. Os devotos de Mahavira constantemente disputam casos em tribunais porque o Mahavira de um usa roupas e o Mahavira do outro anda nu. Os que acreditam no Mahavira nu não admitem vestir uma estátua, e os adoradores do Mahavira vestido não permitem que a estátua esteja nua. É um conflito constante. Ridículo!

Ouvi contar...

Havia um festival em um povoado e uma procissão para Ganesha estava acontecendo. No povoado, cada casta fazia a sua estátua de Ganesha. Os brâmanes tinham seu próprio Ganesha, os ferreiros tinham seu próprio Ganesha, os mercadores tinham seu próprio Ganesha e os sudras tinham seu próprio Ganesha. Todas as estátuas participavam da procissão. O Ganesha dos brâmanes sempre saía na frente. Essa era a regra do povoado.

Mas nesse dia os brâmanes se atrasaram para pôr o Ganesha na rua e o Ganesha dos vendedores de óleo saiu primeiro. Quando os brâmanes viram isso, ficaram indignados. Como era possível o deus dos vendedores de óleo sair na frente do deus dos brâmanes? E começou a discussão. "Tirem daqui o Ganesha desses bastardos vendedores de óleo!" O Ganesha nem era de uma casta tão baixa. "Levem a estátua lá para trás! Isso nunca aconteceu antes. O Ganesha dos brâmanes tem que ir na frente." O Ganesha dos vendedores de óleo foi obrigado a recuar. E o Ganesha dos brâmanes foi colocado na frente.

Se em algum lugar há um deus chamado Ganesha, ele deve estar rindo depois de ouvir isto. Nada do que aconteceu tem a ver com Ganesha: "Meu Ganesha"? Mesmo nesse caso, há diferenças.

A oração também escraviza. Perguntamos: "A quem? A quem devemos orar?" Não oramos para ninguém. O significado de oração é orar para toda a existência; orar é o amor pela existência que está em toda parte, o supremo que está sempre se expandindo.

Não é uma questão de cruzar as mãos, juntar as mãos em oração e pronto. Mas de viver isso o tempo todo. Viver de tal maneira que o nosso amor continue fluindo por tudo, e só então a oração acontece. Mas os espertalhões inventaram truques para evitar a verdadeira oração. Ficam nos templos de mãos postas por alguns minutos e dizem que fizeram suas orações. São truques desonestos para evitar a verdadeira oração.

Amar é orar. Amar tudo e todos é oração. É viver a vida de maneira que o amor não fique confinado. É viver de um modo que o nosso amor possa se expandir. É viver de um modo que o nosso amor não pare em ninguém, não fique estagnado. É viver de um modo que aos poucos, bem lentamente, o nosso amor se torne incondicional.

O amor que sentimos é sempre condicional. Queremos que o outro seja de uma maneira para que possamos amá-lo. Se você agir assim ou assado, eu vou te amar. Se você me ama, eu te amarei. Quando uma condição é aplicada ao amor, ele se transforma em uma negociação, em uma coisa do mercado. Quando eu digo eu te amo se…

Ouvi contar…

Existia um grande santo na Índia – não vou dizer o nome dele porque fazer isso neste país pode dar problema. O grande santo era devoto de Rama e foi levado a um templo de Krishna.

Ele disse à estátua: "Por favor, apareça para mim como Rama, com arco e flecha na mão, ou não curvarei a cabeça para você".

Que frase mais ridícula! Ele está impondo uma condição até ao seu amor: só se curvará quando a estátua aparecer com um arco e flecha na mão. Ou seja, ele só curvará a cabeça com essa condição. Primeiro, seu deus tem que obedecer a uma ordem dele e só então ele o saúda. Esse devoto está querendo ser o mestre do seu deus; está sendo possessivo. Ele está dizendo: "Comporte-se como eu quero e eu me curvarei na sua frente. Caso contrário, não se fala mais nisso e a nossa relação termina aqui!"

Esse tipo de mente não consegue orar. Um homem que condiciona jamais ora. Incondicional! Meu amor não se baseia em como a pessoa é, eu a amo porque só posso dar amor a ela. Quero compartilhar somente amor; só o amor pode ser compartilhado por mim. Não tenho mais nada além de amor para dar. Não importa como a pessoa se comporta.

Vou terminar a minha palestra com uma história curta e responderei às outras perguntas amanhã.

Um homem se aproximou de Buda certa manhã e cuspiu nele. Buda limpou o rosto com seu manto e disse: "Quer me dizer mais alguma coisa?" Se alguém cospe em vocês, vocês seriam capazes de perguntar: "Quer me dizer mais alguma coisa?"

Os monges que se sentavam ao redor de Buda ficaram furiosos. Disseram a ele: "Que pergunta é essa? 'Quer me dizer mais alguma coisa?'"

Buda respondeu: "Pelo que vejo, esse homem tem tanta raiva em sua mente que não consegue se expressar com palavras, então se expressa cuspindo. Entendo que ele queira dizer alguma coisa, mas sente tanta raiva que não consegue se expressar com palavras. Então ele se expressou cuspindo. Quando o amor é demais para ser expresso em palavras, nós nos expressamos em um abraço. Ele se expressou cuspindo, e eu entendi. Por isso perguntei se ele tinha algo mais a dizer".

O homem não imaginava que alguém responderia à sua cusparada dessa maneira. Ele se levantou e saiu. Não conseguiu dormir a noite inteira, e na manhã seguinte voltou para pedir perdão. Caiu aos pés de Buda e começou a chorar. Quando ele se levantou, Buda perguntou: "Quer me dizer mais alguma coisa?"

Os monges perguntaram a Buda: "O que está dizendo?"

Buda respondeu: "Vejam. Eu disse ontem a vocês. Esse homem está querendo dizer alguma coisa novamente, mas está tão consternado que só consegue chorar. Não consegue encontrar as palavras, então está tocando os meus pés. As palavras não são suficientes, eu entendo isso".

Buda perguntou ao homem: "Quer dizer mais alguma coisa?"

O homem respondeu: "Nada mais. Só queria dizer que não consegui dormir porque sei que você sempre me amou, mas por ter cuspido em você não mereço mais o seu amor. Agora nunca mais receberei o seu amor".

Buda respondeu: "Que maravilha! Eu o amava porque você não cuspia em mim? Era essa a razão do meu amor por você? Você não era a razão do meu amor. Eu amo porque não posso fazer outra coisa, não posso fazer mais nada além de amar".

Quando uma vela está acesa, quem passa perto dela recebe a sua luz. A luz da vela independe de quem a pessoa é. A luz é a própria natureza da vela, ela ilumina quem passar por perto, seja amigo, seja inimigo. Mesmo que alguém apague a vela, recebeu sua luz quando se aproximou dela.

Então Buda disse: "Eu amo porque eu amo. Como você é não importa para mim. Se você cospe, se atira pedras em mim ou se toca os meus pés, nada disso importa. Não tem conexão com o meu amor. Como você é não está no contexto do meu amor. Você pode fazer o que quiser; deixe-me fazer o que eu sentir. Eu sou amor, e vou continuar amando. Continue fazendo o que tiver que fazer. E veja por si mesmo quem sairá vitorioso, se o amor ou o ódio".

Esse homem está cheio de amor; é um homem que ora. Essa consciência é o que chamamos de oração.

Responderei às demais perguntas amanhã.

Capítulo 7

Crença: o maior obstáculo na busca pela verdade

Esta noite falarei sobre a busca e sobre como conhecer a verdade. Quando conhecemos a verdade, não resta mais nada para conhecer. Até chegar à verdade, vivemos em agonia, como um peixe tirado da água e jogado na areia. E, quando chegamos, nós nos tornamos pacíficos e felizes como um peixe que consegue voltar ao oceano. Esta noite falarei sobre outra maneira de entrar nessa felicidade, nesse néctar.

Como procurar a verdade? Qual é o caminho? Quais são os meios? Parece que o homem tem só um instrumento: o pensamento. E que existe só um tipo de energia: buscar através do pensamento. Mas ninguém jamais chegou à verdade pensando ou ponderando. Ninguém chegou a lugar nenhum pelo pensamento. Podemos conseguir saber alguma coisa sobre o mundo exterior pelo pensamento, mas o que habita dentro de nós não pode jamais ser conhecido dessa maneira. E nós passamos a vida pensando, pensando...

Não se sabe como foi que o homem caiu nessa ilusão de que através do pensamento ele seria capaz de conhecer tudo. Não existe relação entre pensar e conhecer. Na verdade, só alguém que abandona o pensamento pode conhecer. Pensar e refletir anuviam a mente como fumaça; cobrem o espelho da mente com poeira. O espelho da mente só é transparente e inocente quando a mente não tem pensamentos.

Mas vocês perguntarão: "Temos então que acreditar, ter fé, para alcançar a verdade?" Isso também não funciona. A fé é inferior ao pensamento. A fé é como a cegueira. Nem a fé levará vocês à verdade nem o pensamento trará a verdade até vocês. É preciso ir mais longe do que isso. Entendam o que estou dizendo e ficará claro como buscar.

Então, primeiro entendam o que é a crença. A crença é aceitação cega. A fé implica não pensar, não buscar, não meditar, não perder a consciência, e só aceitar o que os outros dizem. O ser de uma pessoa que acredita nas outras pessoas assim, dessa maneira, permanece oculto. Ela não aceita nem mesmo o desafio de acordar. E nós acreditamos nos outros o tempo todo.

Vocês já devem ter ouvido esta história… Mas incompleta – é muito comum as pessoas contarem histórias incompletas. E as meias verdades são mais perigosas do que a mentira. Por quê? Porque a mentira é percebida como mentira, mas a verdade incompleta não parece ser falsa. Parece verdadeira. E lembrem-se: não existem verdades parciais. Ou a verdade é inteira ou não é. Se alguém disser que ama um pouco vocês, perguntem: "Amor parcial?" Já ouviram uma coisa dessas? Não existe nada semelhante a amor parcial, ou a gente ama alguém ou não ama.

As coisas importantes nunca são parciais; no momento em que se dividem, são destruídas. Mas muitas verdades parciais são disseminadas. Esta história também é muito conhecida, mas de forma incompleta. É lida em todas as escolas – vocês devem ter lido também. E os seus filhos também lerão a história incompleta. Todo mundo conhece esta história…

Um comerciante vendia chapéus. Um dia, ele foi vender seus chapéus na feira e, cansado, sentou-se à sombra de uma árvore para tirar um cochilo. Os macacos desceram da árvore e viram que o homem usava chapéu. Tiraram os chapéus de um cesto e os puseram na cabeça. Quando o homem acordou, viu o cesto vazio. Ele riu, porque conhecia bem os hábitos dos macacos. Olhou para cima e viu os macacos sentados nos galhos da árvore, todos eles com chapéu na cabeça. Além dos macacos, ninguém mais sente orgulho porque usa chapéu. Como é possível ter orgulho de usar chapéu? E, se for um tipo de gorro como o de Gandhi, a arrogância é ainda maior! Os chapéus deviam ser desse tipo, porque os macacos estavam se sentindo muito importantes. Então o comerciante pegou o seu chapéu e jogou longe. Todos os macacos também jogaram os chapéus. Macacos são animais imitadores, estão sempre imitando alguém; nunca pensam ou avaliam as coisas por si mesmos. Afinal, são macacos: não pensam, só imitam. Quando o comerciante jogou o chapéu, eles o imitaram.

O homem recolheu os chapéus e seguiu viagem. Vocês devem ter ouvido esta história até aqui. Agora vou contar o resto.

O filho do comerciante cresceu e começou a trabalhar com o pai. Crianças sem inteligência sempre seguem os passos dos pais. Essa é uma prova da sua falta de inteligência. Um filho deve estar à frente do pai. Mas nem os pais gostam que os filhos lhes passem à frente, nem os filhos têm coragem de passar à frente dos pais.

E o filho também começou a vender chapéus. E também foi vendê-los na feira. Ele parou sob a mesma árvore que o pai tinha parado e, como ele, resolveu tirar um cochilo. E pôs o cesto de chapéus sob a árvore, como seu pai tinha posto. Os macacos olhavam do alto da árvore. Não eram os mesmos macacos – talvez fossem os filhos e netos dos macacos anteriores. Eles viram os chapéus e se lembraram da história que seus avós contavam. O filho do comerciante adormeceu. Os macacos desceram, puseram os chapéus na cabeça e subiram de volta na árvore.

O filho do comerciante acordou e riu. Mas a risada era falsa. Só repetia a história de seu pai. O pai tinha lhe dito: "Não tenha medo. Se os macacos pegarem os chapéus, não se preocupe. Não é difícil pegá-los de volta. Apenas jogue o seu chapéu".

O filho do comerciante tirou o chapéu e o jogou longe. Mas um milagre aconteceu. Os macacos não o imitaram. Um deles, que não tinha conseguido pegar um chapéu, desceu da árvore, pegou o chapéu do filho, pôs na cabeça e voltou a subir na árvore.

Os macacos aprenderam a lição, mas o homem, não. Os macacos foram enganados uma vez e nunca mais o seriam de novo. Essa parte da história não é contada em nenhum livro. Até agora só metade da história foi escrita, porque é uma história perigosa.

Muita gente segue outras pessoas e nunca caminha por si mesma. Algumas aprendem respostas prontas e nunca buscam as próprias respostas. Outras pegam soluções emprestadas e nunca solucionam nada. Novos desafios aparecem diariamente, mas nossas soluções envelhecem e nos causam grandes dificuldades.

Imitar não funciona mesmo quando se busca a verdade. As respostas prontas também não funcionam. As coisas decoradas do Bhagavad Gita, do Alcorão ou da Bíblia não ajudam na busca pela verdade. É preciso procurar por si mesmo.

E todos os crentes nada mais são que imitadores. Perdem a dignidade do ser humano e se tornam macacos. Quem segue os outros cegamente perde o direito de ser um ser humano. Só os gurus se beneficiam do fenômeno de o homem se tornar macaco em vez de homem. Disso se conclui que há uma multidão de macacos em torno dos gurus.

Pessoas que não têm coragem para nada e começam a seguir outras fatalmente serão exploradas. Mas ser explorado não é o pior que pode acontecer – elas não conseguem conhecer a verdade, porque o primeiro passo da jornada para a verdade tem que ser dado com as próprias pernas. Nessa busca, é essencial ter garra, coragem, capacidade. Quem não estiver pronto para ela – mas diz que a tomará emprestada dos outros, tocará nos pés de alguém, segurará no rabo de alguém ou seguirá alguém – está sendo enganado. Ninguém chega a lugar nenhum porque crê.

A crença é um pensamento emprestado. Mas isso significa que, se começarmos a pensar, chegaremos a algum lugar? Se pensarmos por nós mesmos chegaremos a algum lugar? Se vocês olharem um pouco mais profundamente, verão que os seus pensamentos não são realmente seus. A crença é um fenômeno de segunda mão e parece que as pessoas que pensam não creem, mas, se examinarmos melhor o que elas pensam, veremos que também são pensamentos emprestados. A diferença é muito pequena; a diferença é que os pensadores organizam seus pensamentos aplicando a lógica. Eles não coletam seus pensamentos cegamente, eles exercitam o pensar. Mas o que pode um homem pensar? O que ele pensa? O que é desconhecido pode ser pensado? Vocês conseguem pensar no que não conhecem, no que é incognoscível? Só podemos pensar no que é conhecido. Não podemos pensar no desconhecido. Desconhecido é desconhecido. Como é possível pensar no desconhecido?

Crer não funciona porque as crenças são emprestadas. Pensar dá um pouco de força e coragem. Ajuda a caminhar com as próprias pernas. Mas pensar sozinho não leva a gente muito longe porque os pensamentos só vão até o limite do conhecido. Além do conhecido, o pensamento para e se perde.

Conseguimos pensar em algo que seja completamente desconhecido? Podemos responder: com frequência! Podemos dizer que com frequência pensamos ou imaginamos tais coisas – digamos, sentar em um cavalo dourado e voar pelo céu. Nesse exemplo, o cavalo dourado é desconhecido para nós. Nunca vimos um cavalo dourado e muito menos um cavalo dourado voar. Tudo nisso é desconhecido, mas ainda assim podemos pensar a respeito dessas coisas.

Mas não, isso não é pensar no desconhecido. A gente conhece cavalos, sabe sobre o ouro e vê pássaros voando. A mente junta os três e inventa um cavalo dourado voador. Não há nada de novo nisso. É só um novo produto resultante das três coisas.

Então, em um processo de raciocínio, vocês podem acumular muitos pensamentos e cultivar um pensamento que pareça novo. Mas ele só é novo na aparência, e não na realidade. Não ajudará vocês a conhecer a verdade. Se todos os seus pensamentos ficassem espalhados na sua frente e vocês examinassem quais são seus, descobririam que todos foram tirados de outros pensamentos, foram ouvidos ou lidos em algum outro lugar e acumulados – e então uma nova coleção foi gerada. E essa nova compilação parece única e original.

Mas não existem pensamentos originais. Os pensamentos não podem ser originais. Eles são sempre emprestados. O crente é um parasita que toma de empréstimo cegamente. O pensador também é um parasita, embora raciocine, use o raciocínio e a lógica. O que se ganha por raciocinar? O que se consegue com isso?

O crente é teísta e o lógico é ateu. Mas nenhum deles é religioso. Nem o teísta nem o ateu são religiosos. O teísta é um crente que está preso à crença de outros. O ateu também se agarra no pensamento de outros, mas através de um processo de raciocínio. O que pode ser provado pela lógica? A lógica não prova nada. O raciocínio é um jogo de crianças adultas. Só adultos jogam esse jogo chamado raciocínio.

Ouvi contar...

Um homem estava em uma grande cidade nos Estados Unidos e anunciou que tinha um cavalo muito especial; que ninguém jamais vira outro igual. Não existia um cavalo como aquele. Era absolutamente especial. O único problema é que ele tinha o rabo no lugar da boca e a boca no lugar do rabo.

O homem começou a vender ingressos a 10 dólares para mostrar o cavalo. Milhares de pessoas quiseram ver. Se vocês estivessem naquela cidade também teriam corrido para ver. Todos, sem exceção, estavam lá, era muito importante ver o cavalo. As pessoas gritavam: "Ande logo! Traga o cavalo!"

O homem disse: "Esperem um pouco. Não é um cavalo comum, demora trazê-lo até aqui". Depois de um tempo, isso ficou ainda mais difícil, porque o lugar estava lotado. Então o cavalo foi levado ao palco e as cortinas se ergueram. Imediatamente todos viram que o cavalo era absolutamente comum, como qualquer outro. As pessoas gritaram: "Por que está nos enganando? Isso é uma piada? Esse cavalo é igual a todos os outros".

O homem disse: "Calem-se! Tentem entender o meu argumento. Eu declarei que a boca do cavalo está no lugar do rabo e o rabo está onde a boca deveria estar. Olhem bem!"

As pessoas olharam; era um cavalo como qualquer outro, o rabo estava onde devia estar e a boca também. Mas então elas perceberam e caíram na risada... A rédea passava pelo rabo do cavalo e não pela boca.

"Lembrem-se de que eu anunciei que a boca estava onde o rabo deveria estar e o rabo estava onde a boca deveria estar. A rédea está presa no rabo. Estão vendo?"

Ninguém pôde dizer nada. O argumento estava correto. E as pessoas saíram em silêncio.

Mas a lógica pode funcionar até um limite. Nada mais que isso se consegue com ela; o máximo que se consegue é colocar o rabo no lugar da boca e a boca no lugar do rabo. A lógica não pode fazer mais que isso. As coisas permanecem do jeito que são, a lógica não faz nenhuma diferença. Portanto, a lógica é uma espada de dois gumes – pode ser usada a favor ou contra qualquer coisa. Não faz nenhuma diferença.

Tive um amigo que era um grande advogado. Ele trabalhava muito na Índia e em Londres. Já estava muito cansado e não conseguia preparar bem os seus casos.

Um dia no tribunal, na hora da argumentação ele se confundiu e esqueceu de que lado estava: se na defesa ou na acusação. E começou a argumentar contra seu próprio cliente. O cliente começou a ficar nervoso. "O que ele está fazendo?" Durante meia hora o advogado argumentou contra o próprio cliente. O cliente parou de respirar e quase morreu porque seu advogado o estava acusando!

O advogado foi tão convincente que até os advogados do outro lado estavam perplexos, não teriam que provar mais nada: "O que está acontecendo aqui?"

Então o assistente do meu amigo disse no ouvido dele: "O que você está fazendo? Está argumentando contra o seu próprio cliente!"

O advogado disse: "É mesmo? Espere um minuto". Ele se voltou para o juiz: "Meritíssimo! Eu disse tudo que um promotor diria a vossa excelência. Agora começarei a refutar".

A lógica não faz nenhum sentido; é apenas um jogo. É só um jogo! Os *pundits* estão fazendo um jogo, os advogados estão fazendo o mesmo jogo, os *políticos* estão fazendo o mesmo jogo. A lógica é só um jogo. E como as pessoas estão todas envolvidas nesse jogo da argumentação, não é possível saber de que lado está a verdade. A lógica não é importante; defende um lado e pode argumentar em favor do outro lado. Os argumentos que provam a existência de Deus também negam a existência de Deus.

O crente, o teísta, diz: "Como poderia a criação existir sem o criador? Este mundo, a criação, existe, então tem que existir um criador porque tudo tem um criador. Tem que existir um criador para toda criação". E continua: "Este é o meu argumento para provar a existência de Deus. Se alguém criou este mundo, foi Deus".

O ateu diz: "Aceitamos o seu argumento, mas isso não prova a existência de Deus. Na verdade, ele refuta a hipótese. Tudo bem dizer que tudo tem que ter um criador; mas, se Deus existe, quem o criou? Se você diz que se não houvesse um criador o mundo não existiria, então o mundo foi criado por Deus. Agora eu pergunto: quem criou Deus? Como Deus pode existir sem um criador? E se não houver criação nada será criado..."

O jogo continua e a gente vai jogando. O teísta e o ateu jogam há milhares de anos.

Aconteceu...

Em um povoado viviam um ateu e um teísta. E o povoado passava por um momento muito difícil. Onde há eruditos surgem dificuldades; o teísta pregava a existência de Deus e o ateu pregava a não existência de Deus. Dia e noite eles importunavam as pessoas. Elas se aborreciam e diziam: "Deixem-nos em paz. Não importa se Deus existe ou não. Temos que trabalhar".

Mas os homens não desistiriam tão fácil. Quando um deles saía para pregar, o outro ia atrás para convencer as pessoas do contrário. Por fim os moradores do povoado disseram: "Está difícil. Temos que tomar uma decisão".

O mundo inteiro está na mesma situação. Muçulmanos, hindus, cristãos, jainistas, budistas, todos estão incomodando todo mundo. Representantes de cada religião visitam a casa das pessoas. Uma envia seus monges, outra envia seus santos e outra envia seus sacerdotes. Todos pregam coisas diferentes e criam problemas.

Os moradores do povoado sugeriram: "Sentem-se vocês dois e argumentem um com o outro. Nós seguiremos quem vencer o debate. Sempre seguimos os vitoriosos. Se Deus existe ou não existe não tem importância".

O debate aconteceu em uma noite de lua cheia na presença de todo o povoado. Foi um debate peculiar. O teísta tinha argumentos fortes e provou a existência de Deus. O ateu também tinha argumentos fortes e provou que Deus não existia. Por fim o teísta foi tão influenciado pelo ateu que se tornou ateu. E o ateu foi convencido pelos argumentos do teísta e se converteu ao teísmo.

E as pessoas continuaram na mesma situação, porque o povoado ainda tinha um ateu e um teísta. "O que ganhamos com isso?", disseram. "Nosso problema permanece exatamente o mesmo!"

A lógica não tem importância. A lógica não significa nada. Tudo que é provado pela lógica pode ser refutado. A lógica não passa de um jogo, de uma brincadeira. Ela não prova nada. A lógica conseguiu provar que os hindus estão certos? Se tivesse conseguido, o mundo inteiro teria se convertido ao hinduísmo. Ela provou que o jainismo está certo? Nesse caso, o mundo todo teria se convertido ao jainismo. Se provasse que os muçulmanos estão certos, o mundo todo se converteria ao islã. Mas nada foi provado. Nada pode ser provado. Nada jamais será provado pelo caminho da lógica. E o jogo continua...

Não entendemos o jogo dos *pundits* porque é muito sutil. É tão sutil que eles continuam argumentando e as pessoas continuam não entendendo nada do que eles dizem. As pessoas aceitam e pronto.

Então ficou decidido que a religião seria determinada pelo nascimento. Um truque barato, porque se o caso fosse decidido pela lógica ninguém teria religião. A vida acabaria e ninguém decidiria se era hindu, muçulmano ou cristão. Por isso criou-se uma solução prática: a religião é decidida pelo lugar em que a pessoa nasce. Ora, quem escolhe onde vai nascer? Se um muçulmano tem um filho, a criança é muçulmana. Por quê? Se o filho fosse escolher a sua religião racionalmente, a vida passaria e ele não conseguiria decidir se seria hindu ou muçulmano. Não decidiria nunca. Por isso inventamos esse truque, para não termos que decidir nada.

Ora, que relação tem o local do nascimento com ser hindu ou muçulmano? É uma ideia muito louca! Amanhã alguém dirá que seu filho pertence ao Partido do Congresso indiano porque ele, o pai, pertence ao partido. O filho de um comunista dirá que é comunista porque seu pai pertence ao Partido Comunista. Essa idiotice ainda não prevaleceu, mas pode prevalecer porque a mesma lógica se aplica. E, se nada for decidido, as pessoas seguem a religião determinada pelo seu local de nascimento. Um princípio pode ser provado pelo local de nascimento? A verdade pode ser provada pelo local de nascimento? Estamos presos há milhares de anos em sistemas de lógicas e crenças. Algumas pessoas se sentem perdidas por seguirem a lógica. E não decidem nada porque tateiam no escuro. Como poderiam decidir?

Aconteceu...

Um rei decidiu banir todas as inverdades, não permitir mentiras de nenhum tipo em seu reino. Quem mentisse seria enforcado! E o rei decidiu que todos os dias alguém seria enforcado, isso seria frequente, para que toda a cidade visse o que acontecia com os mentirosos.

Mas o que o rei não sabia é o que os especialistas em leis sabem: o crime não deixa de existir porque há pena de morte, flagelação ou encarceramento em uma cela. Nada deixa de acontecer por isso. E os crimes só aumentam. Prendemos os ladrões nas prisões, mas o número de ladrões só aumenta. Trancamos os corruptos atrás das grades, mas a corrupção só aumenta. Pessoas encarregadas de investigar a corrupção são duplamente corruptas. E os guardas que deveriam prender os ladrões são os que mais roubam. E acabam no mesmo lugar.

Cerca de cem anos atrás na Inglaterra, os ladrões eram açoitados em praça pública para que todos vissem o que acontecia aos que roubavam. Mas isso teve que parar, e sabem por quê? Sempre que os ladrões eram açoitados, as pessoas corriam para ver. E descobriu-se que enquanto centenas de pessoas se distraíam assistindo à flagelação, os batedores de carteira entravam em ação. O ladrão era açoitado e a multidão se juntava para assistir, e enquanto assistia ao espetáculo seus bolsos eram roubados.

Então se percebeu que aquilo era uma loucura inútil: a punição pública não resultava em nada. Era só uma oportunidade para os punguistas. Quando a multidão se juntava, os ladrões pilhavam seus bolsos!

Mas o rei disse: "Vou acabar com as mentiras!"

Os anciãos do reino disseram: "Se já é difícil reconhecer uma mentira, como vossa majestade pretende acabar com elas? Como vai saber o que é mentira e o que é verdade?"

O rei respondeu: "Eu vou saber", e ficou pensando em como faria isso.

Havia no reino um místico muito idoso. O rei resolveu se aconselhar com ele, porque o místico falava muito sobre a verdade. "Decidi que amanhã vou enforcar um mentiroso no portão, porque é o primeiro dia do ano-novo e quero que todos no reino vejam."

O místico perguntou: "Como vossa majestade vai saber se ele diz a verdade ou mente?"

O rei respondeu: "Vou perguntar a todos os sábios do reino se existe alguma lógica para saber o que é verdade e o que é mentira".

O místico disse: "Tudo bem. Nós nos encontraremos amanhã cedo no portão".

O rei perguntou: "Como assim?"

O velho respondeu: "Eu serei o primeiro a entrar pelo portão. Vossa majestade estará lá com os seus sábios. Eu vou contar uma mentira. Se você tiver que enforcar alguém, eu serei o primeiro".

O rei disse: "Mas eu o chamei aqui para me aconselhar, por que está dizendo isso?"

O outro disse: "Falaremos amanhã no portão. Esteja lá com os sábios".

O rei chegou ao portão com os sábios. O portão estava aberto e o místico entrou, montado em seu jumento.

O rei chamou: "Ei, você, montado nesse jumento! Aonde pensa que vai?"

"Vou me pendurar naquela forca", respondeu o místico. O rei pediu aos sábios: "Por favor, decidam se ele está falando a verdade ou está mentindo". Os sábios disseram: "Não sabemos. Esse caso é complexo. Nada pode ser determinado nele. Se dissermos que esse homem fala a verdade, teremos que mandá-lo para a forca. E não se pode enforcar quem fala a verdade. Se dissermos que ele está mentindo, também teremos que enforcá-lo. E, se ele for enforcado, o que ele dizia era verdade".

O místico pediu: "Digam-me o que é verdade e o que é mentira. Raciocinem e decidam. Se não puderem dizer agora, procurem-me quando forem capazes de decidir e então vocês poderão criar a lei".

A lei nunca foi aplicada porque é muito difícil saber o que é verdade. É difícil determiná-la pela lógica, porque a lógica não determina nada, é só um jogo. Quando uma de duas lógicas vence, isso não significa que a vencedora é a certa. Significa apenas que a vencedora jogou melhor. Não quer dizer nada além disso. Quando um entre dois argumentos lógicos vence, não significa que o vencedor é a verdade; o vencedor apenas jogou melhor, só isso.

Se duas pessoas estão jogando xadrez e uma delas vence, essa pessoa é verdadeira? Não, ela só foi mais hábil. O perdedor não foi verdadeiro? Não, ele só não foi tão habilidoso. A vitória ou a derrota não provam a verdade ou a inverdade; provam apenas que alguém é mais hábil ou menos hábil. O mais competente vence e diz: "O que eu sou é a verdade?" A lógica também é um jogo de xadrez jogado com palavras e pensamentos, e nada mais.

Portanto, ninguém deve pensar que quando digo que vocês não podem alcançar a verdade através da crença, não significa que vocês só possam alcançá-la pela lógica. O que estou dizendo é que vocês não podem alcançá-la nem através de argumentos lógicos nem através do pensamento. Então vocês me dirão: se ela não pode ser alcançada pela crença, quando a gente não crê tem que aplicar o pensamento; mas então você volta a dizer que a verdade não é alcançada nem pelo pensamento. É isso exatamente o que estou dizendo.

É como se alguém tivesse um espinho no pé e usássemos outro espinho para retirar o primeiro. A pessoa diz: "O que está fazendo? Um espinho já dói tanto e você ainda vai usar outro?" E eu digo a ela: "Fique tranquilo. Vou usar este espinho para retirar o outro. Se você não tivesse um espinho no pé, não seria preciso usar o segundo espinho".

A gente usa o segundo espinho para retirar o primeiro. O homem começa a venerar o segundo espinho e pede que espetem outra vez a ferida porque lhe fizeram um bem: ajudaram a remover o primeiro espinho. Diríamos que o homem ficou louco. O segundo espinho que tirou o primeiro não tem mais utilidade e pode ser jogado fora.

O pensamento racional só serve para nos livrar da crença. Não tem outra utilidade. Pensar ajuda a pessoa a se livrar da crença. Se o espinho do pensar remover o espinho da crença, o trabalho foi feito. Então os dois espinhos são iguais; e os dois podem ser descartados.

Mas, então, para onde ir? Entrem no impensado. Entrem em uma dimensão onde não existem pensamentos, onde a mente está absolutamente silenciosa e serena. Não há um único pensamento. Lá, vocês não se perguntam "O que é a verdade", porque abandonaram todos os pensamentos. Lá, vocês são só silêncio, vocês só são. Se houver alguma verdade, será conhecida; se não houver, nada será percebido. Vocês só percebem o que é. E vocês são tão silenciosos que só observam. Vocês são como um espelho, observando o que é.

Vocês não estão pensando, o espelho não pensa. Quando vocês se veem no espelho, o espelho não está pensando se vocês são feios ou bonitos, se são bons ou maus, se são brancos ou pretos. O espelho não pensa. Vocês só veem no espelho o que está lá, porque o espelho apenas reflete.

Mas existem alguns espelhos que não mostram o que vocês são, mas como não são. Vocês devem ter se olhado em espelhos em que se veem mais magros, mais gordos ou mais curvados do que são. Existem espelhos assim. Esses espelhos não têm uma superfície plana e limpa, e a imagem fica torta, arredondada ou de ponta-cabeça. Quanto mais irregular for a superfície do espelho, mais ele distorcerá a imagem refletida nele.

Existem duas chaves para buscar a verdade: uma delas é abandonar o pensamento, a outra é ter a mente clara e objetiva. A superfície tem que estar limpa e uniforme, não pode ser irregular. Só isso! Em uma mente assim a verdade é refletida. Nós conheceremos o que realmente é e nos livraremos do que não é.

Os pensamentos agem como poeira na mente porque os pensamentos que estão presos cobrem a superfície. Forma-se uma cortina tão espessa de pensamentos que a gente consegue ver o que está do outro lado. A cortina é como uma barreira.

Imaginemos um homem que não crê que Deus existe. É um pensamento. Ele pensa que Deus não existe. Para onde quer que ele olhe, constatará a não existência de Deus.

Se alguém estiver morrendo na rua, ele dirá: "Como pode Deus existir se há pessoas morrendo dessa maneira?" Se topar com um pobre, ele dirá: "Como pode Deus existir se há tanta pobreza?" É o tipo de pessoa que olha os espinhos quando vê uma flor: "Há dezenas de espinhos e a flor é uma só; como pode Deus existir?" Esse homem tem ideias preconcebidas sobre a não existência de Deus. Aonde quer que ele vá, inventará truques, meios, argumentos e raciocínios que neguem a existência de Deus. Ele tem preconceitos, e os preconceitos distorcem o espelho da mente.

Agora, tomemos como exemplo outro tipo de homem, aquele que diz que Deus existe. Se os negócios vão bem, ele dirá: "A loja vai bem, graças a Deus". É muito engraçado; o pobre Deus não tem nada a ver com a loja dele. Se a loja não fosse bem, Deus também seria responsabilizado. Mas o homem afirma: "Viu? Graças a Deus tudo vai vem". Se alguém na casa dele está doente e melhora, ele diz: "Viu? Foi graças a Deus". Como se os doentes que não melhoram fossem inimigos de Deus. Como se Deus tivesse concedido uma graça especial ao doente que mora com ele. Quanto privilégio! Se ele perde dinheiro e o encontra, dirá: "Graças a Deus encontrei o dinheiro que perdi". Como se Deus fosse uma empresa de achados e perdidos. Como se Deus fosse um banco que guardasse o dinheiro dele.

Um homem com ideias preconcebidas atribui um significado próprio a tudo que acontece à sua volta. E não consegue ver o que realmente é.

Ouvi contar...

Um homem pobre comprou uma vaca do rei. Achava que a vaca de um rei deveria ser muito boa. Comprar a vaca do rei foi muito fácil, mas ele se esqueceu de que cuidar dela seria muito difícil. Muita gente entra em apuros por comprar uma vaca do rei...

Há muitas espécies de vacas do rei que acabam saindo muito caras. Mas o homem comprou a vaca do rei e a levou para casa. E espalhou um fardo de feno na frente dela. Era feno seco; ele não tinha dinheiro para comprar grama verde. E a vaca estava acostumada a pastar na grama macia da Caxemira. Ao se ver diante do feno, a vaca começou uma greve de fome. Desde que Gandhi inaugurou a tradição de greve de fome, as vacas, os bois, os cavalos e os jumentos também começaram a fazer greve de fome. No mesmo instante a vaca começou uma greve de fome. Disse: "Não como mais", fechou os olhos em meditação e não voltou a abri-los.

O pobre homem tentou de tudo para convencer a vaca a comer: "Eu considero você minha mãe. Sou discípulo de Shankara e as vacas são nossas mães. Ah, mãe, tenha piedade de mim! Sou seu filho tão pobre. As mães não fazem diferença entre seus filhos pobres e ricos. Elas os tratam igualmente".

Por que a vaca o ouviria? As vacas nunca disseram que os homens são seus filhos! Até hoje, nenhuma vaca chamou um homem de filho. E o hindu não parava de dizer que a vaca era sua mãe. E nenhuma vaca afirmou até agora que seja verdade, porque nenhuma delas imaginaria um homem como seu filho!

A vaca não se convenceu. O homem se irritou, mas o que podia fazer? Ele foi perguntar o que fazer aos anciãos do vilarejo e um deles aconselhou: "Não faça nada. Compre um par de óculos com lentes verdes e ponha na vaca".

Ele fez isso. A vaca olhou para baixo, viu grama verde e começou a comer. O feno era seco, mas as lentes eram verdes. A vaca foi enganada.

Todo mundo é enganado. Vemos de acordo com os nossos óculos. Quem usa os óculos do preconceito não vê o que realmente é. Todos nós usamos óculos. Uns usam óculos do hinduísmo, outros do islã, outros do comunismo, outros do ateísmo, e assim por diante. Existem milhares de óculos dos mais diferentes tipos no mercado. E não existe uma só pessoa que não os use. Todo mundo tem seus óculos. E as lentes distorcem tudo. O eu é, não é percebido, e o que é percebido é colorido por nossas lentes. E não somos capazes de ver mais que isso.

A Revolução Russa aconteceu em 1917. A escolinha de um povoado tinha apenas um aluno e um professor. Depois da revolução, passou a ter dois alunos, mas continuou com um só professor. Os jornais soviéticos diziam que o progresso no campo da educação tinha sido tão grande que o número de alunos praticamente dobrara. Um crescimento de cem por cento; o número de alunos tinha dobrado na escola daquele povoado.

Após uma visita ao povoado, um jornalista americano escreveu que a mentira não tinha limites: na escola local onde antes tinha havido só um aluno, agora havia dois. E um só professor.

O jornalista publicou que a educação na Rússia não tinha melhorado. Ainda existiam escolas com apenas dois alunos e um professor. Os jornais russos afirmavam que a educação tinha dobrado, se multiplicado, que o número de alunos tinha duplicado. E ninguém estava mentindo. Todo mundo usa óculos e tem seu jeito próprio de enxergar através deles.

Temos que entender que, por estarmos cheios de preconceitos, o espelho da consciência não pode estar limpo. Portanto, é essencial livrar-se de todos os preconceitos. A libertação é necessária. Sem estar livre de preconceitos, ninguém reflete a verdade tal como ela é. A verdade está sendo refletida constantemente, mas os pensamentos e as crenças da nossa mente distorcem tudo; as emoções distorcem tudo completamente. Nossos sentimentos são projetados e vemos só o que queremos ver.

Quando vocês passam perto de uma mesquita, não veem nada lá que os faça juntar as mãos em sinal de respeito. Mas, se um muçulmano passar e não se curvar, sentirá como se tivesse feito algo errado e se arrependerá.

Quando vocês passam pela imagem de um deus macaco, automaticamente juntam as mãos em oração. Quem vir vocês fazerem isso vai pensar: "Que estranho essa pessoa venerar uma pedra vermelha com as mãos postas. Não há nada ali para venerar".

Só percebemos o que estamos prontos para perceber. E seguimos projetando o que percebemos. Isso se aplica em todos os níveis. Quando o homem entende que está cheio de preconceitos, se livra deles facilmente. Não tem nenhuma dificuldade de se livrar dos preconceitos e começar a ver as coisas como realmente são. E ao mesmo tempo abandona a ilusão do pensamento de que sabe como as coisas são porque pensa a respeito delas.

Jamais saberemos o que uma coisa é pensando sobre ela. Se fosse possível, saberíamos há muito tempo porque só o que fazemos é pensar. Pensamos há milhares de vidas. Criamos montanhas de pensamentos. Pensamos em todas as nossas vidas. Todo mundo pensa, mas aonde já se chegou através do pensamento? E continuamos pensando, pensando. Empilhamos altas montanhas de argumentos, palavras e pensamentos. O conhecimento se acumula e não saímos do lugar.

Perguntem a qualquer *pundit* o que ele sabe. Ele repetirá os Upanixades, os Sutras de Brahma e outros textos sagrados. Então insistam: "Não, não estou pedindo que repita o que aprendeu, mas o que realmente sabe. Não estou pedindo que diga o que pensa, mas o que vivencia. O que você percebe diretamente? Não quero saber de filosofia".

E, lembrem-se, a palavra *filosofia* e a palavra *darshan* não significam a mesma coisa. Essas palavras são sinônimos somente na Índia. Pessoas como o dr. Radhakrishnan escrevem sobre filosofia indiana, e não há termo mais errado do que esse. *Darshan* não é sinônimo de *filosofia*. Filosofia é *pensar*, *darshan* é ver. Há uma grande diferença entre *filosofia* e *darshan*. São tão diferentes quanto o céu e a terra.

Um cego pensa sobre a luz, mas não vê a luz. Consequentemente, o que o cego disser sobre a luz é a filosofia dele. Vê a luz quem tem olhos para ver, e o que essa pessoa nos disser sobre a luz será o seu *darshan*, e não a sua filosofia.

Não existe "filosofia indiana"; isso é mentira. Mas *darshan* indiano é um termo válido. Um filósofo ocidental inventou uma nova palavra para *darshan*, que é *filosofia*. Porque, segundo ele, precisamos ver, e não pensar.

Se somos cegos, como podemos imaginar a luz? O cego pode ler quanto quiser sobre a luz, pois existem livros para cegos – na verdade, todas as escrituras são feitas para os cegos. Eles leem nos livros, extraem significados e se esforçam para entender. E o mais interessante é que a luz está clareando tudo ao redor.

O cego lê nos livros: "O que é a luz? O que significa luz? Qual é a definição de luz? Do que é feita a luz? Do que não é feita? Quais são as pessoas que percebem a luz? Quais são as que não percebem?" Um cego pode ler tudo sobre a luz. Mas só quem tem olhos a vê. A luz só é vivenciada pela percepção. O que se pode vivenciar pela leitura? Até um cego consegue se lembrar de uma definição que ler várias vezes. Alguém pergunta a ele o que é a luz, e ele repete o que leu. A luz é isso, é aquilo. É o que está escrito nos Upanixades. Como é mencionado no Bhagavad Gita. Mahavira também disse isso. Buda também. "Conheço todas as escrituras e assim é a luz." Então o cego pergunta: "Onde é a porta? Preciso sair". Vocês dirão: "Se você sabe o que é a luz, saia sozinho". E o cego dirá: "Mas eu não enxergo. Não conheço a luz. Eu só *sei* o que é a luz. Saber o que é a luz é diferente de conhecer a luz".

Ouvi contar...

Ramakrishna costumava contar a seguinte história: um cego tinha amigos que o convidaram para jantar e serviram *kheer*. O cego comeu e perguntou: "O que é *kheer*? Que cor tem? De que forma é?"

"Vamos explicar", disseram os amigos. "É branco, é feito com leite. Você já viu leite?"

Os amigos deviam estar loucos. Se o cego já tivesse visto leite, teria visto também o *kheer*.

O homem respondeu: "Leite? O que é isso? Por favor, me expliquem. Não me confundam. Eu não sei nem o que é *kheer*, e vocês me perguntam o que é leite?"

Os amigos começaram: "*Kheer* é feito de leite".

O homem retrucou: "Por favor, expliquem primeiro o que é leite, então entenderei o que é *kheer*".

Os amigos disseram: "O que é leite? Já viu uma garça voando no céu e pescando na beira do rio? A garça é toda branca, você já viu?"

O homem perguntou: "Do que vocês estão falando? Só estão complicando mais as coisas para mim. O que é uma garça? Primeiro me expliquem o que é uma garça, então saberei o que é leite e, por fim, o que é *kheer*. Vocês estão me confundindo. Digam algo que eu possa entender. Expliquem como é a garça de um modo que um cego possa entender".

Um dos amigos se prontificou a isso. Devia ser o mais esperto deles – os mais espertos são sempre os mais perigosos. Ele deu um passo à frente, estendeu a mão para o cego e pediu que o homem a tocasse.

O cego obedeceu. "Para que isso?", perguntou.

O homem disse: "O pescoço de uma garça é macio como a minha mão. O que você sente ao segurar a minha mão é o que sentirá quando tocar no pescoço da garça – é longo e macio".

O cego disse: "Entendi! Entendi! Entendo agora que o *kheer* é macio como a mão. O leite é macio como a mão. Entendi, entendi tudo".

Os amigos disseram: "Você não entendeu nada. Ficou mais difícil agora. Seria melhor se você não tivesse entendido. Ao menos saberíamos que não entendeu. Agora ficou mais difícil. Por favor, não saia por aí dizendo que o leite é macio como uma mão. Se disser, não só você mas nós também seremos considerados tolos".

E o cego concluiu: "Mas foram vocês que disseram".

Por mais que você explique a um cego o que é a luz, o que ele entenderá? O cego precisaria ter olhos para enxergar. Nós queremos pensar sobre a verdade. O que podemos pensar? Quanto mais pensarmos, mais dificuldades surgirão, mais definições como a mão macia ocuparão a nossa mente.

Se vocês perguntarem a qualquer pessoa "Quem é Deus?", ela vai responder uma coisa ou outra. Vocês não encontrarão ninguém que tenha coragem de dizer: "Não sei, não tenho olhos para ver o supremo, então não posso explicar... Não sei nem se o supremo existe ou não. Não sei nada".

Não, a pessoa dirá: "Deus tem quatro braços, segura uma flor de lótus em uma das mãos, uma concha em outra e um cajado em outra". Estaria Deus em uma espécie de peça de teatro, segurando uma flor de lótus, uma concha e um cajado?

O homem aprendeu isso em algum lugar. É similar àquelas mãos macias. Deus está em pé sobre o lótus. Agora, ele deve estar cansado de ficar em pé e a flor de lótus já deve ter murchado. Se fosse uma flor de plástico, seria diferente... Mas por que ele está em pé sobre o lótus? Alguém criou essa imagem, o cego ficou preso nessa imagem e diz que Deus está em pé sobre o lótus.

E Deus estaria de acordo com a imagem que se tem dele? Deve estar, senão de onde tiraríamos essa imagem? Nós não vemos nada. Nós pensamos, lemos e avaliamos. Não vivenciamos; o saber não é nosso, não nos preocupamos em saber, não estamos interessados. Só estamos presos a ideias. É o cego brigando com outro cego.

Pessoas diferentes têm deuses diferentes. O muçulmano tem o seu deus, o hindu tem o dele e assim por diante. E todos brigam entre si. "O seu está errado, o meu está certo." São os cegos brigando com outros cegos. Brigam tanto que os seres humanos não param de assassinar os seus semelhantes. Países continuam destruindo outros países. Dividem o planeta em fatias. O nosso país também foi dividido por dois tipos de cegos, os hindus e os muçulmanos.

Ouvi contar que, quando a Índia e o Paquistão se separaram, existia um hospício na fronteira. Surgiu então um problema: onde ficaria o hospício, na Índia ou no Paquistão? Alguém teve a ideia de perguntar aos internos a que país eles queriam pertencer, se à Índia ou ao Paquistão.

Os loucos disseram: "Queremos ficar aqui; quando nos contaram as loucuras que estão sendo cometidas na Índia e no

Paquistão, achamos que nós ficamos sãos e os outros é que enlouqueceram. Por favor, poupem-nos dessa loucura. Queremos permanecer aqui onde estamos. Não queremos ir a lugar nenhum, porque o que está acontecendo lá fora nos dá a certeza de que estamos bem aqui dentro, com a graça de Deus. Se estivéssemos lá fora, estaríamos em grande dificuldade. Do outro lado destes muros é que estão os loucos".

Mas os oficiais disseram: "Assim não pode ser. Vocês têm que decidir de que lado querem ficar. Podem permanecer aqui dentro deste hospício, mas terão que escolher se na Índia ou no Paquistão".

Os loucos disseram: "Por favor, não nos confundam mais. Vocês estão dizendo que ficaremos aqui, mas temos que estar no Paquistão ou na Índia. Se vamos ficar aqui, como poderemos estar no Paquistão ou na Índia?"

Os oficiais explicaram: "Se não for possível resolver a questão dessa maneira, vamos colocar os hindus na Índia e os muçulmanos no Paquistão".

Os loucos disseram: "Nós somos loucos, não sabemos se somos hindus ou muçulmanos! Sabemos apenas que somos seres humanos. Mais que isso não sabemos; se somos hindus ou muçulmanos..."

Não havia jeito. O que fazer, então? Ficou decidido que metade do hospício pertenceria à Índia e metade ficaria com o Paquistão: dividir o hospício. Dividir o hospício ao meio. O que mais se poderia fazer?

Então um muro foi construído e o hospício ficou dividido: metade dos loucos foi para a Índia e metade para o Paquistão. Com um muro no meio. Agora os loucos subiam no muro e gritavam: "Vamos vencer o Paquistão!" E os outros gritavam: "Vamos ocupar a Índia!"

Entre os loucos havia também intelectuais. Eles gritavam, de longe do muro. "Qual é o problema? O que está acontecendo?

Estamos exatamente onde estávamos, mas vocês foram para a Índia e nós fomos para o Paquistão."

Os nossos pensamentos, as nossas ideias e os nossos preconceitos desagregadores dividiram o mundo inteiro em pequenas partes – o pensamento dividiu a humanidade e o ser do homem. Os pensamentos serão sempre desagregadores. Não unem jamais, dividem sempre. É por isso que no momento em que a pessoa se prende a um pensamento ela passa a criticar o pensamento oposto. Se ela se prende a uma ideia em particular, torna-se inimiga dos outros e os conflitos começam. Os conflitos acontecem em todo o mundo por causa dos pensamentos.

Mas os pensamentos mudam. Às vezes brigam os muçulmanos e outras vezes brigam os hindus. Depois, o comunismo e o capitalismo brigam. Os rostos mudam, mas as ideologias e os pensamentos continuam brigando.

A verdade não tem nenhuma relação com o pensamento. Os pensamentos podem gerar crenças, mas não podem encontrar a verdade. Só quem abandona todas as opiniões pode conhecer a verdade. A pessoa abandona todos os dogmas e diz: "Não sou hindu nem muçulmano, não sou isto nem aquilo, não sou teísta nem ateu. Não tenho preconceitos. Quero conhecer a verdade sem nenhum preconceito". Quem se livra dos preconceitos também se livra dos pensamentos, mergulha no silêncio e alcança a verdade. A verdade está sempre presente. Ocupados com os nossos pensamentos, ficamos sempre fechados e não experimentamos a verdade.

Existem dois tipos de pessoas neste mundo: as que creem e as que pensam. Ninguém quer se mover além dos pensamentos. E quando aparece um indivíduo que vive além do pensamento, seja ele Krishna, Buda, Mahavira, Cristo, Maomé ou Moisés, alguém que mergulhou no nada, na existência, imediatamente ele verá que a verdade está batendo à porta. A verdade está sempre à espera. Se nos esvaziamos, a verdade entra. Se a nossa porta se abre, a verdade entra. Mas as nossas portas estão fechadas.

Não é possível alcançar a verdade através da crença e do pensamento, só a alcançamos pelo não pensamento. A consciência não pensada é a porta para a verdade. É o que eu chamo de *dhyan*, meditação. *Dhyan* significa a ausência absoluta de pensamento.

Agora vamos nos sentar para a meditação desta noite.

Entraremos em estado de não pensamento por dez minutos e estaremos livres de todos os preconceitos e de todos os pensamentos.

Durante a meditação, ninguém pode sair da sala, para não atrapalhar os demais. Quem não quiser se sentar deve ficar em silêncio por dez minutos, em respeito aos outros. As luzes serão apagadas. Mantenham um espaço entre vocês. Ninguém deve encostar em ninguém, todos devem ficar isolados.

Sentem-se pacificamente. Apaguem as luzes. Primeiro, sentem-se calmamente e relaxem. Não pode haver nenhuma tensão no corpo. Não conversem, por favor.

Sintam o corpo congelar. Fechem os olhos. Agora eu farei sugestões, quero que vocês as sintam junto comigo. Primeiro, sintam o corpo congelar. O corpo está relaxando, relaxando. Sintam que o corpo relaxou e congelou totalmente a ponto de vocês poderem se desligar dele. Relaxem o corpo para poderem se desligar. Se vocês estiverem presos ao corpo, não conseguirão se desligar. Ficarão parados no corpo. Nós paramos naquilo que nos prende.

Soltem... Soltem o corpo da mente. Desliguem-se dele. Vão além dele. O corpo está totalmente relaxado... totalmente congelado, como se não estivesse aqui.

Relaxem a respiração... Sintam a respiração relaxando... O corpo está relaxando e a respiração está relaxando... A respiração está relaxando... O corpo está relaxando... A respiração está relaxando...

Deixem o corpo solto, a respiração solta. Deixem o ar entrar e sair sozinho, relaxem completamente.

Nos próximos dez minutos vocês vão sentir uma única coisa: Eu sou o observador, estou vivenciando, estou conhecendo. Os ventos sopram e eu estou vivenciando. O vento me toca e eu estou vivenciando. O frescor me envolve e eu estou vivenciando. Ouço um som. Tudo que está acontecendo eu apenas observo.

As pernas doem, estou sentindo. O corpo está relaxado, estou vendo. A respiração está relaxando, eu a observo. A respiração fica mais lenta, eu a observo. Percebo qualquer pensamento que se mova em minha mente. A mente está se tranquilizando, eu a observo. Pode haver uma explosão de felicidade em mim, eu a observo. Sou apenas o conhecedor. Sou apenas o observador.

Esta lembrança: sou o observador, sou apenas um observador, estou apenas vivenciando. Não sou mais que um observador, sou a energia que vê, que conhece. Sou um observador... sou um observador... quanto mais a consciência se aprofunda, mais profundos são a paz e o silêncio que me envolvem. Quanto mais profunda é a lembrança, maior é o frescor da felicidade que me envolve. Quanto mais a consciência se instala, mais profundamente eu entro...

Aprofundem a consciência: sou um observador, sou apenas um observador, sou um observador...

Agora ficarei em silêncio por dez minutos. Aprofundem essa lembrança – sou um observador... sou um observador... sou um observador... sou um observador...

Capítulo 8

Controle o impulso de magoar os outros

Amigos fizeram muitas perguntas sobre as palestras dos três dias.
Um deles perguntou:

Osho,
Se a alma está além da dor e do prazer, qual é a necessidade de orar pela paz da alma de alguém?

Essa é uma pergunta importante e é bom que seja entendida. A primeira coisa é que a alma está além do prazer e da dor, da paz e da perturbação, e de todo apego e todo ódio – basicamente está além de todas as dualidades e polaridades. A alma não se perturba nem é pacífica, porque só aquele que está perturbado pode ser pacificado. Só a mente pode ser perturbada e só a mente pode serenar. Entendam bem isto: a própria existência da mente é a perturbação. A não mente é silêncio. O "eu" essencial não é nem pacífico nem jamais é perturbado; não sente prazer nem dor. O "eu" essencial é o nome dado ao terceiro estado, que é a felicidade.

Felicidade significa não sofrer nem sentir prazer. Felicidade não implica prazer. O sofrimento é tensão e o prazer também é. Um homem pode morrer ou por sofrimento ou por prazer. O sofrimento gera ansiedade e o prazer também. O sofrimento é estimulação e o prazer também é. O "eu" essencial está livre de excitação; não é excitado nem pelo prazer nem pela dor.

Sabemos que a dor nos faz sofrer; por exemplo, em países como a Índia, onde há pobreza, fome e dificuldades de todo tipo, as pessoas são estressadas. Por outro lado, em países como os Estados Unidos, onde há prazeres de todo tipo e estão disponíveis todas as facilidades, riquezas, bem-estar, saúde e abundância, as pessoas também são estressadas. Os países pobres sofrem com o estresse e os países ricos também. Por que isso? Porque o sofrimento é um tipo de estresse e o prazer também é um tipo de estresse.

Os ricos sofrem tanto quanto os pobres. Mas o sofrimento deles é diferente. Por exemplo, o pobre sofre de fome e o rico sofre porque come demais.

O "eu" essencial não aceita nem esse tipo de estresse nem aquele tipo de tensão. A alma é livre de tensões, não existe tensão na alma.

Ouvi contar...

Um homem ganhou milhões na loteria. Sua esposa ouviu a notícia no rádio e teve medo de que, quando soubesse que ganhara 1 milhão de rupias na loteria, o marido morresse de prazer porque ele nunca tivera nem 10 rupias no bolso. Ela teve medo e procurou um padre com quem sempre conversava sobre a insignificância do dinheiro e ouvia seus sermões de paz e sabedoria.

Ela disse ao sacerdote: "Estou com um problema. Meu marido ganhou 1 milhão de rupias na loteria. É uma boa notícia, mas que pode ser fatal para ele. Por favor, faça alguma coisa para que ele não leve um choque quando souber".

O padre disse: "Não se preocupe. Darei a notícia a ele aos poucos".

Ele foi à casa dela e disse ao marido: "Você já soube que ganhou 25 mil rupias na loteria?", pensando que se o homem superasse o choque pelas 25 mil rupias, depois lhe contaria sobre mais 25 mil, mais 25 mil... e assim por diante.

O marido se surpreendeu. "Vinte e cinco mil? Se for verdade que eu ganhei 25 mil rupias, darei a metade ao senhor."

O padre teve um ataque cardíaco e caiu ali mesmo. Doze mil e quinhentas rupias! A boa notícia foi um choque para ele.

É cômodo para padres, santos e religiosos em geral pregar para os outros. Só quando têm que enfrentar os próprios problemas eles se dão conta do que pregavam!

O prazer causa um choque, um abalo. A dor também é um choque, um impacto. E, se a pessoa sente constantemente o choque de um sofrimento, acaba se acostumando com o choque da infelicidade. Acaba se acostumando, torna-se uma coisa habitual, e o sofrimento não a atinge mais. Então ela cria tolerância a essa tensão extrema. É por isso que se vocês continuarem a viver na infelicidade, não sentirão isso como infelicidade. O oposto também é real. Quando o prazer nos impacta pela primeira vez, nós o sentimos. Se o mesmo impacto acontecer diariamente, deixamos de senti-lo. Quem vive em sofrimento constante para de sofrer. E quem vive o prazer constantemente não sente mais prazer porque se a gente se habitua a determinado estímulo, ele apodrece e o impacto se dissolve.

Ouvi contar...

Um pescador foi à cidade vender seu peixe. Depois que vendeu tudo, resolveu dar um passeio. Andou por uma rua em que havia muitas lojas de perfumes, perfumes de todo o mundo. O pescador só conhecia um tipo de cheiro, o de peixe. Não conhecia nem distinguia nenhum outro tipo de cheiro. Para ele, só o peixe era perfumado.

Ao entrar na loja de perfumes, cobriu o nariz com um lenço e disse: "Que gente é essa que mora aqui? Que cheiro horrível!" Seguindo em frente, começou a se sentir mal porque os aromas desconhecidos começaram a sufocá-lo. Mas, quanto mais ele andava, mais lojas apareciam. Como ele poderia saber? Pensou que se começasse a correr sairia logo daquele lugar, mas cada vez mais penetrava nele. As lojas estavam por toda a parte, era lá que imperadores compravam seus perfumes. Ele acabou desmaiando e ficou caído no chão.

Alguns comerciantes o ajudaram. Sabiam que quando alguém inconsciente cheira um perfume forte volta à consciência. Trouxeram as fragrâncias que ficavam guardadas nos cofres, que não eram oferecidas nem aos imperadores, para fazer o homem voltar a si. Deram perfumes para ele cheirar. Ainda inconsciente, o homem afastava as mãos e sacudia a cabeça. E só piorava.

Mais pessoas se juntaram em volta dele. Entre elas estava um velho pescador, que disse: "Amigos, vocês vão acabar matando esse homem". Quem muito quer ajudar acaba matando – é só ter uma oportunidade. "Afastem-se! Vocês vão matar o pobre homem. Ele desmaiou por causa desses perfumes."

Os perfumistas disseram: "Ficou louco? Desde quando alguém perde a consciência por cheirar perfumes? As pessoas desmaiam por causa de cheiros ruins, não por causa de perfumes".

O pescador retrucou: "Vocês não entendem nada... Existem perfumes que para alguns têm cheiro ruim e existem cheiros ruins que para outros são perfumes. Tudo é uma questão de hábito".

Ele afastou as pessoas. A cesta do pescador desmaiado estava caída perto dele: era uma cesta imunda, cheia de roupas sujas, onde ele guardava seus peixes. Um fedor de peixe saiu de dentro dela. O velho pescador espirrou um pouco de água sobre as roupas sujas e aproximou a cesta do nariz do pescador desmaiado. O homem respirou fundo como se a vida tivesse retornado! Abriu os olhos e disse: "Ah, enfim um cheiro bom. Aqueles demônios quiseram me matar!"

O que aconteceu com o aquele homem? Quando alguém se acostuma, o cheiro ruim é um perfume. É por isso que limpadores de banheiro e sapateiros não se revoltam com sua condição. Nunca vão se revoltar porque se acostumaram com os cheiros. Há quanto tempo existem sudras na Índia? Há milhares de anos a Índia trata mal milhões de sudras e ainda se diz um país religioso. Ainda é chamada de terra santa. Milhões de pessoas são tratadas de uma maneira que ninguém neste planeta deveria ser tratado. E os sudras nunca se revoltaram. Por quê? Porque se acostumaram a isso. O sofrimento passou a fazer parte da vida deles. Se alguma revolução *acontecer*, será graças aos não sudras, que reconhecem que essa casta carrega a excreção humana de manhã até a noite. Eles se compadecem porque não conseguem imaginar como é carregar excreção humana o dia inteiro. Preferem morrer a fazer isso.

Mas eles não sabem que quem a carrega não tem consciência disso. E é por isso que os sudras nunca se revoltam. Os brâmanes, os vaixias, os xátrias se revoltam. Eles se compadeceram e reconheceram que isso não deveria acontecer.

Não se surpreendam se eu disser que os pobres e os desvalidos nunca se revoltam; não existe revolta para eles. Estão habituados ao sofrimento. Há muita pobreza na Índia, e isso não nos incomoda. Um turista que visite a Índia não entende: "Por que essas pessoas toleram tudo isso em silêncio? Tanta pobreza não deve ser tolerada!" O turista vê porque não está acostumado. O hábito permite que as pessoas façam qualquer coisa, absolutamente qualquer coisa.

Existem dois tipos de tensão: a tensão causada pelo prazer e a causada pelo sofrimento. Ambas são estresses. E quem está além dessas tensões experimenta o "eu" essencial.

Vamos entrar um pouco mais nisso. Depois tentaremos entender outras coisas.

Certa vez, Buda visitou uma cidade e as pessoas perguntaram, maravilhadas: "Ouvimos dizer que o nosso príncipe foi iniciado e se tornou monge. Isso é verdade?" Elas estavam impressionadas porque antes o príncipe nunca tinha saído do seu palácio nem andado por lugares que não fossem cobertos por tapetes. Agora ele ia de povoado em povoado portando uma cuia para pedir esmolas e sempre descalço. Ninguém imaginaria uma coisa dessas. As pessoas perguntaram a Buda: "É um milagre o príncipe ter sido iniciado?"

Buda respondeu: "Não houve milagre nenhum. Quando a mente humana se acostuma com uma coisa, às vezes tem necessidade de mudar. O príncipe conheceu a tensão dos prazeres e quis experimentar a tensão do sofrimento. Sua experiência anterior foi concluída. Ele se cansou da experiência anterior e quis ver o outro extremo. Antes, ele vivia no extremo do prazer, agora está no extremo da dor".

Foi exatamente isso que aconteceu. Em seis meses, o príncipe supcrou todos os monges no que diz respeito à autoflagelação. Enquanto outros monges caminhavam por estradas pavimentadas, o príncipe andava por caminhos cobertos de espinhos. Enquanto os outros monges se alimentavam uma vez por dia, o príncipe comia dia sim, dia não. Se os outros monges se sentavam à sombra, o príncipe permanecia em pé sob o sol do meio-dia. Seus pés estavam feridos pelos espinhos. Seu corpo estava desidratado e queimado de sol. Depois de seis meses era difícil reconhecê-lo. Ele sempre tivera um corpo bonito, uma pele dourada. As pessoas vinham de longe para admirar a sua beleza. Agora, era difícil acreditar que fosse o mesmo príncipe.

Seis meses depois, Buda foi ver o príncipe. Ele estava deitado em uma cama de espinhos – era assim que ele descansava. Seu nome era Shron. Buda disse: "Shron, quero lhe perguntar uma coisa. Ouvi dizer que quando você era príncipe costumava tocar vina muito bem. É verdade?"

Shron respondeu: "Sim, todos diziam que ninguém tocava vina melhor do que eu".

Então Buda perguntou: "Quando as cordas da vina se soltam, é possível tocar uma música?"

Shron respondeu: "Como seria possível, mestre? Quando as cordas estão soltas, elas não produzem notas. Como poderiam produzir uma melodia?"

Buda continuou: "E, se as cordas estiverem esticadas demais, elas produzem melodia?"

Shron respondeu: "As cordas arrebentam se estiverem muito esticadas. Nenhuma melodia é produzida".

Buda insistiu: "Quando, então, a melodia acontece?"

Shron explicou: "Não sei se o senhor vai entender, mas quem conhece música sabe que existe um ponto em que as cordas não ficam esticadas nem soltas. Há um ponto entre o esticado e o solto; nesse ponto, a corda está além de ser esticada e solta. E nesse ponto a música nasce – quando a corda não está nem esticada nem solta".

Buda disse: "Pois é isso que vim dizer a você: que a regra para criar música na vina também se aplica à melodia da vida". A vina da vida também tem um estado de equilíbrio, quando não há excitação nem de um lado nem do outro. Nenhuma tensão deste ou do outro lado. As cordas estão equilibradas no meio. Então não há sofrimento nem prazer, porque o prazer é uma tensão e a dor também é. E quando as cordas da vida estão no meio, a pessoa está além do prazer e da dor. E, nesse estado, tanto a vida quanto a felicidade são vivenciadas na dimensão do "eu" essencial.

Certamente, o "eu" essencial está além da vida e da felicidade. E enquanto os nossos olhos estiverem focados na vida e na felicidade, não poderemos conhecer o "eu" essencial.

Mas a pessoa perguntou... "Qual é a necessidade de orar pela paz da alma de alguém?" Existe um propósito, mas não é como as pessoas entendem – não é esse propósito. É outro propósito. Quando rezamos pela paz da alma de outra pessoa, essa alma não pode ser pacificada pelas nossas orações; e se estivermos em estado de oração, é a nossa alma que é pacificada.

Quando queremos magoar alguém, não temos certeza se o outro será magoado, mas desejar o mal para os outros é semear muitas sementes de sofrimento para nós mesmos. Quem deseja o sofrimento dos outros cria sofrimento para si mesmo. O que desejamos aos outros, consciente ou inconscientemente, o mesmo acontece para nós.

Então, quando falamos em rezar pela paz dos outros, isso tem vários significados. O primeiro: quem reza pela paz dos outros não pode fazer nada que venha a criar um transtorno para eles. E, se fizer, essa pessoa é hipócrita, porque está rezando pela paz dos outros e, ao mesmo tempo, fazendo uma coisa que os prejudica. Essa é uma pessoa muito desonesta. Então, o primeiro significado é que o homem que reza pela paz de outras almas, aos poucos, muito lentamente, para de criar transtornos para essas pessoas. O desejo de ferir os demais lentamente vai diminuindo dentro dele.

E, lembrem-se, todos nós desejamos ver os outros sofrerem. Não temos vontade nenhuma de vê-los felizes. Quando alguém constrói uma casa muito grande na vizinhança, a gente procura o proprietário e diz: "Que casa grande! É muito bonita". Mas olhamos bem dentro de nós para ver o que está acontecendo? Interiormente, só pensamos em quando a casa vai cair. "Oh Deus, faça essa casa cair. O que esse demônio fez para merecê-la?" É isso que está acontecendo interiormente.

Uma certa satisfação deriva do sofrimento alheio, uma espécie de incômodo é sentido com a felicidade do outro. Consciente ou inconscientemente, queremos ver os outros sofrerem.

Um homem que estava à beira da morte chamou seus filhos e disse: "Estou morrendo. Querem satisfazer o meu último desejo?"

Os filhos mais velhos e mais espertos ficaram em silêncio, e o mais novo e mais ingênuo se adiantou: "Senhor, diga-me o que quer e eu o atenderei".

O pai pediu que ele se aproximasse e disse: "Os meus filhos mais velhos não merecem, não querem satisfazer o desejo de um pai moribundo. Você é um bom filho. Vou sussurrar em seu ouvido... Quando eu morrer, corte meu corpo em pedaços, jogue na casa dos vizinhos e chame a polícia".

O filho perguntou: "Por quê?"

"Meu filho, você não sabe", disse o pai. "Sempre me deu muito prazer ver meus vizinhos sofrerem. E, enquanto minha alma viaja para o céu, quero ter o prazer de ver meus vizinhos algemados, sendo levados a julgamento. Nos meus últimos momentos de vida, quero que me proporcione ao menos esse prazer. Dê ao seu pai moribundo essa felicidade!"

O grande poeta alemão Heinrich Heine escreveu que, certa noite, Deus apareceu para ele e disse: "Seus poemas me fazem muito bem. Peça o que quiser e seus desejos serão atendidos. O que você pedir eu lhe darei. Prometo lhe proporcionar os prazeres que você quiser".

Heinrich Heine disse: "Foi um sonho estranho, porque, quando Deus disse que eu podia pedir o que quisesse pela minha felicidade, pensei que não sentiria nenhum prazer se pedisse só pela minha felicidade. Eu disse a Deus: 'Esqueça o meu prazer. Seja qual for o sofrimento que cause aos meus vizinhos, dê-os a mim como suas bênçãos!'"

E continua: "Ao acordar, fiquei muito assustado com o que eu disse em sonho!"

Mas a verdade sempre vem em sonhos. As pessoas mentem quando estão acordadas. Um filho estrangula o pai em sonho e beija os pés dele durante o dia. Um homem foge com a mulher do vizinho em sonho e quando acorda diz: "Todas as mulheres são como minha mãe, minhas irmãs". Os sonhos revelam o homem real, o que está dentro. Queremos desesperadamente que os outros sofram.

Então, rezar pela paz e a felicidade dos outros não garante que eles tenham paz e felicidade, mas nós crescemos; quem deseja a felicidade do outro não prejudica ninguém. Quem deseja o bem do outro revoluciona a própria vida. Não existe revolução maior do que ser feliz com a felicidade do outro. Sentir tristeza pela infelicidade do outro é fácil, mas sentir-se feliz pela felicidade alheia é difícil. Sentir tristeza pela tristeza do outro não é difícil – na verdade, a gente extrai disso uma espécie de néctar, um tipo de gozo.

Observem: quando morre alguém e as pessoas vão ao velório expressar suas condolências, olhem a expressão delas e ouça o que dizem. Elas conversam sobre o sofrimento, até choram, mas, se vocês observarem a atitude delas, notarão que estão sentindo prazer. E se vocês vão à casa de alguém expressar suas condolências – o pai de alguém morreu e vocês vão lá para chorar – e a pessoa diz: "Que bobagem é essa? Não faz sentido, morte é morte!", vocês sairão de lá aborrecidos.

Eu me hospedei na casa de uma família. A dona da casa tinha uma atividade habitual, que era ir a velórios para expressar suas condolências. Eu perguntei a ela: "Seja sincera: quando você vai a um velório e a família não reconhece a sua tristeza, isso faz você se sentir bem ou mal?"

Ela respondeu: "Eu me sinto mal. É muito estranho que eu tenha ido para expressar a minha tristeza e a família não dê importância a isso".

Procurem olhar dentro de si mesmos quando forem expressar tristeza pela tristeza das pessoas e descubram se não estão sentindo prazer com isso.

Dois homens brigam na rua e pessoas se juntam para assistir – gente que estava indo para o mercado, o escritório, a escola. Elas abandonam milhares de atividades para ficarem lá paradas, assistindo. Dois homens brigam e vocês assistem? O que é que vocês estão assistindo? Alguns ainda dizem: "Parem com isso, por que estão brigando?" Mas no fundo estão pensando que, se a briga não continuar, a diversão vai acabar. E, se a briga terminar logo e eles não tiverem mais a que assistir, seguirão seu caminho decepcionados porque perderam tempo e nada aconteceu. Na cabeça deles... Essas coisas não são visíveis na superfície, mas é o que acontece na mente das pessoas.

Na Primeira Guerra Mundial morreram 3,5 milhões de pessoas. Durante a guerra aconteceu uma coisa estranha: surgiram menos doenças na Europa, menos problemas mentais, menos assassinatos e menos casos de loucura. Os roubos e os suicídios diminuíram. Os psiquiatras ficaram intrigados: "Qual é a relação entre a guerra e todos esses decréscimos?" Eles não encontraram nenhuma relação entre as duas coisas: durante a guerra, se alguém quisesse se suicidar, se suicidava, se quisesse matar, matava. Mas todos os crimes diminuíram.

Na Segunda Guerra Mundial os crimes diminuíram ainda mais. Foram mortas 7,5 milhões de pessoas. E os crimes diminuíram tanto que esse fato intrigou os psiquiatras: "Por que acontece isso durante as guerras?" Aos poucos eles foram entendendo que as pessoas ficam mais contentes em tempos de guerra, sentem mais prazer. Morre tanta gente que ninguém quer matar ninguém. Há tantas mortes em tempos de guerra que as pessoas ficam satisfeitas.

Em meio a tantas perdas, por que causar uma pequena perda? As pessoas assimilam as grandes perdas, a grande destruição, e ficam satisfeitas. Onde toda a sociedade enlouqueceu maciçamente, quem se importa com a loucura de um só indivíduo em particular? Ela é desnecessária. Se todos estão loucos, então tudo bem!

Vocês já devem ter notado: na época dos conflitos indo-chineses e indo-paquistaneses as pessoas tinham uma aura diferente. Os olhos delas brilhavam, algo raro de se ver na Índia. Elas acordavam antes do amanhecer para ler os jornais e ouvir o rádio para ter notícias da guerra. Quem nunca tinha tido o hábito de se levantar antes das sete da manhã pulava da cama às cinco para ouvir as últimas notícias. Havia movimento, e havia luz e alegria no rosto de todo mundo.

É muito estranho que, enquanto a guerra se desenrola e pessoas são mortas, populações são dizimadas, casas são bombardeadas e incendiadas, tudo isso cause tanta alegria. O sádico que está dentro de nós, aquele que tem prazer em ver os outros sofrerem, fica satisfeito. Interiormente ele diz: "Que maravilha!" Mas externamente ele diz coisas diferentes. Fala em patriotismo, em país, em religião, fala um monte de besteira. Um falatório inútil. O que ele quer é outra coisa: é torturar os outros. Torturar os outros nos dá prazer.

Então, orar pelo bem-estar e pela paz dos outros pode, ou não, levar a paz aos outros, mas isso não importa. O que importa é que ao fazer a oração, ao evocar esse sentimento, a gente se transforma. O sádico dentro de nós se dissolve. E, nesse sentido, orar pelos outros tem muito valor.

Outra pessoa perguntou:

Osho,
Não vejo no rosto dos indianos jovens nem brilho, nem charme, nem elegância e nenhuma aura. Certamente o motivo disso é que o celibato entre eles foi destruído. Por favor, explique a importância do celibato.

Quero dizer algumas coisas. A primeira é que os olhos dos jovens americanos brilham mais – isso quer dizer que eles são mais celibatários do que vocês? Há mais energia vital, mais viço nos olhos do povo inglês. Uma grande vitalidade é vista nos olhos do povo russo, uma vitalidade que não se vê em nenhum outro lugar do mundo – serão eles mais celibatários do que vocês?

Em primeiro lugar, não é uma questão de celibato. E o mais interessante é que, quanto mais se prega o celibato neste país, mais efeitos nocivos acontecem. Isso não tem sido nada benéfico, pelo contrário, é prejudicial.

Na verdade, é difícil calcular quanta energia vital é desperdiçada com a pregação do celibato. Há milhares de anos temos pregado neste país coisas erradas, não científicas, não naturais. E queremos depender delas: as pessoas não têm o suficiente para comer, a comida não tem os nutrientes necessários, mas há quem pregue que o vigor e o brilho estão se perdendo por causa da falta de celibato. As pessoas estão morrendo de fome, o país inteiro está morrendo de fome. De onde elas vão tirar o vigor? De onde vão tirar o brilho? Não estamos prontos para lidar com a questão real.

Neste país há uma coisa muito estranha. Os santos dizem coisas tão desonestas e hipócritas que ninguém é capaz de competir com eles. A questão real é que o país está faminto. Não há sangue suficiente em suas veias, não há comida suficiente para comer, não há leite suficiente para beber, não há água potável, não há nada. E o que dizem as pessoas? Os espertalhões dizem que o celibato foi destruído e que por isso não há mais vigor: "Preguem o celibato!"

A pregação da abstinência não faz o pão. Também não faz o leite nem a comida. E vocês ficarão surpresos ao saber que, quanto mais fraco estiver o corpo, menos celibatária a pessoa será. Quanto mais doente for o corpo, mais sexualizada ela será. Corpo mais saudável, menos sexualidade. Por isso o pobre tem mais filhos do que o rico. É comum um rico adotar um filho e o pobre criar um monte deles. Por que isso acontece?

Quanto mais rico se torna o país, mais sua população diminui. Por exemplo, isso aconteceu na França, onde as pessoas vivem confortavelmente e não são tão sexualizadas. Os miseráveis se tornam muito sexualizados. Por quê? Porque, para os pobres, o único prazer que resta é o do sexo. É a única diversão que sobrou para eles.

O rico pode pagar para ouvir alguém tocar vina, ele ouve música, nada, se aventura pelas florestas, passa férias em uma estação de inverno. O pobre não tem férias em estação de inverno, nem o som da vina ou qualquer outro tipo de música, nem literatura, nem religião. O pobre tem uma única porta aberta, que é o prazer sexual. Essa é a sua única estação de inverno, sua única vina, seu único prazer. Quando ele está esgotado, humilhado, cansado, volta para casa e só tem um meio de relaxar – o sexo. Não tem outro tipo de relaxamento. E vai produzindo filhos. Lembrem-se, um corpo não saudável está altamente carregado e tenso. Quanto mais carregado estiver o corpo, mais precisa relaxar a tensão através do sexo.

O sexo é, na verdade, um esforço desesperado de um corpo excitado. O corpo estimulado, febril, libera parte de sua energia para se pacificar, para relaxar. Quanto mais saudável, relaxado, feliz e pacificado for o corpo, menor é a necessidade de sexo.

Uma sociedade pobre jamais se livrará do sexo. Mas os santos e os beatos pregam que há uma falta de celibato e que por isso tudo dá errado. Não há falta de celibato.

E a segunda coisa que se deve levar em conta é que, se a abstinência se transformar em repressão, isso pouco ajudará, mas prejudicará muito. E defender a repressão... O que significa na Índia pregar o celibato? Na Índia, pregar o celibato significa separar homens e mulheres para que fiquem o mais distantes possível uns dos outros. E, quando homem e mulher ficam separados, não param de pensar um no outro. Quanto mais obcecado for o pensamento no outro, mais a perversão sexual aumenta. Quanto mais sexualizados eles forem, mais impossível será o celibato.

Eu tinha um amigo médico que morava em Delhi. Ele viajou à Inglaterra para participar de uma conferência. Quinhentos médicos se reuniram no Hyde Park para a conferência – comida, bebida e encontros estavam programados, e meu amigo, que era um *sardar* do Punjab, também estava lá.

No parque, onde quinhentos médicos se reuniram para comer, beber, conversar e se conhecer, um casal se abraçava muito à vontade, indiferente ao que se passava à sua volta. Meu amigo começou a ficar incomodado; conversava com um e com outro, mas não tirava os olhos do casal apaixonado. E pensava: "Por que a polícia não prende esse casal? Que comportamento é esse?" Ele não parava de olhar, não conseguia se concentrar em mais nada. Toda a sua atenção foi absorvida pelo casal.

Um médico australiano pôs a mão no ombro dele e disse: "Amigo, pare de olhar tanto para esse casal ou quem vai preso é você".

"Por que você está dizendo isso?", perguntou meu amigo.

"Porque o que está acontecendo é entre eles dois, não interessa a mais ninguém. Você não para de olhar para eles; é a sua mente que está doente."

Meu amigo disse: "Mas não se faz isso na presença de quinhentas pessoas. Eles estão se abraçando intimamente. É um comportamento grosseiro".

O outro retrucou: "Destas quinhentas pessoas, quem mais está olhando para o casal além de você? Ninguém está preocupado. Aqueles dois sabem que quinhentos médicos bem-educados estão reunidos aqui. Sabem que essas pessoas não vão se comportar de maneira rude e por isso se sentem à vontade. Para eles, estar a sós ou com quinhentas pessoas não faz nenhuma diferença. Por que você está tão incomodado?"

Quando voltou da conferência, meu amigo me disse: "Aquilo me aborreceu demais. E, quando olhei dentro de mim, descobri que a minha própria perversão se projetava naquele casal".

Em um país em que homens e mulheres são separados, problemas tendem a acontecer. As pessoas leem livros pornográficos, escondidos dentro de um livro sagrado. Dentro do Bhagavad Gita está uma literatura suja, mas com a capa do Gita. Onde há repressão e homens e mulheres são separados, problemas são inevitáveis.

Anteontem li no jornal que, em Sydney, uma atriz europeia faria um espetáculo nua. Esperava-se uma grande audiência, mas compareceram apenas duas pessoas. Apenas duas pessoas foram ver a mulher nua. Era inverno, fazia muito frio e a atriz nua pegou um resfriado. "Que cidade é esta?", esbravejou ela.

Na Índia, em Udaipur, se uma mulher se apresentar nua no palco, quantas pessoas assistirão? Duas? Todo mundo vai querer ver o espetáculo. Sim, haverá uma diferença: os mais corajosos entrarão pela porta principal. Os santos, os beatos, os sacerdotes – e os políticos – entrarão pela porta dos fundos. Mas todos irão ver. Ninguém perderá essa oportunidade.

Também pode acontecer de alguns dizerem: "Queria ver quem foi lá assistir". Isso também pode acontecer. Essas pessoas só estarão lá para ver quem foi assistir ao espetáculo. Isso também pode acontecer.

Que desastre foi esse que se abateu sobre este país? Tal calamidade se deveu a um celibato que foi imposto e não se desenvolveu naturalmente. O desenvolvimento inato e natural do celibato é muito diferente. E, para que aconteça um desenvolvimento inato do celibato real, é preciso haver educação sexual, e não pregações sobre o celibato. A educação sexual holística tem que ser acessível a todas as crianças para que meninos e meninas saibam o que é o sexo. Meninos e meninas devem estar tão próximos uns dos outros, de modo que não se sintam como animais de duas espécies diferentes, mas pertencentes à mesma espécie.

Se houver mil homens sentados aqui e uma mulher entrar, todos eles saberão que entrou uma mulher. Isso não deveria acontecer. Mulheres e homens se sentam separadamente, com um espaço entre eles. Que loucura é essa? Por que esse sentimento constante de serem um homem e uma mulher? Por que essa parede? Temos que nos aproximar uns dos outros, temos que ser íntimos. As crianças precisam brincar juntas e crescer juntas. Se estiverem familiarizadas umas com as outras, essa loucura não acontece.

Qual é a situação atual? É difícil para uma menina andar pela rua; é difícil para uma menina entrar em uma faculdade. É impossível uma menina sair à rua sem ser abusada, molestada, empurrada ou assediada. Alguma coisa acabará acontecendo com ela. Por quê? Porque os filhos dos santos e dos beatos estão se comportando muito mal.

Mas há uma razão por trás disso, que é a pregação dos santos e beatos. Homens e mulheres estão se tornando cada vez mais inimigos e isso faz muito mal. O que tentamos proibir é mais atraente; a negação é um convite. Se alguém disser que não se pode falar sobre determinada coisa, ela será muito mais falada, mas por baixo dos panos. Na cabeça das pessoas, o que é proibido se torna muito mais atraente e só faz aumentar a curiosidade. A mente deixa de ser saudável para ser pervertida.

Vocês já devem ter percebido que, se uma mulher coberta por um véu passa pela rua, os homens se sentem muito mais atraídos por ela do que se ela estivesse sem véu. Se uma mulher usa véu, todos querem saber o que há por trás dele. O que há para ver em uma mulher sem véu? Ela só está visível e nada mais. Quanto mais nos escondemos, mais dificuldades aparecem. E, quanto mais dificuldades aparecerem, mais distorções são criadas. E então tudo se perverte.

O celibato é milagroso. Tem um poder ilimitado. Sua bênção é incrível. Mas ele só é alcançado por quem compreende, conhece e reconhece todos os estados da mente. As pessoas só se libertam da mente pela percepção correta.

O celibato não é alcançado por quem não entende nada e só reprime a mente. A repressão acumula tanto vapor que esse vapor começa a escapar através das perversões. Ninguém está livre disso; não há meios de se evitar.

O celibato é maravilhoso. Mas a experiência deste país não ajudou ninguém a ser celibatário. Pelo contrário, o país está muito mais sexualizado. Hoje em dia é difícil encontrar uma sociedade mais sexualizada que a nossa. É impossível! Mas nós continuamos repetindo a ladainha do celibato. E a mente como um todo está se tornando patética.

Durante um tempo trabalhei em uma faculdade. Um dia, eu passava pela sala do diretor e o ouvi gritando com um rapaz. Entrei e perguntei. "O que está acontecendo?"

O diretor ficou aliviado com a minha presença e disse: "Por favor, sente-se e me ajude a fazê-lo entender. Esse rapaz escreveu uma carta de amor a uma moça".

O jovem disse: "Eu nunca escrevi cartas de amor. Outra pessoa deve ter escrito em meu nome".

O diretor disse: "É mentira. Você escreveu aquela carta. Muita gente veio aqui reclamar de você. Disse coisas horríveis sobre as mulheres e sabe disso. Deveria olhar cada moça como sua mãe e suas irmãs!"

O rapaz respondeu: "É assim que eu vejo, senhor! Nunca foi diferente. Vejo todas as mulheres como minha mãe e minhas irmãs!"

Quanto mais o rapaz negava, mais o diretor gritava.

Perguntei ao diretor: "Espere um instante. Posso fazer algumas perguntas?"

O diretor disse: "Por favor, faça!"

Eu disse a ele: "Não quero perguntar ao rapaz. Quero perguntar a você. Quantos anos você tem?" Ele tinha 52, e eu continuei: "Pode pôr a mão no coração e dizer que alcançou um estado em

que todas as mulheres são como sua mãe ou suas irmãs? Se já alcançou, tem todo o direito de dizer o que quiser a este rapaz. Se não alcançou esse estado mental, não pode dizer nada".
O diretor disse ao rapaz: "Pode ir agora!"
Eu disse: "Ele não vai sair. Falaremos na frente dele". E continuei, dirigindo-me ao rapaz: "Você está louco? Se pensa mesmo que todas as meninas poderiam ser sua mãe ou suas irmãs, deveria se preocupar. Você está doente, indisposto ou tem alguma coisa errada. Não há nada de errado em escrever cartas de amor. Se rapazes e moças de 20, 24 anos não se apaixonassem mais, o mundo seria um inferno. Vocês precisam se apaixonar. Mas você escreveu palavras desrespeitosas na sua carta de amor e isso é idiotice. Por que escrever palavras obscenas em uma carta de amor? Se dependesse de mim, eu ensinaria você a escrever uma carta de amor. A carta está errada, mas escrever uma carta de amor não é errado, é muito natural".

Mas, quando coisas não naturais são impostas – quando ensinam que devemos considerar todas as mulheres como nossa mãe ou nossas irmãs –, elas causam um efeito inverso. O rapaz diz superficialmente que pensa em todas as mulheres como a mãe ou as irmãs, mas sua própria natureza o forçará a amar uma só mulher. Então se verá compelido a cometer perversões como jogar ácido, atirar pedras, escrever coisas abusivas ou escrever versos obscenos no banheiro – ele fará tudo isso. É o que acontece. E a sociedade será vulgar, e não uma sociedade esclarecida.

O amor tem uma dignidade própria. O que pode ser mais sagrado que o amor? Mas destruímos sua pureza separando homens e mulheres. Nós o poluímos. Lentamente, obstruímos as coisas naturais e as tornamos não naturais. E os resultados serão inevitáveis.

A Índia só poderá se mover em direção ao celibato quando nascer uma abordagem saudável e científica do sexo. A loucura atual deve parar. Isso não se faz – são ensinamentos errados que deviam ser banidos. É difícil imaginar quantos danos são causados por eles. Vocês nem imaginam quantos males causamos aos nossos filhos!

Os médicos dizem que é natural meninos e meninas terem curiosidade uns sobre os outros quando amadurecem sexualmente, com 14, 15 anos de idade. Se isso não acontece, é perigoso. É algo absolutamente natural; ora, está em nossas mãos conduzir essa curiosidade por um caminho esclarecido. Quanto mais ela for voltada para uma direção mais refinada, mais ajudaremos nossos filhos a conservar a sua força vital e a preservar o seu vigor, e isso facilitará a caminhada deles para o celibato.

Mas, em vez disso, o que fazemos? Construímos uma muralha entre meninos e meninas e deixamos abertas as portas dos fundos. O interessante é que, por um lado, continuamos pregando o celibato e, por outro, a sociedade incentiva a sexualidade. O tempo todo as crianças são torturadas por anúncios que exploram a sexualidade e pelos ensinamentos sobre o celibato. Esses conceitos contraditórios caminham juntos e infernizam a vida dos jovens.

As crianças indianas são tão vigorosas quanto quaisquer outras. Mas as principais razões da debilidade são a pobreza e a fome. Outra razão, talvez mais forte ainda, é que abordamos o sexo de uma maneira não científica. Se a nossa abordagem fosse mais científica, nossos filhos seriam mais dinâmicos e teriam mais energia que as crianças de qualquer outro país.

Mas os santos continuam falando qualquer coisa: eles não sabem nada de biologia e fisiologia, e muito menos como funcionam o corpo e a produção de sêmen. Eles não se interessam por essas questões científicas e continuam falando besteiras aos montes. Os santos indianos ensinam que uma quantidade fixa de sêmen está armazenada no corpo e que, se ela for gasta, o homem morre.

O sêmen não existe em uma quantidade fixa, como um depósito no banco. Quanto mais ele é gasto, mais é produzido. Então, ninguém precisa se preocupar com a liberação do sêmen. É o que diz a ciência. Mas isso não significa que alguém deva sair por aí desperdiçando sêmen. O sêmen é produzido diariamente, mas as pessoas pregam que nossa vida será destruída se perdermos uma gota de sêmen. Essa gente devia ser condenada por esse crime, porque, se uma criança ler isso e então perder uma gota de sêmen, ficará com muito medo de morrer logo.

Ninguém vai morrer e nenhuma vida será destruída. Um ponto interessante é que o sêmen faz parte do corpo – os santos dão muita importância às partes do corpo, donde se vê quanto eles são voltados para o corpo! O sêmen não tem tanto valor assim. E, lembrem-se, não há nenhum mal em liberar sêmen; o mal é causado pela ideia de que desperdiçar sêmen é perigoso. Esse condicionamento mental é a causa de perversão e danos.

Com isso não quero dizer que se deve desperdiçar sêmen à vontade. Quem conhece o assunto mais profundamente sabe que a natureza jamais libera sêmen em excesso. A natureza encontrou uma solução automática para o corpo não liberar demais. Mas, se vocês quiserem, podem parar de desperdiçar o seu sêmen; isso é possível.

Entendam duas coisas. Vocês não podem liberar sêmen em excesso. Há um limite para a liberação; ninguém pode ultrapassá-lo porque o corpo não permite. É automático: o corpo impede imediatamente. O corpo se recusa a gastar mais do que pode. Mas, se vocês quiserem, podem parar de gastar sêmen completamente – isso é possível.

Não liberar nada pode acontecer de duas maneiras. À força, e nesse caso a pessoa pode enlouquecer – é como fechar todas as aberturas de uma chaleira e o vapor ficar preso lá dentro até a chaleira explodir. Quem impede a saída do próprio sêmen intencionalmente pode até enlouquecer. De cem pacientes psiquiátricos, oitenta enlouqueceram por repressão sexual.

E há outra maneira: o homem volta toda a sua atenção para cima e não para baixo. A atenção se volta para cima. A atenção se envolve na busca do supremo, na busca da verdade. A atenção está voltada para um espaço onde a pessoa alcança um êxtase milhões de vezes superior ao prazer sexual. Quando a atenção está voltada para essa dimensão, a energia começa a se mover para cima. O homem para de sentir o impulso sexual. Nem percebe a existência dele. O sexo não se interpõe em seu caminho. Se a sua atenção...

Por exemplo, uma criança está brincando, catando pedrinhas, e alguém diz que por perto existe uma mina de diamantes. Ela corre para lá e, se encontrar diamantes e pedras preciosas, dará atenção às pedrinhas? Não, agora toda a sua energia se voltará para colecionar diamantes.

Até que a pessoa comece a caminhar na direção do divino, ela será inevitavelmente atraída pela dimensão da sexualidade. A partir do momento em que ela começa a caminhar na direção do supremo, toda a sua energia é direcionada para uma jornada diferente.

Vocês entendem o significado da palavra *brahmacharya*? *Brahmacharya* implica: uma vida (*charya*) de divindade (*brahman*). O significado da palavra *brahmacharya* não tem nenhuma conexão com sexo. Significa viver com o divino, viver com o supremo. Não tem nenhuma relação com sêmen e assemelhados.

E como o nosso modo de vida pode ser divino? Quando a consciência flui na direção do divino, aos poucos o nosso estilo de vida se torna divino. E quando a nossa consciência se volta para o alto, ela deixa de se mover para baixo. O fluxo é interrompido. Se alguém começar a tocar vina enquanto estou falando, toda a atenção de vocês se voltará para a vina. Vocês não precisam fazer nada, a atenção se voltará naturalmente. No mesmo instante, vocês deixarão de ouvir o que eu digo e passarão a ouvir a vina.

Quando a vina do ser profundo começar a tocar a melodia, a consciência se afastará do corpo e irá para o "eu" essencial. E o que floresce aí é chamado de *brahmacharya*, celibato. Esse celibato é uma bênção, é uma paz extraordinária, esse celibato tem mistérios milagrosos.

Mas ele não está disponível para gente controladora e repressora. Então as pessoas dizem que os jovens estão pálidos, que seus olhos perderam o brilho... Vocês já viram uma procissão de homens santos? Os olhos deveriam brilhar, mas eles parecem estar mais doentes, mais febris do que nós. Têm uma saúde pior que a nossa. Mas dizemos que a aparência deles se deve à prática da austeridade.

Os motivos por trás da baixa energia vital são a deficiência, a pobreza e a inanição. E toda essa vulgaridade e essa sexualidade se devem ao fato de as pessoas estarem no caminho errado e à pregação do celibato – o treinamento da repressão.

Há mais algumas perguntas que comentaremos na palestra da noite. Sou grato a todos vocês que me ouviram com tanta paz e tanto amor. Saúdo a divindade que está em vocês. Por favor, aceitem meus respeitos.

Capítulo 9

Pegue o jeito da meditação

Alguém perguntou:
Osho,
Você disse que a revolução interna é uma explosão súbita. E depois sugeriu que pratiquemos meditação. Não é uma contradição?

Não, não há nenhuma contradição. Se eu digo que a evaporação da água é uma explosão, que a água evapora a 100 °C – e digo também que a água para evaporar tem que ser aquecida... Alguém pode dizer: "Se a água evapora de repente, por que deve ser aquecida lentamente? Não é uma contradição?" Eu continuo dizendo que não há nenhuma contradição.

A água não se transforma em vapor se for aquecida a 1 °C ou a 99 °C. A água aquecida a 1 °C continua sendo água e a água aquecida a 99 °C também continua sendo água. A água se transforma em vapor de repente ao atingir 100 °C de temperatura. Mas a temperatura aumenta gradualmente até atingir 100 °C. O calor não aumenta de repente.

Então, quando digo que a água se transforma em vapor de repente, não estou dizendo que primeiro a água se transforma aos poucos em vapor, depois um pouco mais e um pouco mais. Aos 100 °C a água se transforma em vapor com uma súbita explosão e aos poucos é substituída pelo vapor. Mas, quando digo que você deve aquecer, estou dizendo que os 100 °C serão atingidos bem lentamente. Estou dizendo que a revolução interna é uma explosão, mas que antes da revolução o aquecimento da consciência vai se dando muito lentamente. Caso contrário não haveria necessidade de praticar meditação. Por isso eu disse que, quando a explosão acontece, ela acontece.

Mas a consciência de vocês ainda não está no ponto em que a explosão pode acontecer; a explosão tem um ponto de ebulição, e só depois que alcança esse ponto ela acontece. Mas vocês não chegaram lá. Se tivessem chegado, a explosão poderia acontecer neste exato momento. A explosão não demora para acontecer, mas alcançar esse ponto da explosão leva tempo.

Nós plantamos uma semente; de repente a semente solta um broto. Mas antes de brotar ela fica embaixo da terra: se desintegra, quebra, se rompe e então brota. Brotar é uma erupção.

O bebê é formado no útero materno. O nascimento é uma explosão. A criança não nasce um pouco agora e um pouco mais tarde. O nascimento não é um acontecimento gradual. O nascimento é momentâneo. Antes de nascer, a criança se desenvolve gradualmente durante nove meses. Ela se prepara para nascer. E então o nascimento acontece naquele instante. Mas a preparação é constante, dura nove meses. Para o nascimento acontecer, tem que ser preparado nove meses antes. Se não houver essa preparação, o nascimento não acontece momentaneamente. Tem que haver um desenvolvimento natural para se atingir o ponto de nascer, e o nascimento é a explosão.

A revolução é a explosão e a meditação é o crescimento gradual. E a meditação é a principal preparação para essa revolução da vida. Estou falando sobre essa preparação: no dia em que a preparação estiver completa, nesse dia a explosão acontecerá. E, quando ela acontecer, vocês não dirão "Estou um pouco iluminado. Logo mais estarei mais iluminado". Não é assim. O dia da iluminação acontece como uma súbita explosão e todas as portas se quebram. Mas, até acontecer, a preparação inicial será feita passo a passo.

Não há nenhuma contradição entre as duas coisas.

Osho,
Há alguma indicação de que a iluminação está se aproximando?

Certamente. Por exemplo, a pessoa vai fazer um passeio pelo jardim. O jardim está longe, ainda não é possível vê-lo, mas, à medida que a pessoa se aproxima dele, sente uma brisa, um perfume de flores no ar, e diz: "O jardim deve estar próximo agora". Nem o jardim nem as flores podem ser vistos, mas a brisa fresca e o perfume podem ser sentidos. E, à medida que a pessoa se aproxima, o perfume e o frescor aumentam e ela diz: "Estou perto do jardim".

Quando você estiver mais próximo da iluminação, quando a revolução interna estiver mais próxima, você começará a ter alguns vislumbres. Por exemplo, as perturbações que sentia até ontem se tornarão menos frequentes. A raiva que sentia até ontem não será mais tão intensa. O ódio começará a desaparecer. O ego que até ontem era um peso ficará mais leve. A ansiedade de ontem se tornará menor hoje. O desejo se dissipará. Tudo isso indicará que você está se aproximando do ponto de revolução, quando você desaparece e o supremo é revelado. Antes de alcançar o ponto da divindade, todas essas mudanças começarão a aparecer.

Mas, se tudo isso estiver *aumentando,* você estará se afastando do *samadhi.* Se a raiva aumentar a cada dia, se a ansiedade, o ódio e a maldade estiverem crescendo, você saberá que está na direção contrária. Quando tudo isso começar a diminuir, você estará no caminho da meditação. Essas mudanças são apenas indicações. E cada pessoa tem que pensar sobre isso por si mesma, porque cada uma tem uma fragilidade básica que será o critério de que a sua meditação está progredindo, ou não. E cada um de nós tem uma fragilidade básica diferente.

Uma pessoa tem como fragilidade básica a raiva. Toda a sua personalidade se desenvolve ao redor dessa raiva. É como, depois de girar em círculos, voltar sempre ao mesmo ponto: a raiva. Então a pessoa terá que observar atentamente se a sua raiva diminuiu ou não. Se a raiva diminui, significa que começou uma transformação fundamental na personalidade dela. Outra pessoa terá outra fragilidade, outras terão outras fragilidades. Então, cada uma terá que encontrar o centro da sua personalidade e observar as mudanças que vão começar a acontecer. A transformação começará e você verá a diferença. A princípio só você notará as mudanças. Aos poucos outras pessoas também notarão; geralmente os mais próximos. Mas a princípio só você perceberá.

E lembrem-se: se as coisas que vocês consideram pecado começarem a diminuir, é porque a meditação está crescendo. E, se as qualidades que são consideradas virtudes começarem a aumentar, vocês estarão se aprofundando na meditação.

O que eu quero dizer é que o pecado nos afasta de nós mesmos. E a virtude nos aproxima de nós mesmos. Lembrem-se de que pecado e virtude não significam outra coisa. E lembrem-se também de que a sua consciência vai aumentando gradualmente. Tudo que vocês fizerem será feito com mais consciência. Vocês faziam as mesmas coisas ontem e anteontem, mas não com tanta consciência; até mesmo se alimentar. Suas conversas serão mais conscientes, seu caminhar será mais consciente. A consciência se ampliará. Essa é a primeira diferença: quanto mais a consciência se ampliar, mais difícil será cometer erros. Por que uma pessoa consciente sentiria raiva? Por que uma pessoa consciente brigaria? Por que uma pessoa consciente roubaria? A personalidade da pessoa consciente começa a mudar.

Então, lembrem-se de duas coisas: as perturbações da mente desaparecem e a consciência se amplia. E então vocês sabem que a meditação está crescendo. Mas isso é o perfume do jardim, não é o jardim.

Essa é a diferença entre um buscador e um ser iluminado. O buscador é quem está se aproximando do jardim. Ele ainda não chegou lá. Está se tornando uma boa pessoa, um homem virtuoso, mas ainda não entrou no jardim. Agora ele já sente a brisa e o perfume, mas ainda não entrou no jardim. E o ser iluminado é aquele que entrou no jardim. Ele não é nem bom nem mau. Alcançou um espaço em que nada é bom ou mau. Bom e mau eram medidas do lado de fora. Elas não têm nenhuma serventia no jardim.

Se a virtude cresce, aumenta a compreensão da meditação. Entendam o que é a virtude. Não é começar a usar as roupas ocre de *sannyasin* nem ungir a testa com sândalo ou enrolar-se em um manto em que está escrito o mantra "Rama, Rama". Nada disso tem a ver com virtude.

Se vocês olharem bem, verão que a pessoa que faz coisas como usar roupas ocre, cobrir a boca para não matar insetos, usar algo em que se lê "Rama, Rama" e outras mais, só está expressando sua fragilidade básica, que é o exibicionismo. Essa sua fragilidade básica, o exibicionismo, faz com que ela se comporte dessa forma. A palavra *exibicionismo* implica que o outro precisa me ver, precisa me conhecer, me reconhecer e saber que eu existo. É essa a fragilidade básica dessa pessoa. Se ela fosse um astro do cinema, não seria problema. Se fosse um ator do teatro, também estaria tudo certo. Ambos são os solos adequados para essa pessoa crescer. São ambientes que estariam de acordo com sua fragilidade básica. Mas para quem se torna santo... o que um santo tem a ver com exibicionismo?

É assim que as pessoas expressam a sua fragilidade básica. Então, se a fragilidade de alguém é gostar de se exibir, isso diminuirá à medida que a meditação se aprofundar. Temos que nos investigar interiormente para descobrir qual é a nossa fragilidade. E todos nós conhecemos as nossas fraquezas; não precisamos perguntar a ninguém. Sabemos em que ponto a nossa personalidade é obcecada.

Uma pessoa está presa ao dinheiro – essa é a fraqueza dela. Quando a meditação se aprofundar, o apego ao dinheiro diminuirá. Seja qual for a sua fragilidade, são esses os dois resultados que vocês verão. E, se continuarem observando, em seis meses saberão se alguma coisa mudou, que diferenças vocês perceberam, em que aspectos da sua vida ocorreu a mudança. Haverá uma transformação. Com o aprofundamento da meditação, acontecerão mudanças em sua vida. Disso ninguém escapa.

A personalidade e o comportamento passam por uma transformação. Mas lembrem-se, tudo isso pertence ao lado de fora do jardim. Dentro dele, não é possível acompanhar o que está acontecendo. Nem mesmo é necessário acompanhar. Só é necessário entrar no jardim. E, quando se entra, ninguém jamais pergunta: "Como posso saber se a explosão aconteceu?" Se uma casa pega fogo, o dono sai e pergunta a quem passa: "A minha casa pegou fogo?" Quando a explosão acontece, a revolução é tão grande que todo o passado é incinerado e um início completamente novo acontece. E não é preciso perguntar a ninguém. A pessoa sabe.

Mas, até que a explosão aconteça, vocês querem saber que tipo de mudanças vão acontecer. Por isso existem algumas explicações que os ajudarão a saber como está o seu crescimento fora do jardim; dentro do jardim não haverá nenhum sinal. Vocês perceberão diretamente, vocês saberão.

Osho,
Por quanto tempo devemos meditar diariamente?

A questão aqui não é o tempo. Não é quanto tempo se deve meditar, mas como se faz a meditação. Ela pode durar dez minutos, quinze minutos, meia hora. A qualidade é o mais importante. Quantas vezes e por quanto tempo não importa. Mas falemos um pouco mais sobre isso: meditem pelo menos meia hora de manhã e meia hora à noite. Pelo menos isso!

Mas isso não é uma regra. Ninguém deve pensar que se não puder meditar por meia hora é melhor desistir. O que vocês puderem fazer está bom. Mas, se conseguirem por trinta minutos de manhã e trinta à noite, os resultados serão mais rápidos. Mesmo assim, o foco não deve ser por quanto tempo, mas a profundidade da meditação. Mesmo que seja por cinco minutos, que todo o seu ser esteja envolvido. Caso contrário, vocês se sentarão por meia hora de olhos fechados e nada acontecerá. Muitas pessoas se sentam nos templos a vida inteira e nada acontece porque elas só estão perdendo tempo. Não tiram os olhos do relógio, e quando os trinta minutos terminam se levantam e vão embora.

Não deem muita atenção à quantidade. O tempo tem a sua utilidade; o que aconteceria se ele não existisse? Trinta minutos mais trinta minutos – em um dia com 24 horas, reservem uma hora para meditar e nas 23 horas restantes deixcm que as coisas do mundo continuem acontecendo. E no seu último dia de vida vocês descobrirão que tudo que receberam nessas 23 horas desapareceu, e que o que receberam nas horas que passaram meditando ficou para sempre com vocês.

Hoje, vocês vão sentir essa uma hora! Como vocês desconhecem os tesouros que são revelados pela meditação, façam pelo menos por uma hora! São vocês também que determinam por quanto tempo. Geralmente, ao acordar de manhã, tomem uma rápida chuveirada e sentem-se para meditar. Por quê? Porque a mente repousou a noite toda; de manhã ela está fresca, alegre, e pode ficar serena mais rapidamente.

Se vocês puderem meditar antes de começar um dia de trabalho normal, isso fará uma grande diferença, porque quem faz meia hora de meditação quando acorda não trabalha da mesma maneira que alguém que não faz. Há uma grande diferença. Há uma diferença entre as duas interioridades, entre os dois comportamentos. Então, antes de começar o seu dia de trabalho, sentem-se por meia hora. Assim como vocês exalam um frescor depois que tomam um banho, exalarão também um frescor interior que influenciará o seu dia.

Então, de manhã cedo – o mais cedo possível, ao acordar – e imediatamente antes de dormir. Nos últimos momentos antes de adormecer, meditem e logo em seguida deitem-se para dormir. Esses dois momentos são chamados de pontos de virada: de manhã, no exato momento em que acordamos, e à noite, antes de dormir. Nesses dois momentos a nossa consciência muda. Quando a consciência sai do estado desperto e entra no estado de sono, é nesse momento que o ambiente da mente muda; e, quando acordamos depois de uma noite de sono, o ambiente também muda. Se vocês plantarem a semente da meditação nesses momentos de transição, esses serão os momentos mais importantes, porque a consciência abre uma fresta e entra em espaços que ela geralmente não alcança.

À noite, quando forem dormir... Quando vocês começam a adormecer, aos poucos, muito lentamente, o estado desperto desaparece e dá lugar ao sono. E chega um momento em que, se observarem, vocês devem notar: no momento anterior vocês estão acordados e no momento seguinte vocês adormecem. Entre um momento e outro há um hiato sutil, que é a porta pela qual o estado desperto entra no estado do sono. A consciência entra no inconsciente. Se a onda de meditação se mantiver diante dessa porta, ela avançará mais profundamente durante o sono. E durante a noite de sono a corrente interna da meditação fluirá. É nesse momento que a porta se abre. Geralmente ela está fechada, mas se alguém quiser entrar a porta se abre, e se nesse momento vocês passarem por essa porta, vocês entraram. E a porta se fecha novamente.

Portanto, a porta da consciência se abre durante o sono. A mente consciente adormece e a mente inconsciente acorda – nesse momento um novo estado, uma nova porta se abre na consciência. Seja qual for o estado ou sentimento que vocês trouxerem para essa porta, ficará trancado como um tesouro da sua consciência durante toda a noite.

É por isso que, se um aluno tiver um exame para fazer no dia seguinte, antes ele fará o exame durante o sono. Ele dorme pensando no exame. O exame entra no sono dele. Durante a noite o aluno faz o exame, o trabalho não para.

Um comerciante vai dormir contando dinheiro e mesmo em seus sonhos continua contando dinheiro. Vocês devem ter ouvido sobre um vendedor de tecidos que rasgou o seu lençol enquanto dormia. Ele estava vendendo para alguém em sonho.

Durante o sono continuamos a fazer as mesmas coisas que fazíamos momentos antes de adormecer. Se vocês ainda não perceberam isso, observem esta noite. O último pensamento antes de dormir será o primeiro quando acordarem. Seja qual for a última coisa em que tenham pensado antes de dormir, será a primeira em que vocês pensarão ao acordar. O último pensamento permanece na consciência a noite inteira e é o primeiro que aparece de manhã. Experimentem e verão.

Portanto, no último momento antes de adormecer, quanto mais em paz, silenciosa e feliz a mente estiver, melhor será. Isso fluirá como uma corrente interior durante toda a noite. É por isso que alguém que adormece meditando aos poucos transforma o seu sono em meditação.

Hoje em dia ninguém mais tem tempo de dedicar seis horas à meditação. Se vocês puderem meditar nos dois períodos, será muito bom. Se tiverem mais tempo, ou se puderem reservar uns dez ou quinze minutos durante o dia para meditar, façam isso. Lembrem-se de uma coisa: não existe um tempo máximo de meditação. Não importa quanto vocês meditem, nunca será demais. Meditem quanto quiserem; nunca será demais.

Existe o máximo de silêncio? É possível dizer que alguém tem um máximo de paz? Ninguém diz essas coisas. Não existe nenhuma quantidade de paz que seja o máximo. E não existe nenhum limite máximo de meditação. Portanto, não se preocupem com os extremos – meditem onde quiserem e o tempo que quiserem.

Quando vocês pegarem o jeito da meditação, fechem os olhos quando estiverem sentados até dentro do ônibus... Para que ficar ouvindo a conversa inútil e idiota das pessoas e olhando a rua pela janela? O que se ganha com isso? Fechem os olhos. Se ficarem dentro de um ônibus por duas horas, passem essas duas horas em meditação.

Quando estiverem sentados em seu escritório sem fazer nada, ou em uma sala de espera em que não há nada de útil para fazer, fechem os olhos. Assim vocês evitam olhar para cá e para lá sem motivo nenhum, pensar em coisas fúteis, ouvir coisas que não interessam. Invistam seu tempo em algo muito mais importante. E, se puderem dedicar seu tempo livre – que vocês gastam inutilmente – à meditação, já é suficiente. É absolutamente suficiente.

A pessoa está no trem: se ela passar o dia inteiro dentro do trem, lerá o mesmo jornal várias vezes. Isso acontece muito. A pessoa já leu o jornal várias vezes e o que fará agora? Começar a ler o jornal novamente! Já ouviu as mesmas músicas várias vezes, mas liga o rádio e ouve outra vez. Vocês já conversaram sobre as mesmas coisas tantas vezes e voltam sempre ao mesmo assunto.

Se um homem observar o que fala durante todo o dia, quantas vezes não terá dito a mesma coisa? E, se ele observar quanto do que disse eram coisas inúteis, ele se verá em dificuldades. Ficará chocado ao perceber que, de cem coisas ditas, 98 eram inúteis!

Ao enviar um telegrama, como fazer para reduzir o número de palavras? A gente descobre que a mensagem pode ser transmitida em poucas palavras. Oito ou dez palavras bastam. Em um telegrama conseguimos transmitir uma mensagem que, se fosse escrita em uma carta, ocuparia duas folhas de papel. Tudo pode ser dito em dez palavras. E a mensagem é mais rápida que a carta porque a sua força está condensada em dez palavras. Por isso o telegrama é mais eficiente. Na carta, a mesma mensagem se alonga e se expande, e, se ela passar de duas folhas, o efeito será menor.

É possível ser telegráfico falando, ouvindo, caminhando, passeando e em todas as atividades, e o tempo economizado pode ser investido em meditação.

Devemos fazer a meditação da noite sentados ou deitados?

Se for possível, é melhor fazermos a meditação da noite deitados. Quem costuma adormecer imediatamente depois que se deita pode meditar sentado. Quando fazemos a meditação da noite deitados adormecemos enquanto meditamos. A gente não percebe quando a meditação termina e dorme. Dorme meditando. Então, façam a meditação quando se deitarem. Se meditarem sentados, terão que parar de meditar para se deitar e dormir. Isso criará um obstáculo. Será uma obstrução no fluxo e criará uma distância: primeiro terminar de fazer a meditação sentado e depois se deitar para dormir. Então, deve-se fazer a meditação deitado, a menos que a pessoa adormeça imediatamente quando se deita e não consiga de jeito nenhum meditar deitada. Ela pode começar fazendo a meditação da noite sentada por dois ou três meses e então, aos poucos, bem lentamente, tentar fazer quando se deitar.

E se pessoas em volta estiverem conversando?

Isso não é problema. É a sua mente que não pode conversar. Se as pessoas conversam, deixe que conversem. É você quem está meditando, e não as pessoas à sua volta.

Por exemplo, agora: as crianças estavam conversando e sua atenção se voltou para elas, não foi?

Não, não. Minha atenção já estava lá – e eu não estou meditando aqui. Aqui eu estou falando, mas se enquanto eu falo outras dez pessoas começarem a falar, por mim tudo bem, eu posso continuar falando, porque o que eu disser não tem nenhuma importância. Eu não estou meditando aqui. Se eu estivesse meditando, a conversa das crianças não faria nenhuma diferença. Entendem? Aqui eu estou falando, e, se enquanto eu estiver falando as duas crianças gritarem e chorarem, o que eu disser não atingirá o seu objetivo: minhas palavras não chegarão até vocês.

O que eu estou falando pode ser perturbado pela conversa dos outros. Agora, se alguém puser um ou dois microfones aqui e começar a falar, por mim tudo bem, mas eu pararia de falar porque perderia todo o sentido. O significado da meditação é… Vocês querem meditar, mas não têm o direito de controlar as crianças. Não podem pedir a todas as crianças do mundo que façam silêncio para vocês poderem meditar! Vocês não têm esse direito. Se vocês estão entrando em meditação, aproveitem. Se as crianças não vão meditar, por que fariam silêncio?

Mas isso não seria uma distração?

A distração acontece porque vocês não conseguem meditar. Vocês entendem o que significa meditação? Significa observar, o que eu disse antes. Se uma criança chora, apenas observem: ela está chorando e eu estou observando. Mas vocês não querem ser observadores, vocês querem agir. Vocês dizem: "Vou estrangular essa criança, ela não para de fazer barulho!" Então a perturbação começa. Vocês não são mais observadores e se tornaram agentes. Vocês dizem: "Leve essa criança embora. Não quero mais ouvi-la!"

Sejam apenas observadores. Se a criança chora, deixem que chore. Se está rindo, deixem que ria. Se não estiver chorando, que não chore. Se vocês são os observadores e uma criança chora, alguém conversa, uma buzina toca ou acontece qualquer outra coisa, não faz diferença nenhuma, porque o processo do qual estou falando é o do observador.

Sim, isso pode fazer uma diferença na sua concentração. Se alguém está recitando um mantra "Rama, Rama", e outra pessoa começa a falar em voz alta, isso se torna um obstáculo, porque uma pessoa faz uma coisa e a outra pessoa faz outra. Uma pessoa falando pode perturbar o que a outra pessoa está fazendo.

Mas eu não estou falando sobre falar. Não estou dizendo que vocês devem repetir "Om" ou fazer qualquer outra coisa. Só estou pedindo que sejam observadores. Aconteça o que acontecer, observem. Se algo está perturbando vocês, observem. O resultado disso é meditação. Então, vocês podem fazer meditação sentados em uma loja ou dentro de um ônibus. Não precisam subir o Himalaia. Vocês podem fazer meditação sentados na calçada. Na verdade, é bom se sentar na calçada para meditar. Vocês verão como sua mente é estranha; ela não consegue só observar e logo dirá: "Estrangule esse homem, mande que ele se cale!" A mente sempre faz isso.

A meditação pode ser feita em qualquer lugar?

É claro que sim. Pode ser feita agora mesmo. Basta um pequeno esforço.

Eu estava hospedado em um hotel e um político também. Uma noite, nós voltamos ao hotel para dormir, e eu fui para o meu quarto. O homem entrou no meu quarto logo depois, me chacoalhou e disse: "Você está dormindo? Eu não consigo dormir!"

Todos os cachorros da cidade estavam reunidos perto do hotel e fazendo muito barulho. Eles estavam acostumados a se reunir lá todas as noites. O homem saiu várias vezes para espantar os cachorros, mas eles se afastavam um pouco e voltavam com outros cachorros. Como os seres humanos, os cachorros também não se afastam facilmente. Os cachorros sempre voltam. O homem ficou irritado: "Não consigo dormir. Esses cachorros não param de latir e fazem muito barulho".

Eu disse: "Os cachorros não sabem que você está hospedado aqui. Nem estão interessados nisso. O que eles têm a ver com você? Vá dormir. Que ligação você tem com esses cachorros?"

O homem respondeu: "Não tenho ligação nenhuma com eles. Eles estão fazendo barulho e não me deixam dormir".

Eu disse: "O seu incômodo não é provocado pelo latido dos cachorros, mas porque você acha que eles não deveriam latir. É isso que está incomodando você. Cachorros são cachorros, eles latem. Você quer dormir, então durma".

Então o outro perguntou: "E como faço para dormir?"

Eu disse: "Os cachorros estão latindo, ouça-os latirem, mas como um observador. Simplesmente ouça: os cachorros latem e você ouve. De manhã voltaremos a conversar".

Em quinze minutos o amigo dormiu. Quando acordou no dia seguinte, ele disse: "Milagre! Quando comecei a observar e a ouvir os cachorros latindo, os latidos me soaram como uma canção de ninar. E me fizeram dormir a noite toda. Nem sei se eles pararam de latir".

E eu disse: "E por que parariam? Os latidos não tinham nenhuma relação com você. Os cachorros não estavam preocupados se você dormiu ou não. Eles devem ter continuado latindo, mas sua mente parou de resistir. Enquanto ela resistia e procurava um jeito de evitar os latidos, o problema existia. Mas por fim ela aceitou que os cachorros latiam porque queriam latir".

Observar o que acontece à nossa volta é o que eu chamo de meditação. E nada pode atrapalhar isso.

Precisa ser de olhos fechados?

Não, não há nenhuma necessidade disso. Mas no começo costuma ser mais fácil manter os olhos fechados porque temos que ser observadores somente pelas janelas dos ouvidos. Se ficarmos de olhos abertos, teremos que ser observadores por ambos os lugares: das janelas dos olhos e das janelas dos ouvidos. E ser um observador pelas janelas dos olhos é um pouco mais difícil do que pelas janelas dos ouvidos porque as impressões que entram pelas janelas dos olhos nos afetam mais profundamente.

Mas, se vocês conseguirem fazer isso, tudo bem. O que eu digo é que façam tudo muito devagar; quando tiverem dominado a observação pelos ouvidos, então poderão manter também os olhos abertos. Mas, se sentirem que é difícil manter os olhos fechados, deixem-nos abertos desde o princípio. Nesse caso não deixem de observar por esses dois pontos. Não deixem de observar o que estão vendo, o que se passa na sua frente; vocês não precisam identificar quem está passando, se é amigo ou inimigo, se é sua esposa ou não... Não precisam fazer nenhuma identificação, porque no momento em que vocês começam a identificar, a observação é interrompida. Sendo só observadores, vocês só observam quem passa, não fazem nenhum julgamento. Percebem e observam.

Para evitar esse trabalho duplo, eu aconselho manter os olhos fechados. É realmente melhor que as duas janelas estejam abertas, mas se for difícil, primeiro aprendam a observar só pelos ouvidos. E depois pratiquem também com os olhos. Quando dominarem ambas as janelas, sentirão uma profunda alegria e continuarão observando quando andarem pelas ruas de olhos abertos. Não precisarão mais se sentar para fazer meditação:

continuarão observando no trabalho, sem fechar os olhos. Mas, para evitar essa dificuldade inicial, concentrem toda a sua energia apenas em uma janela. Se conseguirem, experimentem então as duas janelas. Não há nenhum problema nisso.

Osho,
Se eu medito em um dia e não consigo meditar no outro, isso me faz sofrer e me sinto culpado.

Se você se sente assim, é assim que é. Se medita em um dia e no dia seguinte não medita, e se isso se transforma em sofrimento, é um sofrimento mesmo. Ou você não teria o que lamentar. Sinta-se grato pelo que consegue fazer. Não precisa sentir culpa pelo que não consegue fazer. Por quê? Porque a culpa será um obstáculo na sua próxima meditação e a gratidão servirá de apoio na sua próxima meditação. Se eu pude me sentar em meditação, se eu pude meditar, devo ser grato à existência por ter meditado hoje. Foi uma grande dádiva da existência. Se você tiver essa atitude, esse sentimento será útil amanhã na sua meditação porque a gratidão serena a mente. Mas se você não conseguir meditar em um dia e começar a sofrer por isso – se é uma coisa tão ruim, uma perturbação tão grande, uma ofensa tão grande, uma perda tão grande, se causou tanto sofrimento... Esse estado mental deplorável da mente por não fazer meditação hoje não permitirá que você medite mais profundamente amanhã.

É preciso entender que, se a culpa é um obstáculo para a meditação, não faz sentido sentir-se culpado. Além disso, você tem que ser um observador de tudo. Se você observou que hoje conseguiu meditar, seja também um observador de que não conseguiu meditar no dia seguinte. Por que criar conflitos desnecessários? São dois fatos: você observou que conseguiu meditar ontem e observa que não consegue meditar hoje.

Rama Tirtha costumava falar de si mesmo na terceira pessoa. Ele não usava o pronome "eu". Não dizia "Eu estou com sede", mas "Rama Tirtha está com sede". Ele dizia: "Hoje Rama Tirtha conheceu pessoas que maltrataram Rama Tirtha. E eu fiquei lá, rindo, porque Rama Tirtha estava sendo maltratado".

Quando ele foi aos Estados Unidos, as pessoas perguntavam: "Não estamos entendendo o que você diz. O que quer dizer? Você é Rama Tirtha, não é?"

Ele respondeu: "Eu não sou Rama Tirtha. As pessoas dizem que este corpo se chama Rama Tirtha. Eu estou muito além disso e muito distante daqui".

Rama Tirtha foi visitar alguém e se viu no meio de uma briga. Ele apenas riu. "Bom, agora pegaram Rama Tirtha. Agora você se deu mal, não tem para onde fugir."

Esse é o significado de observação. Devagar, muito devagar, tudo se ajeita profundamente e você observa: "Hoje eu estou meditando", ou observa: "Hoje não estou conseguindo meditar". Você observa inclusive o processo da meditação. E então, com os benefícios obtidos pela meditação, novas percepções muito mais profundas surgem, porque a observação se aprofundou ainda mais. Agora você não tem a sensação de que é o "agente" da prática da meditação, tenha meditado ou não. Senão, o agente entra; o "eu" entra e se apodera do ato.

Não. Hoje observe que você meditou, e no outro dia observe igualmente que não conseguiu meditar. Seja só o observador e não o agente. E o momento será muito mais forte. E nesse nível não há culpa, não há sofrimento, não há nada disso. Seja o que for que aconteça, observe.

O que você quer dizer com gratidão?

Gratidão quer dizer ser grato a tudo, porque nada é possível sem toda a existência. Não conseguimos nem respirar. Eu estou respirando, então sinto gratidão pelo vento, gratidão pelas árvores por produzirem oxigênio. Gratidão pelo céu, pelas estrelas, pelo sol e por todos vocês. E não me refiro a Rama, Krishna, Buda ou a qualquer uma dessas pessoas.

Não vivemos um segundo sem toda a existência, toda esta expansão de vida. Não importa quem somos, é pela existência. Então, tudo o que acontece por nosso intermédio acontece com o apoio da existência. Senão, não aconteceria. A gratidão é por tudo isso.

E, no sentimento de gratidão, a ênfase não é a quem vocês se sentem gratos, isso é irrelevante. Vocês sentiram gratidão; isso basta. Se há ou não alguém para receber, não importa. É irrelevante.

Devemos repetir mentalmente: "Sou um observador, sou um observador..."?

Observar não é uma questão de repetição, é uma questão de ser. Mas para explicar a vocês eu tenho que usar palavras: "Sinta dentro de você: 'Sou um observador'". Há duas coisas aí... Essa é uma pergunta importante. Se vocês ficarem repetindo mentalmente "Sou um observador, sou um observador", funcionará como um mantra. Aos poucos se transformará em algo parecido com "Rama, Rama. Rama, Rama, Rama, Rama".

Não repitam as palavras: "Sou um observador". Vocês têm que sentir o "Sou um observador". Há uma diferença entre um e outro. Vocês têm que vivenciar "Quem sou eu?" em relação a tudo que está acontecendo. "Que relação eu tenho com tudo isso?" Então descobrirão a relação com o observador. Observar não é repetir as palavras: "Sou um observador". Senão, isso não será mais importante que um mantra. "Sou um observador. A minha vivência vai continuar se aprofundando."

Por exemplo, com todos esses sons acontecendo ao redor, o que sou eu em relação a esses sons? Sou um observador. Estou até criando palavras para transmitir isso a vocês. Vocês não precisam criar nenhuma palavra. Bastam estas: "É o meu estado". Ser um observador é... "o meu estado".

Quando estiverem comendo, por um instante abaixem a cabeça e olhem para dentro: "O que estou fazendo?" E vocês sabem: "O corpo come e eu observo". A observação tem que ser sentida. Não é repetir palavras. Repetir palavras é desnecessário.

Ao explicar isso a vocês, surge uma dificuldade: tenho que explicar em palavras. Para conversar tenho que usar palavras. E estou ciente de que existe o perigo de que alguém se sente aqui e comece a repetir todos os dias: "Sou um observador, sou um observador". Se alguém fizer isso, em pouco tempo isso se tornará rotina. A pessoa nem ouvirá mais o que está dizendo. Continuará repetindo: "Sou um observador, sou um observador". Olhará o relógio, ficará sentada mais meia hora e nada acontecerá. E ela continuará sendo exatamente a mesma pessoa. Acima de tudo, terá desperdiçado meia hora. E o trabalho inútil que ela fez durante essa meia hora – "Sou um observador, sou um observador" – acabou perturbando a sua mente.

Não se trata de repetir palavras, trata-se de vivenciar, de sentir. Tudo que está acontecendo ao meu redor, a minha atitude em relação a tudo isso é de observador.

Osho,
Pode haver uma revolução, apesar da sujeira intolerável e da política corrupta da Índia?

Em primeiro lugar, seja no caso de uma sociedade, de um governo ou de um sistema econômico, é um erro dizer que é "intolerável", porque, a partir do momento em que for realmente intolerável, uma mudança começará a acontecer. Então, a primeira coisa que devemos lembrar é que ainda não é intolerável.

Você diz que a política é corrupta, mas se ela fosse intolerável não poderia continuar. Qualquer coisa que seja intolerável não continua.

Então, o meu esforço é que, para que algo termine, é preciso torná-lo intolerável. E torná-lo intolerável significa despertar a consciência e a sensibilidade do povo para que a situação seja insuportável. Ela ainda não é intolerável porque nós estamos tolerando o que está acontecendo; e só por isso está acontecendo. Enquanto tolerarmos, continuará acontecendo.

A verdade é que os nossos governos não podem ser melhores que o nosso nível de inteligência. Não é possível. Sabemos que existe corrupção no governo; é muito ruim, mas não intolerável. Caso contrário, não aconteceria nem por mais um segundo. Na verdade, quando acontecem as revoluções? As revoluções acontecem quando um sistema se torna intolerável.

Não há uma revolução na Índia há 5 mil anos, porque nada jamais se tornou intolerável aqui. E há uma razão psicológica para isso acontecer neste país. O objetivo das minhas palestras é romper essas razões psicológicas para que a situação se torne intolerável. Senão, ela jamais se tornará intolerável.

Há mecanismos psicológicos na Índia. Funcionam como quando instalamos uma suspensão em um carro, a fim de não sentir as lombadas na estrada. Há lombadas na estrada, mas o carro está equipado com amortecedores. Quando o carro passa pelas lombadas, as molas absorvem o impacto e quem está no carro não o sente. E, a menos que as molas sejam removidas, os passageiros nunca sentirão as lombadas na estrada.

Os trens são equipados com amortecedores; há um amortecedor instalado entre dois vagões. Se houver uma batida, o amortecedor que absorve o impacto é tão potente que consegue evitar uma colisão a uma distância de até 60 centímetros. Os passageiros nem sentirão o choque. Os impactos externos só serão sentidos dentro do vagão se os amortecedores forem removidos.

O maior problema da mente indiana são os amortecedores de choque instalados dentro dela há 3 mil ou 4 mil anos. E, por essa razão, tudo que poderia ser intolerável é absorvido por eles. Nós nem percebemos que se tornou intolerável. Esses amortecedores são muito inteligentes: estão muito bem instalados e funcionam muito bem, porque nunca se soube de nenhum problema, nunca tivemos qualquer problema.

Vejamos o problema da pobreza na Índia. Não existe tanta pobreza em nenhum outro país do mundo. Se houvesse tanta pobreza em qualquer lugar, o mundo estaria em chamas; não sobreviveria nem por um segundo! Nenhum outro país aceitaria ser tão pobre nem por um segundo.

Mas a Índia tem amortecedores. E o amortecedor é o fato de os santos e os beatos deste país convencerem o povo de que a pobreza é resultado de carmas de suas vidas passadas. Esse é o amortecedor. E por causa desse amortecedor o pobre diz: "O que posso fazer? Os ricos que estão aqui na minha frente não têm nada a ver com a minha pobreza. A minha pobreza se deve às minhas vidas passadas". E não se pode fazer nada quanto a vidas passadas. Fazer o quê, se elas já se foram? Agora não dá para fazer nada. Agora você só pode fazer alguma coisa pela sua próxima vida e, se você fizer algo muito errado, não terá outra chance. Portanto, tolere tudo pacificamente. Tolere para que não seja mais tão pobre na próxima vida e a riqueza possa contemplá-lo. Por isso não faça nada errado. Esse é o amortecedor.

Não haverá nenhuma revolução na Índia se todos os amortecedores não forem quebrados. Nada aqui é insuportável.

Então, a primeira coisa é que o sistema da lei e da ordem do Estado *é* muito corrupto; é intolerável. Mas a mente do país tolera tudo, ela suporta tudo. Então, a grande questão que se apresenta é como destruir esse amortecedor. Eu falo com vocês constantemente a partir de todas as dimensões e de todos os ângulos para despedaçar o amortecedor e ele começar a quebrar aqui e ali. E, nos pontos em que ele quebrar, o sistema ficará intolerável. E, mesmo que se torne intolerável para um pequeno grupo de indianos, haverá uma revolução neste país. Não é muito difícil provocar uma revolução, mas antes a situação precisa se tornar insuportável.

E como eliminamos a corrupção? Quando fazemos perguntas como essa, uma ideia me vem à mente: "O que fazer para erradicar a sujeira?" Eu não acho que a sujeira possa ser erradicada dessa maneira. Existem dois tipos de sujeira: uma é a sujeira externa, como o pó que se junta em nosso corpo. Um homem está empoeirado, começa a suar e a sujeira se forma. Ele toma um banho e a sujeira desaparece. Essa é a sujeira que está do lado de fora. Mas digamos que o homem tenha um câncer, que também é uma toxina e não é removida no chuveiro. Ele tem que ser retirado cirurgicamente. Só é removido em um procedimento cirúrgico.

A sujeira da política da Índia não é um pó que se juntou superficialmente, quando basta dar um banho nos políticos e tudo ficará bem. Não é assim. Os tumores são muito profundos; o câncer invadiu todo o sistema político da Índia. E não há outro tratamento que não seja cirúrgico. Não há outro jeito senão amputar suas pernas e pés.

Nada acontecerá com reformas superficiais aqui e ali. As raízes são tão profundas e tão fundamentais que jamais imaginamos que fossem se espalhar tanto.

Vou dar um exemplo. E depois, se houver mais perguntas, falaremos sobre elas à noite.

As raízes penetraram tão fundo que não são mais visíveis para nós. E as medidas que tomamos são tão superficiais que as raízes nem percebem que algo está sendo feito. Suponhamos que alguém resolva aparar as folhas da árvore – as raízes não percebem que as folhas foram aparadas. Imediatamente produzirão novas folhas, porque a função das raízes é produzir folhas. Então, quando uma folha é podada, as raízes mandam duas. As raízes pensam que a planta está sendo podada. A função das raízes é não permitir que as folhas morram. Se as folhas morrem, elas enviam folhas novas. Se alguém cortar as folhas de uma árvore, não irá prejudicar a árvore. Em dois dias a árvore ficará duas vezes mais forte.

Todos os reformistas multiplicam as doenças da sociedade; todos eles, sem exceção. Porque podam as folhas. Um revolucionário fala em cortar as raízes. Entendam bem isso.

Depois da minha última visita a Ahmedabad, recebi cartas durante alguns dias. O secretário dos intocáveis me escreveu. Eles tinham uma revista e o editor escreveu: "Por que você não se hospeda na casa de um *harijan,* como fazia Gandhi?"

Eu respondi que, se eles viessem todos juntos, eu os receberia, e umas dez ou vinte pessoas me visitaram. E elas me perguntaram: "Por que você não se hospeda em nossa casa, como fazia Gandhi?"

Eu disse a eles: "Não considero ninguém *harijan;* que critério eu deveria usar para saber quem é *harijan,* onde é a casa de um *harijan*? Para me hospedar na casa de um *harijan,* tenho que aceitar como natural o fato de que um grupo de pessoas é intocável.

"Geralmente eu me hospedo na casa de alguém. Se vocês dizem: 'Hospede-se em nossa casa', eu vou com prazer. Mas se vocês dizem: 'Hospede-se em uma casa de intocáveis', eu não vou, porque não considero ninguém intocável.

"Vocês são tão burros que alardeiam ser *harijans* só para que eu me hospede na casa de vocês! Vocês podem apenas me convidar para me hospedar na casa de vocês, por que dizem que são *harijans*? Por um lado, vocês gostariam que acabasse essa história de ser *harijan* e, por outro, querem ser reconhecidos como *harijans,* querem ser respeitados por isso."

O homem que insiste em se hospedar apenas na casa de um *harijan* se considera tão intocável quanto outro que não permite que um *harijan* entre em sua casa. Não há nenhuma diferença entre eles. Ambos aceitam a existência dos *harijans*. Os dois alimentam raízes profundas; alimentam as raízes da diferença social. Ao que parece, os intocáveis estão sendo chamados de *harijan* – filhos de Deus – e acham que isso foi uma grande coisa que lhes aconteceu!

Na verdade, foi a pior coisa que poderia ter acontecido a eles. O impacto que eles experimentavam por serem considerados intocáveis desapareceu. Ninguém quer ser intocável, mas a pessoa tem orgulho de ser *harijan*. E isso é uma coisa muito perigosa.

É o mesmo que dar um nome bonito a uma doença. Em vez de chamá-la de câncer, passamos a chamá-la de deusa. E a pessoa diz: "Estou sofrendo de algo que é uma deusa". Mas não deixa de ser câncer. Que diferença isso faz? Intocáveis são intocáveis. Dar a eles um nome como *harijan* é muito perigoso, porque a doença se ocultará atrás de uma palavra boa como *harijan*. E até um *harijan* dirá com arrogância: "Não sou uma pessoa comum, sou *harijan!*"

As raízes não são removidas. Só as folhas são aparadas superficialmente e voltarão depois. E muitas vezes também acontece de a árvore virar de ponta-cabeça e a doença permanecer: ou seja, é possível que os brâmanes desçam para a mesma condição dos sudras, que os sudras subam para a condição dos brâmanes, mas a doença continuará. Não faz a menor diferença.

A minha intenção é chegar às raízes desta sociedade, deste país e deste sistema, onde todas as mentiras se originam, e encontrar naquelas mentes as sementes que criaram as raízes e destruí-las.

Se poucas pessoas conscientes na Índia não derem ouvidos a ideias burocráticas e superficiais – onde construir uma estrada ou um hospital e assim por diante... Mesmo que isso seja bom, nada vai acontecer por aí. Se elas ignorarem todos esses detalhes burocráticos e se concentrarem em romper os condicionamentos da eterna mente indiana, então, dentro de vinte anos, mentes tão frescas nascerão na Índia que nada terá que ser feito para provocar uma revolução. A revolução será instantânea. Caso contrário, ela jamais vai acontecer.

Se a mente não estiver pronta, a violência será necessária para se fazer uma revolução. Mas, se a mente do país estiver pronta, a revolução acontecerá pela não violência. Não há outra maneira de uma revolução acontecer de forma pacífica. Se todos nós concordarmos que este edifício deve ser demolido, não haverá necessidade de usar a violência. Mas, se uma única pessoa entre nós disser que o prédio deve ser demolido e as outras discordarem, haverá violência, haverá lutas e mortes. Quem não concorda terá que ser destruído. E será o caos.

Até agora, a violência tem sido necessária em todas as revoluções que aconteceram no mundo, porque só alguns entenderam alguma coisa com a qual o resto da população não concordou. Então a violência foi necessária.

Se o ambiente psicológico for adequado, a revolução pode ser absolutamente não violenta. E uma revolução que é não violenta é uma revolução incompleta. Significa que ela foi imposta: algumas pessoas impuseram sua ideologia às massas. Minha visão é que, quando alguns impõem algo às massas pela força, mesmo que seja para o bem de todos, está errado.

Então, temos que, primeiro, tornar as coisas intoleráveis para todos. Temos que deixar claro na mente de todos de onde vêm todas essas coisas, e que por causa dessas ideias nós toleramos tudo.

E então a revolução acontecerá. Não é preciso muita coisa para uma revolução acontecer.

Capítulo 10

O único objetivo é a própria vida

Meus queridos,
Foram feitas muitas perguntas sobre as palestras destes três últimos dias. Procurarei responder ao maior número possível.

Um amigo perguntou:

Osho,
Você fala sobre "a revolução dos novos pensamentos". Algo que nunca aconteceu pode acontecer agora? Tudo sob o céu envelheceu, então, o que há de novo?

A primeira coisa que quero dizer sobre isso é que tudo sob o céu *é novo*; o que é que pode ser chamado de velho? O velho não sobrevive nem por um momento. O novo nasce a todo momento. Criou-se a ilusão do velho porque somos incapazes de perceber a diferença entre o velho e o novo.

O sol nasceu ontem de manhã, as nuvens se formaram ontem e os ventos também sopraram ontem. E nós dizemos: "É tudo igual!" Mas nada é exatamente igual. Os desenhos que as nuvens formaram ontem nunca mais acontecerão "sob o céu" outra vez. Os ventos que sopraram ontem não são os mesmos que sopram hoje. Você esteve aqui ontem; se acha que o mesmo "você" está aqui hoje, engana-se. Nem eu nem você somos os mesmos. Em 24 horas muita água passa pelo Ganges.

Tudo é novo a cada momento. A existência não tolera o que é velho. Não tolera o que é velho nem por um momento. Esse é o significado da própria vida. Vida é o novo sempre. Mas o homem insiste em preservar o que é velho.

A existência não tolera nada que seja velho, mas o homem se esforça muito para salvar o que é velho. Por isso a sociedade humana não está viva; é uma sociedade morta. E um país que tenta preservar o velho é um país morto na mesma proporção. Nosso país, a Índia, é um desses países mortos.

Dizemos com arrogância que nações antigas como Babilônia, Síria, Egito e Roma não sobreviveram e a nossa antiga Índia permanece. Se olharmos bem, veremos que aquelas nações não existem mais porque mudaram, se modernizaram. E nós existimos em nossa forma antiga porque *não* podemos mudar: fazemos um esforço tremendo para continuar velhos. Se algo mudou, foi porque a existência nos obrigou a mudar. Nossos esforços contínuos visam a resistência à mudança: a mesma cabana velha que estava ali deve continuar onde está.

Se o carro de boi ficou antiquado, não foi por nossa causa. Nós fizemos um tremendo esforço – todos os nossos santos, nossos respeitáveis homens da sociedade, todos os nossos líderes fizeram um esforço conjunto para preservar o carro de boi. Mas a existência não concordou com eles e fabricou aviões a jato. Somos arrastados para o novo porque somos obrigados.

A situação do resto do mundo é inversa. No mundo todo as pessoas só mantêm o velho porque são obrigadas. Em nosso país, buscamos o novo mediante coação. No resto do mundo, o novo é bem-vindo e desejado, mas aqui o novo é aceito como derrota. É por isso que uma cultura de 5 mil anos estende a mão para pedir esmola a uma cultura de apenas trezentos anos ou uma de cinquenta anos. E nem nos sentimos envergonhados por isso.

A nossa cultura tem 5 mil anos ou mais – a história conhecida tem pelo menos 5 mil anos. E nesse tempo não fomos capazes de produzir milho, casas e roupas suficientes para a população. Os Estados Unidos têm apenas trezentos anos. E em trezentos anos conseguiram alimentar o mundo inteiro. A União Soviética tem apenas cinquenta anos. E em cinquenta anos a Rússia saiu da lista dos países pobres e é considerada um país rico. Suas crianças famintas de cinquenta anos atrás estão planejando chegar à Lua e às estrelas. O que aconteceu em cinquenta anos? Que mágica eles fizeram?

Eles não fizeram nenhuma mágica; só descobriram um segredo: uma sociedade que fica presa ao passado aos poucos vai morrendo, apodrecendo e se degenera. Eles aprenderam a atrair o novo, a recorrer ao novo, a receber o novo e a invocar os desafios do novo – e o mais rápido possível, gerando o novo e dando adeus ao velho. O resultado é que se tornaram mais vivos. E nós? Nós quase morremos.

O amigo pergunta também se algo novo pode vir a existir.

Eu me lembro de uma história. Vocês já devem tê-la ouvido...

Um dia, os ratos se reuniram para decidir como escapar de um gato. Um rato esperto sugeriu... Todos os ratos espertos dão esse tipo de sugestão. É um bom conselho, mas nunca é executado. Essa é a dificuldade dos ratos espertos. O rato esperto disse: "Vamos amarrar um sino no pescoço do gato".

Os demais ratos aplaudiram e disseram: "Solução perfeita!"

Mas uma dúvida surgiu: "Quem vai amarrar o sino no gato?"

O rato esperto disse: "Eu forneço a teoria. Vocês terão que descobrir como aplicá-la. Minha função é criar a teoria, mas vocês vão descobrir como pôr em prática. A teoria é simples: pendurar o sino no pescoço do gato e acabou o perigo. Sempre que o gato se aproximar, o sino vai tocar e os ratos ficarão alerta".

Essa reunião ficou registrada nas escrituras dos ratos. Ela aconteceu há milhares de anos. E toda vez que algum rato perguntava: "Como evitar os gatos?", os ratos respondiam: "Leia as escrituras". Os livros antigos eram abertos e lá estava escrito: "Pendure um sino no pescoço do gato".

E os ratos diziam: "É a melhor solução; aprendemos com os nossos ancestrais que um sino deve ser amarrado no pescoço do gato. Mas quem fará isso?"

E a questão empacava no mesmo ponto.

Outro dia mesmo aconteceu... Os ratos novamente convocaram uma reunião e disseram: "Agora está bem difícil. O gato está nos torturando. Novamente, o mesmo livro antigo...!"

Dois ratos mais novos se levantaram e disseram – deviam ser ratos universitários. Disseram: "Esqueçam essa bobagem de livro antigo. Basta disso. É a mesma conversa de sempre, o mesmo livro antigo e a mesma questão outra vez".

Mas os demais insistiram: "Não podemos agir sem consultar as escrituras. O que há de novo neste mundo? Tudo que aconteceu já foi gravado pelos nossos ancestrais. O que mais pode acontecer? Seriam os nossos ancestrais ignorantes? Eles eram eruditos e sabiam de tudo, eram oniscientes. Por isso escreveram que temos que amarrar um sino".

As escrituras foram abertas novamente e a questão empacou no mesmo ponto. Quem depende das escrituras sempre empaca no mesmo ponto, e lá fica empacado eternamente; nunca segue em frente. E outra vez a mesma pergunta: "Quem vai amarrar o sino?"

Os ratos jovens disseram: "Parem com essa besteira! Amanhã amarraremos o sino". Eles eram muito jovens.

Os mais velhos se opuseram: "Ficaram loucos? Vocês são mimados e não entendem. Por acaso algum sino já foi amarrado? Isso nunca aconteceu. Quem já ouviu falar que um rato conseguiu amarrar um sino no pescoço do gato? Isso nunca aconteceu e não vai acontecer".

Os ratos jovens disseram: "Deixem de conversa! Amanhã o sino será amarrado no pescoço do gato!"

E na manhã seguinte, para a surpresa de todos, o sino estava amarrado no pescoço do gato. Os ratos mais velhos não entenderam nada e perguntaram: "É muito estranho. Como vocês conseguiram?"

Os ratos mais novos disseram: "Não foi difícil!" Eles tinham ido a uma farmácia, pegado alguns comprimidos para dormir e jogado no leite do gato. E o problema foi resolvido. O gato dormiu e os ratos amarraram o sino no pescoço dele.

Os ratos velhos costumavam dizer que nada novo jamais acontecera. "Algum rato já amarrou um sino no gato?" Mas agora os ratos jovens tinham conseguido amarrar um sino.

Se isso aconteceu na sua cidade ou não, eu não sei. As cidades são muito diferentes. E as cidades do Rajastão são muito atrasadas. Talvez os ratos dessa região ainda não tenham aprendido a amarrar um sino. E continuam pensando: "O que há de novo? Pode haver uma revolução do pensamento?"

Sempre houve revoluções no pensamento no mundo todo, menos neste país. Somos o único país desafortunado em que não nos preocupamos em pensar que algo novo possa acontecer. E, se alguém levanta a questão do novo, imediatamente começamos a duvidar dessa pessoa.

No futuro haverá espaços habitáveis na Lua e os jovens russos já pensam em construir lá uma colônia. As crianças norte-americanas sonham em viajar pelo espaço. E as nossas crianças? Preferem assistir à *Ramleela*, uma encenação dramática sobre um antigo épico hindu!

Não há nada de errado em assistir à *Ramleela*. Rama é adorável. E se de vez em quando você assistir a uma peça sobre ele, é muito agradável. Mas é perigoso assistir sempre. É uma atitude errada. Os nossos jovens não só assistem ao espetáculo como sonham em criar um estado de Rama.

Isso demonstra a nossa ilusão de que tudo que acontecia no passado era dourado. É uma maneira errada de pensar: nem tudo que aconteceu no passado foi bom. O futuro sempre será melhor que o passado porque sempre saímos do passado com mais experiência, mais traquejados. O tempo passa, a história passa, e nós aprendemos alguma coisa, não é mesmo? Ou não temos capacidade de aprender?

Não temos que recriar o estado de Rama. Agora criaremos um novo estado, para que Rama, mesmo que desça à terra, leve o maior susto com tudo que aconteceu aqui! Mas temos essa ideia de que qualquer coisa que já tenha acontecido era melhor. É uma ideia totalmente errada; e em razão dessa ideia errada estamos presos ao velho e não conseguimos pensar sobre o novo.

Todos nós na Índia temos a noção de que a "Idade de Ouro" já aconteceu. Outros países pensam que a Idade de Ouro deles virá no futuro. Isso faz diferença. Estes últimos fazem o que podem para isso acontecer. Os que pensam que já aconteceu sentam-se e fecham os olhos. Eles dizem: "Já aconteceu. Não vai acontecer mais. Agora, só vai piorar a cada dia. O pior ainda está por vir: escuridão, mais escuridão, e então a aniquilação total".

Neste país, se alguém começa a pregar que a grande aniquilação está próxima, imediatamente se torna guru. Uma multidão se reúne em torno dele e diz: "Você está certo. Essa é a verdade. Tudo rolará montanha abaixo. Tudo será destruído. A destruição total está próxima! Os dias difíceis estão chegando". Esses dias difíceis não estão chegando porque *têm* que chegar. Estão chegando porque perdemos a capacidade de tornar nossa vida melhor. Estão chegando porque a mente do nosso país é letárgica, é fraca, é medrosa, e por isso diz: "Segure bem o velho ou ele vai desaparecer. O que está acontecendo está acontecendo. Nada novo pode acontecer. More em uma casa velha e quando sentir medo de que ela caia cante 'Rama, Rama'. Construa uma cerca ao redor da casa velha para protegê-la, mas não a abandone. Se o velho se foi e nada novo é criado, o que pode acontecer?" O medo é muito grande.

Há motivos para esse medo. Entendam algumas coisas. Primeiro, espalhou-se essa falsa ideia de que nos tempos antigos tudo era bom. Isso é totalmente falso. Mas há uma razão para essa ideia ser espalhada. Daqui a mil ou 2 mil anos, ninguém se lembrará de mim ou de vocês. Mas se lembrarão de um grande nome como o de Gandhi. As pessoas se lembrarão de Gandhi daqui a 2 mil anos. E então o que elas vão pensar? Elas pensarão: "Que homem grandioso foi Gandhi! Como as pessoas daquela época eram incríveis".

E somos nós as pessoas daquela época! Seremos esquecidos, não haverá rastro de nós na história. Ninguém escreverá sobre nós nos livros de história, sobre quem fomos. Nós somos as pessoas reais desta época. Gandhi é só uma exceção, não é a regra. Só a exceção será mantida nos livros de história e as pessoas reais como nós desaparecerão dos registros. Seremos lembrados pelo nome dele: a era de Gandhi! As pessoas dirão que na era de Gandhi todo mundo era incrível; a não violência deve ter sido praticada. E todos se amavam.

Que amor e que não violência? Exatamente o mesmo erro aconteceu. Nós nos lembramos de grandes figuras como Rama, mas nos esquecemos de multidões de pessoas reais. Não se tem notícias delas. Como era essa multidão?

Baseados em Rama, pensamos que na era de Rama as pessoas eram boas. Baseados em Buda, pensamos que naquela época existiu muita gente boa. É uma ideia errada. Não se pautem por Buda porque, segundo eu mesmo, se as pessoas fossem tão grandiosas na era de Buda ou Mahavira, nós não teríamos sequer uma lembrança de Buda ou Mahavira. Só as exceções são lembradas, e não todos.

Apenas imaginem: se houvesse 10 mil pessoas como Gandhi – nem seriam muitas –, nem naquela época seria fácil manter um registro de Mohandas Karamchand Gandhi. Ele teria se perdido na multidão. Quando existem 10 mil pessoas boas como Gandhi, quem se lembrará de um Mohandas Karamchand Gandhi? Da mesma maneira, Buda ou Mahavira são únicos no meio de uma multidão de milhões e milhões, por isso são lembrados. Senão seriam esquecidos.

O fato de eles serem lembrados demonstra que eram únicos ou uma pequena minoria. E o fato de se lembrarem deles demonstra também que os demais deviam ser o oposto, e que por isso eles se destacavam. Do contrário, eles não teriam sido descritos como pessoas tão brilhantes ou iluminadas.

Se vocês visitarem qualquer escola de ensino fundamental, entenderão o que um professor de uma escola fundamental sabe – nós nem imaginamos. Ele não escreve em um quadro branco com giz branco. Ele poderia escrever, as palavras poderiam ser escritas, mas não seriam legíveis. Ele escreve no quadro-negro com giz branco. O giz branco se destaca em um quadro-negro. Da mesma maneira, Rama, Buda, Krishna, Mahavira e pessoas como eles se destacam no quadro-negro da sociedade ou jamais seriam notadas.

Se a sociedade não fosse tão inferior, todos os santos não seriam tão visíveis; apesar de grandes, nem seriam notados. Para que nasça um grande santo é necessária uma sociedade inferior; senão os "grandes santos" não aconteceriam. É preciso o quadro-negro de uma sociedade inferior para um santo se tornar visível; senão ninguém o veria. Mesmo que ele nascesse, não seria reconhecido.

Então eu digo que no dia em que uma grande sociedade surgir, nesse dia os grandes homens pararão de nascer. Não pararão de nascer, mas não terão nenhum reconhecimento. No dia em que uma grande humanidade nascer, nesse dia a era dos santos terminará. Eles não serão mais necessários. Certamente eles nascerão, mas nem serão conhecidos.

Se examinarmos atentamente os ensinamentos de Buda, Confúcio, Lao Tzu, Maomé ou Zaratustra, o que há de especial neles? Descobriremos algo muito interessante: de manhã até a noite Mahavira tenta convencer as pessoas: "Não roube, não mate, não cometa adultério, não seja desonesto". Para quem ele está dizendo essas coisas? Para as pessoas boas? Está louco de pensar que vai ensinar essas coisas a pessoas boas? E eles – tanto Buda como Mahavira – seguem repetindo a mesma ladainha o dia inteiro: "Não roube, não seja desonesto, não seja desonesto, não mate e não minta". Para quem eles estão falando?

Só há duas possibilidades: ou era para pessoas que precisavam aprender essas coisas, não apenas em um dia, mas regularmente, dia e noite, ou eles eram loucos e não se importavam com quem estavam falando!

Ouvi contar...

Uma igreja convidou um místico para falar sobre a verdade. O místico disse: "Vocês querem que eu fale sobre a verdade na sua igreja? Por que eu falaria? Verdade é um tema para internos de uma prisão! Isto é uma igreja, um templo – aqui se reúnem as pessoas boas da cidade. Se eu falar sobre a verdade, acharão que estou louco. Não, não posso fazer isso".

Mas ninguém na igreja aceitou sua recusa. As pessoas insistiram: "Por favor, ensine-nos alguma coisa sobre a verdade".

O místico disse: "Que coisa mais estranha. Se vocês insistem, falarei, mas antes quero fazer uma pergunta. Vocês já leram a Bíblia?"

"Sim, já lemos a Bíblia", e todos ergueram as mãos.

O místico perguntou: "Leram o capítulo 69 do Evangelho de Lucas?"

Todos, menos um, ergueram as mãos.

Ele prosseguiu: "Está bem, então. Eu falarei sobre a verdade. E digo que não existe nenhum capítulo 69 no Evangelho de

Lucas. E todos vocês o leram! Agora eu sei que tipo de gente está aqui na igreja".

Esse místico era ingênuo. Nas igrejas só se reúnem pessoas como essas. Ninguém vai a lugares religiosos, exceto os não religiosos. Ninguém frequenta peregrinações e lugares sagrados, senão os pecadores. Ninguém ora e adora, a não ser os desonestos. Nossa mente está de cabeça para baixo. A mente do pecador diz: "Reze, porque você precisa lavar os seus pecados com orações". E alguém cava um buraco em um lugar e leva a terra para outro lugar porque precisa compensar.

O místico disse: "Agora entendo. Mas me surpreendeu que um homem não ergueu a mão. De onde veio esse homem sincero?" E dirigiu-se a ele. "Obrigado, senhor, por estar aqui. Mas por que não ergueu a sua mão?"

O homem, que estava sentado na fileira da frente, respondeu: "Me desculpe. Eu tenho problema de audição. O senhor perguntou sobre o capítulo 69 de Lucas? Eu o leio todos os dias. Como não consegui entender a sua pergunta antes, pensei que não seria certo erguer a mão sem entender a pergunta".

Nós achamos que uma época com grandes nomes foi uma época importante. Mas, se vocês examinarem os ensinamentos deles e o que as pessoas aprendiam com eles, verão claramente que os próprios ensinamentos mostram que as pessoas que os cercavam não eram tão boas. Mas tem-se a ilusão de que quem viveu naquela época eram pessoas realmente extraordinárias. E, até que essa ilusão se desfaça, não poderemos gerar uma nova sociedade e um novo homem.

Eu digo a vocês que o novo nasce constantemente. Se não criarmos obstáculos, o novo nasce. Mas nós criamos obstáculos; queremos salvar o velho. E o próprio esforço para salvar o velho aos poucos vai criando um sistema tão doente e apodrecido que é difícil viver nele. E também é difícil morrer nele. É essa a situação da Índia.

Precisamos de um novo conhecimento. Precisamos de novas regras. Diariamente precisamos de novas regras, porque depois de um tempo toda regra envelhece e se torna perigosa.

É como dar uma calça para uma criança e quando ela cresce exigir que ela continue usando a mesma calça. Quando temos uma regra não mudamos. Agora a criança sofre dentro da calça porque continuou crescendo e a calça não cresceu. Regras não crescem porque são coisas inanimadas, mas o homem está vivo. O homem cresce, mas as regras só encolhem, porque estão mortas. O menino continuou crescendo e a calça ficou muito curta. Ele diz: "Você está me causando problemas, esta calça está me matando!"

Só há duas saídas para o menino: ou ele fica nu ou troca de calça. A gente não permite que ele troque de calça, então ele fica nu.

Na sociedade indiana há tanta nudez, tanta falta de vergonha, tanta grosseria, tanta maldade, tanta indelicadeza, porque todas as regras são muito pequenas. Nós não fazemos novas regras nem queremos mudar as antigas. Então o homem tenta se manter sem regras e diz: "Ao menos me deixe respirar, eu quero viver; guarde suas leis para si mesmo", ou se torna um hipócrita. Da boca para fora ele diz que as regras estão absolutamente certas e que sempre as cumpre, mas por trás da fachada não segue regra nenhuma.

Todos os que vivem neste país se tornam hipócritas. Todos têm uma personalidade dividida. Uma personalidade que é usada para os outros quando é preciso. Mas, quando vai para casa e se despe dessa personalidade, o homem real começa a funcionar. O homem real funciona na privacidade. Todos nós somos assim: o homem falso é usado como uma capa. A sociedade deste país nos criou tantas dificuldades porque as regras ficaram obsoletas e não permitem mais nenhum movimento.

Mas o movimento acontece de qualquer jeito. E, para pensar em todas essas direções com um pensamento novo, sobre uma nova sociedade, uma nova revolução, vocês têm que deixar as portas da mente abertas. Por favor, não pensem coisas como "O antigo é precioso" ou "Não há nada novo sob o céu, então não precisamos de nada novo". Nada envelhece sob o céu, todos os dias demandam o novo.

Um amigo perguntou outra coisa relacionada a esse tema. Vejamos:

Osho,
Cada um tem que descobrir a verdade por si mesmo? A verdade que foi descoberta no passado não tem importância para nós?

O assunto é um pouco delicado. É delicado porque a verdade não é algo que pode ser dado a você por outra pessoa. Apesar disso, há lojas que estão vendendo a verdade: as lojas dos hindus, as lojas dos muçulmanos, as lojas dos cristãos e outras. Mesmo assim, a verdade não é algo que possa ser comprado. E agora algumas novas lojas foram inauguradas e anunciam: vende-se verdade.

Mas a verdade não pode nunca ser comprada nem ser dada por alguém. Ninguém pode conhecer a verdade sem passar pela disciplina. Ela só é alcançada pela meditação, a disciplina da verdade.

Um homem visitou um místico e disse: "Quero conhecer o homem mais feliz do mundo. Eu sou um sofredor. Não deve existir ninguém que sofra tanto quanto eu. Então eu penso que todo mundo é infeliz. Por isso quero encontrar o homem mais feliz do mundo".

O místico aconselhou o homem a viajar para visitar um determinado pico de montanha. Ensinou-lhe o caminho a ser feito. E disse que ele encontraria a pessoa que estava procurando.

O pico da montanha era muito distante e o caminho indicado pelo místico, muito longo. Mas o homem queria realmente encontrar e foi em busca do homem feliz. Ele conheceu muita gente pelo caminho; ele perguntava e as pessoas respondiam: "Somos felizes, mas há um homem mais feliz do que nós. Vá vê-lo". Toda vez que ele chegava a um lugar indicado pelas pessoas, ouvia a mesma resposta: "Somos felizes, mas existe alguém mais feliz do que nós".

Ele buscou por doze anos e enfrentou todo tipo de problema. Ocupado com a sua busca, acabou esquecendo se o que sentia era felicidade ou tristeza. Quem seria o homem mais feliz do mundo? Por fim, depois de doze anos, ele alcançou o pico da montanha mencionada pelo místico. Lá em cima, encontrou um velho sentado, que imediatamente perguntou: "Sim, sou o homem, o homem mais feliz do mundo. O que você quer?"

"Minha busca terminou", disse o homem. "Saí em busca da felicidade, mas diante da infelicidade e da tristeza dos outros esqueci completamente do meu sofrimento. E agora estou vendo que, se não há sofrimento, como pode haver felicidade?"

Ele olhou bem para o velho e o rosto lhe pareceu familiar. Ele disse: "Pode tirar o seu turbante, por favor? Ele está cobrindo seus olhos e eu quero olhar bem para você". O velho começou a rir e tirou o turbante. Era o mesmo místico que o homem tinha conhecido doze anos antes.

O homem que buscava havia tanto tempo disse ao místico: "Por que me fez passar por esta busca tão longa? Poderia ter dito naquele mesmo dia que é você o homem mais feliz".

O místico respondeu: "Naquele dia você não teria acreditado. Esta jornada de doze anos era necessária. Só assim você entenderia o que tenho a dizer agora. Eu pergunto: 'Você seria capaz de entender naquele dia?'".

"Tem razão", respondeu o homem. "Eu não entenderia."

Aqueles que conheceram a verdade a contaram, mas a gente não consegue entender a menos que faça uma longa jornada de busca. Só vamos entender quando fizermos esse mesmo percurso. Essa busca é uma preparação essencial para entender o que foi escrito. Mas o que está escrito não tem importância! A menos que a pessoa percorra esse caminho, para que a sua consciência encontre o espaço em que tudo é claro como cristal, até então ela não será capaz de perceber qualquer coisa vinda de qualquer lugar. E o mais interessante é que ela perceberá diretamente, em um determinado dia – e sozinha. Então, se ela consultou ou não as escrituras, não tem a menor importância, porque ela se tornou o próprio livro sagrado.

A verdade não é algo que alguém possa dar a vocês. Vocês terão que percorrer um longo caminho, uma longa busca. A busca simplesmente transforma vocês, não faz nada além disso. A verdade está bem aqui; está do seu lado, mas vocês não conseguem percebê-la. No dia em que conseguirem ver, descobrirão que o que estiveram procurando em cada canto, em cada recanto, está em toda parte. O que vocês procuram está bem aqui. Vocês se preocupam sem necessidade. Mas ninguém é perturbado inutilmente: essa perturbação é parte essencial da preparação.

Então, não pensem que vão conhecer a verdade nos livros. Ao ler sobre a verdade nos livros, vocês só encontrarão respostas reunidas. Vocês terão uma resposta, mas será uma resposta ultrapassada, emprestada; não será uma resposta sua. Não terá raízes em vocês. É como uma flor que a gente compra na feira; ela não vem da sua fonte de vida.

Ouvi contar...

Um rei foi visitar um vilarejo, e todas as personalidades locais foram apresentadas a ele. Lá havia um velho místico e os moradores disseram: "Primeiro vamos apresentar o nosso místico. Ele é o homem mais honrado do lugar".

Mas as autoridades disseram: "Esse místico é um pouco excêntrico. Ninguém sabe o que ele dirá ao rei, talvez não se comporte bem, não tenha bons modos ou faça alguma coisa errada, e aí vamos ter problemas. Se ele vai mesmo ser apresentado, é melhor treiná-lo antes. Primeiro vamos prepará-lo para conversar e só então o levaremos para conhecer o rei".

Os cidadãos concordaram. "Ele é um homem simples. É melhor treiná-lo".

As autoridades disseram ao místico: "Quando o rei chegar, perguntará algumas coisas a você. Se ele perguntar quantos anos você tem, por favor, não dê respostas espirituais como 'O que são anos? A alma é eterna, a alma não tem idade', e coisas assim. Não diga isso ou o rei não vai entender nada. Seja objetivo e diga que tem 60 anos".

O místico disse: "Como queiram. Certamente direi que tenho 60 anos. Devo fazer mais alguma coisa?"

As autoridades disseram: "Basta saber que, quando ele perguntar a sua idade, você deve responder '60 anos'. Talvez ele pergunte também há quanto tempo você medita. Não responda 'A minha meditação acontece há muitas vidas, não tem começo nem fim', e coisas assim. Não fará sentido para o rei. Ele quer saber nesta vida, então diga apenas que você medita há trinta anos".

Terminado o treinamento, o místico disse: "Como queiram; estou pronto".

O rei chegou e todos foram vê-lo. O místico também foi, mas deu tudo errado. O monarca deveria perguntar primeiro "Quantos anos você tem?", mas perguntou "Há quanto tempo você faz meditação?".

O místico respondeu: "Há sessenta anos!" Era sua resposta pronta.

O rei disse: "Sessenta anos? Quantos anos você tem?"

"Trinta anos", disse o místico. Era a resposta pronta. As autoridades ficaram nervosas porque tinha dado tudo errado. E o rei disse: "Isso é loucura! Ou você é louco ou o louco sou eu".

O místico disse: "Nós dois".

"Como assim?", perguntou o rei.

E ele respondeu: "O que eu quero dizer é que, se vossa majestade faz a pergunta errada, eu dou a resposta errada. Fui treinado para responder. Se eu desse a minha própria resposta, eu a teria corrigido antes de responder. Agora ficou difícil. Primeiro vossa majestade é louco, depois eu também sou louco por ter vindo aqui com as respostas prontas. E vossa majestade é louco por fazer as perguntas erradas!"

Aprendemos através do Bhagavad Gita, do Alcorão, da Bíblia e outros. Quando a vida nos apresenta desafios e as nossas respostas são condicionadas pelos livros, elas não corresponderão à questão. Não haverá nenhuma sincronicidade. A vida perguntará algo e responderemos qualquer coisa, porque a resposta não virá de nosso interior. Nunca estará de acordo. Sempre será absurda.

E em um país em que tanta gente se instrui através de livros, existem muitas explicações sofisticadas, mas não há nenhuma resposta. Todo mundo explica: todos decoraram o Gita, o Ramayana e todos os seus versos. Que idiotice! Todo mundo tem uma explicação pronta. A gente faz a pergunta e a resposta já vem pronta. A resposta só está esperando o momento de sair. Assim que alguém pergunta alguma coisa, eles jogam a resposta.

Dar respostas prontas é o que fazem todas as escrituras. A gente tem que fazer a busca por conta própria. Sim, o dia em que nossa busca terminar, nossa experiência será direta e todas as escrituras serão relevantes. Ninguém conhece a verdade lendo as escrituras; mas, quando a pessoa conhece a verdade, pode ler as escrituras.

Vocês devem vivenciar o que estou dizendo e seguir a sua individualidade; só então poderão vivenciar alguma coisa. E somente a experiência revelará a verdade.

Outro amigo perguntou:

Osho,
O que você diz é a sua experiência ou é a verdade?

O amigo talvez entenda que a experiência e a verdade sejam duas coisas diferentes. A experiência é a verdade. Mas qual experiência é a verdade? Existem falsas experiências também. Por exemplo, um homem está andando por uma estrada de terra, vê um pedaço de corda no chão, confunde com uma cobra e sai correndo. Chegando em casa ele diz que viu uma cobra. Mas não havia cobra nenhuma, era só uma corda.

Falsas experiências acontecem. Talvez seja por isso que a pessoa perguntou: "O que você diz é a sua experiência ou é a verdade?" Existem experiências falsas também, mas, sendo falsa, por quanto tempo uma experiência permanece? E quando experiência e verdade são a mesma coisa? Enquanto o ego estiver agindo, não é possível confiar que as experiências sejam verdadeiras. O fato é que, enquanto existir um ego, a experiência da verdade não acontece. O ego falsifica as experiências. Mas, quando o ego desaparece, se não houver mais o ego, só o que existe é a experiência. A gente não diz: "Eu vivenciei", a gente diz: "Quando não havia ego, a vivência aconteceu". Então não há nenhuma inverdade; o fator que criou as falsas experiências se dissolveu.

Por exemplo, se vocês enfiarem uma vara na água, ela parece entortar. A vara continua reta, mas parece torta. O meio da água faz com que ela pareça torta. Se tirarmos a vara da água, ela está reta. Se a pusermos de volta na água, ela entorta. O meio da água faz a vara parecer torta. De maneira similar, o meio do ego distorce verdades em inverdades.

Então, como as pessoas percebem o mundo por meio do ego, fatalmente vivenciam inverdades. Ou seja, a experiência da inverdade implica que estamos percebendo as coisas por meio do ego. E a experiência da verdade significa perceber em estado de não ego, onde o ego não existe.

Portanto, não pensem nem por um momento que o ego conhece a verdade. O ego não pode jamais conhecer a verdade; quando a verdade é percebida, não existe mais ego. Enquanto o ego persistir, a experiência da verdade não acontecerá. E todos nós somos cheios de ego. Nós fortalecemos o ego durante toda a vida. Nós acumulamos tudo o que nos acontece por meio do ego. Enquanto as bases do ego permanecerem, todas as nossas experiências serão inverdades, nenhuma será verdade.

Então, entendam bem: a existência é vista através do ego, é o que chamamos de *maia*, ilusão. O supremo visto através do ego é o mundo. Por meio do ego só é percebido o que não é. E, no dia em que o ego se dissolve, o que é experimentado é o supremo, é a verdade. Deem o nome que quiserem, não fará diferença.

Outro amigo perguntou:

Osho,
Qual é o propósito da vida? A suprema libertação é a meta da vida? A iluminação é o propósito da vida?

Não, nem a suprema libertação nem a iluminação são metas da vida. O propósito da vida é viver totalmente a vida. Quando você vive a vida completamente, a libertação suprema acontece, a iluminação acontece. Ambas são subprodutos da vida, não são a meta da vida.

Um homem que cultiva trigo não pretende produzir palha. Ele planta o grão, o trigo brota e amadurece. A palha vem junto com o trigo, é um subproduto. É produzida com o grão.

O objetivo da vida é a realização total. Com a realização total, todos os grilhões desaparecem e a suprema libertação acontece. Portanto, a libertação suprema é a palha, é um subproduto.

Mas milhares de pessoas tratam a palha como o produto principal e o trigo como subproduto, e aí surgem as dificuldades. Elas semeiam a palha nos campos, e então nem palha é produzida nem trigo é cultivado; em vez disso, a palha também acaba apodrecendo. Por isso, as pessoas intensamente frustradas dizem que não existe iluminação, que "é um trabalho inútil e nada acontece".

Há centenas e milhares de anos as pessoas transformam a suprema libertação em meta e isso criou um problema. A meta não é essa. A meta é a realização da vida. A meta é conhecer a vida em sua maravilhosa plenitude, em sua total relevância. E, quando a vida dança de felicidade, todas as correntes se quebram. Quando a vida se revela em toda a sua glória, todos os obstáculos desaparecem. Quando a vida se une ao todo, ela se liberta.

A vida parcial é uma prisão, a vida total é liberdade. A suprema libertação não é a meta. A meta é sempre a própria vida! Ter como meta a suprema libertação é perigoso, porque estamos seguindo em outra direção.

Quando o homem diz que sua meta é a suprema libertação, ele começa a se afastar da vida. Se ele diz: "Esqueça a vida, nossa meta é a libertação", ele se afasta da vida. Ele foge, se afasta e não aceita a vida. Ele se tortura e se destrói. "Eu só acredito em morrer." O homem que acredita na suprema libertação é um suicida. Ele diz que cometerá suicídio. Os mais corajosos se suicidam mais rápido e os mais fracos se matam mais devagar. Outros dizem que vão morrer abandonando uma coisa por vez, que viverão como se estivessem mortos. Estes são os chamados renunciantes.

Essa gente santa está causando muitos males; eles envenenam as raízes da vida. Por condenar a vida, eles perderam a alegria da viver. Quem se opõe à vida acusa e condena como pecadores os que aproveitam a vida. Mas são eles os criminosos! Para eles, viver é um crime, rir é um crime, ser feliz é um crime, dançar é um crime – tudo é crime. Rostos tristes e depressivos são as únicas evidências de virtude. Eles fogem, escondem-se da vida! E, quanto mais o homem foge da vida, quanto mais ele se encolhe nos cantos, dentro de cavernas, mais santo ele se considera, porque "está caminhando para a suprema libertação"! Mas ele não caminha para a libertação, caminha para a morte. É um suicida que só está procurando onde cair morto.

Só quem vai em direção à vida está de fato caminhando para a liberdade. São pessoas que recebem a vida de braços abertos. Sorvem a vida nos raios da lua e nas estrelas, dançam com vivacidade, bebem o suco da força vital que jorra dos olhos do outro; celebram a vida presente em toda a volta, nas flores e nas folhas. Cada célula do corpo pulsa com a vida e se une através da respiração a tudo que está vivo. São pessoas que se levantam, se sentam, acordam, dançam e cantam – com a vida. Elas são a própria vida. Pessoas assim são livres, porque ninguém consegue prendê-las. Elas estão ligadas à vida e nada as acorrenta. São pessoas iluminadas. Pessoas como essas se libertam ainda vivas.

A libertação do escapista só acontece depois da morte. Ele diz que estando vivo não pode se libertar, porque para se libertar é preciso morrer. Continua vivo, embora preferisse estar morto – respirando e abrindo os olhos minimamente. Até esse mínimo de vida é um obstáculo. Ele só se libertará após a morte. E a libertação que acontece após a morte não tem valor. Só a libertação que acontece em plena vida, quando se está completamente vivo, é eterna e só ela importa.

Da maneira como eu vejo, se a existência favorecesse esse tipo de iluminação apoiada na morte, não haveria necessidade de se viver. Então a vida existiria em oposição à existência. Se a existência se opõe à vida e quer que todos sejamos libertados, deveria acabar com tudo de uma vez e nos poupar de tantos problemas. Mas a existência é a favor da vida. A existência faz nascer novas folhas, não importa quanto você se esforce para destruir a vida. Não importa quantas bombas atômicas sejam detonadas, a existência continua criando vidas. Não importa quantos obstáculos sejam criados, a existência continua criando vidas. A existência ama a vida.

Mas os santos são os grandes inimigos da vida; os santos são os inimigos da existência. E este mundo está sob influência dos santos. Isso não tem nenhuma relação com a existência. Por isso as religiões lentamente se tornaram suicidas e passaram a negar a vida. A religião deveria afirmar a vida, aceitar a vida; deveria reconhecer a vida em todas as suas expressões. Uma religião assim, uma visão religiosa assim, não teria o foco na libertação após a morte, mas diria: "Aqui e agora! Por que a libertação não pode acontecer agora?"

Quero enfatizar que o objetivo da vida é a própria vida. Lembrem-se de que o propósito de qualquer experiência nesta vida é a própria experiência.

Se vocês estão amando e alguém lhes pergunta "Qual é o propósito do amor?" e vocês têm uma resposta para dar, o seu amor não terá nenhum valor. Então o seu amor será só um meio e qualquer outra coisa será o fim. Mas os amantes sabem disso e dizem: "O amor não tem objetivo nem propósito! Não, o amor não tem nenhuma meta. A meta do amor é o próprio amor. Eu amo e basta, não preciso de mais nada".

Perguntem a um homem qualquer de que serve falar a verdade. Se ele responder que a intenção é aumentar a sua respeitabilidade na cidade, esse pobre homem está longe de ser verdadeiro. Ele só está interessado em ser respeitado. E, se a cidade tiver muitos ladrões, ele será uma pessoa mentirosa e desonesta, porque será respeitado por ladrões. Seu interesse será outro. Ele não tem nada a ver com a verdade. Seu interesse é a respeitabilidade.

Alguém se diz confiável porque quer ir para o céu. E, se souber que todos os políticos vão para o céu, dirá: "Se até os políticos vão para o céu, não vou ter muito trabalho para chegar lá. Deve haver corrupção até no céu; então eu pago suborno e entro no céu. Por que me preocupar?"

Políticos não entram no céu sem pagar suborno, embora se suponha que todos eles morem no céu depois da morte. É como se depois da morte ninguém fosse a qualquer outro lugar além do céu. Seja quem for que morrer, dizemos que foi para o céu. Fulano e sicrano foram para o céu. As pessoas criam estátuas e monumentos para os que se foram – e a maioria dos que têm suas estátuas nas ruas estão no inferno! Mas não se pode escrever sob a estátua "Foi para o inferno"; isso criaria problemas.

Se um homem entende que políticos também vão para o céu, qual é o problema? "Eu também vou chegar lá. Tomarei algumas providências para conseguir chegar lá." Ele não será confiável depois disso.

Se alguém diz que falar a verdade é, em si, o objetivo – eu falo a verdade porque me faz bem, não há nenhum outro motivo –, essa pessoa ama a verdade.

Tudo o que é belo e grandioso na vida é um fim em si mesmo. Nada além disso; é um fim em si mesmo. E a vida é o supremo fim. Não é um meio para mais nada. Se alguém diz que a vida é um meio para atingir a felicidade suprema, está errado. A vida é um fim em si mesma. Sim, se a vida é plena, viver é a suprema libertação. Então não existe prisão, não existe obstáculo, não existe morte. Nesse momento de absoluta plenitude da vida, o sentimento de suprema libertação está incluído. Mas a suprema libertação não é a meta. E quem vê a vida como um fim em si mesma alcança a suprema libertação.

Eu digo: o objetivo da vida é a própria vida.

Só mais uma coisa. Um amigo perguntou:

Osho,
Se o convidassem para ser presidente do país, você aceitaria?

Eis uma pergunta muito interessante.

A primeira coisa a ser entendida é que só quem tem complexo de inferioridade está desesperado por ocupar altos cargos na vida. Pessoas com complexo de inferioridade ficam loucas para alcançar altos *status*.

Se alguém está desesperado por um cargo elevado, saiba que essa pessoa se sente muito inferior. "Se eu me sentar naquela cadeira, a minha inferioridade desaparecerá." Essa pessoa quer subir em qualquer coisa para se livrar do seu complexo de inferioridade. Por isso, grandes homens raramente aceitam ocupar altos cargos. Muito raramente!

O complexo de inferioridade está por trás da cobiça por cargos, por isso os pequenos ocupam os mais altos postos no mundo. As pessoas pequenas se agrupam nos altos postos. E é por isso que o mundo está um caos. Pessoas com complexo de inferioridade ocupam os mais altos cargos políticos; não há possibilidade de a prosperidade florescer e o resultado será só infelicidade.

A segunda coisa que deve ser entendida é que as sociedades não melhoram porque os altos cargos são ocupados por homens bons. As sociedades melhoram independentemente de quem alcança algum posto. Isso não depende de um único homem; depende de como as sociedades são.

A Índia sempre cometeu esse erro. O país colocou muita gente boa em altas posições nos últimos 25 anos. Quando essas pessoas, que eram boas, ocuparam os postos, foram se tornando pessoas muito diferentes. Não que todas elas tenham se tornado más pessoas – algumas continuaram sendo boas, mas não se deram bem em um sistema viciado.

O conceito de vida da sociedade como um todo tem que ser transformado. Nada acontece substituindo-se apenas indivíduos. Mudanças individuais só aliviam a situação por algum tempo. É como carregar a maca de um morto para a pira funerária e o ombro começar a doer; a pessoa passa a carregar a maca no outro ombro, mas o alívio é apenas temporário, porque o peso da maca não muda. Depois de um tempo esse ombro começará a doer também.

Os indivíduos mudam, mas nada acontece pela troca de quem está no poder. Pode aliviar por um tempo, porque parece que se houver alguém novo no poder algo de bom pode acontecer. E mais uma vez fica tudo exatamente como antes. O sistema não mudou. O indivíduo é tão pequeno e o sistema é tão grande que acaba moendo o indivíduo; mói o indivíduo em seu moinho. O homem é esmagado pelo moinho e começa a aceitar o sistema.

O sistema sociopolítico como um todo, a máquina e o moinho do sistema sociopolítico da Índia precisam ser demolidos e transformados. Nada vai acontecer trocando-se só os indivíduos. Neste exato momento, os principais sistemas socioeconômicos da Índia estão de tal maneira desgastados que, se o próprio Deus se elegesse presidente, nada aconteceria – além de acabar com a reputação dele. Não aconteceria nada. A questão não é o indivíduo; temos que parar de pensar no indivíduo. Temos que perder a esperança de que uma boa pessoa no poder mudará tudo.

Não, temos que substituir a velha visão por uma nova visão de vida. No dia em que uma nova visão de vida se estabelecer, qualquer pessoa, até a mais comum, poderá assumir o trabalho em um alto cargo. Mas para isso o sistema como um todo terá que mudar.

Por exemplo, alguém está conduzindo um carro de boi e começamos a reclamar porque ele anda muito devagar. Então trazemos um homem bom e o colocamos no banco do condutor. O que acontecerá? O carro de boi continuará sendo um carro de boi. O homem pode conduzi-lo mais rápido, mas pode acabar caindo em uma vala. Ou causar problemas ainda mais sérios se for muito rápido: os bois podem se soltar, podem morrer ou algo acontecer e o carro de boi tombar.

Não, o problema não é o carro de boi. Se quisermos mais velocidade, teremos que substituir o carro de boi por um avião a jato. Então pode até ser que o mesmo homem que dirigia o carro de boi, quando tem chance de dirigir uma máquina mais moderna, consiga ir mais rápido.

Muitos países estão se desenvolvendo e a razão desse desenvolvimento não é ter pessoas melhores do que nós. Não é isso. É que o sistema deles mudou. O sistema do nosso país é muito antigo e se deteriorou. Quem quer que faça parte dele fica preso em um beco sem saída e nada acontece.

Por isso não tenho interesse em colocar alguém novo em um cargo político ou afastar alguém. Não vale a pena. Prefiro mudar a mente do país. Mudando a mente, qualquer um, A, B ou C, fará um bom trabalho. Isso é muito importante.

Mas uma das razões da mentalidade errônea da Índia é que sempre olhamos para os indivíduos, e não para o sistema. Esse erro vem acontecendo há milhares de anos. Pensamos que se Krishna voltasse tudo ficaria bem. Krishna já voltou e nada melhorou. Melhoraria se ele voltasse agora?

Lemos no Gita que, quando uma religião corre perigo, Deus vem. Tantas religiões correram perigo, Deus reencarnou e tudo continuou igual ao que sempre foi. Então, por favor, esqueçam essas ideologias; nada vai acontecer com a vinda de Deus. Talvez seja por isso que ele parou de vir, porque entendeu que não faz mais sentido ficar voltando várias vezes a este país.

Uma sociedade que depende de uma pessoa não progride; o que pode fazer uma única pessoa? Ela será totalmente esmagada pelo sistema. É preciso mudar o sistema. E então o menor dos indivíduos passará a ter importância.

Nós tivemos as melhores pessoas para governar este país: após a independência, tínhamos as melhores pessoas participando do governo. Nenhuma delas conseguiu fazer nada. E agora essas pessoas não existem mais. Não podemos esperar mais nada das que estão no poder. Mas ainda prestamos atenção na coisa errada. Ainda perguntamos: "Quem devemos eleger para o mais alto cargo do governo? Quem deve participar do governo?" E então esperamos que essa pessoa faça alguma coisa.

Não se trata de um indivíduo. A estrutura social deste país, a nossa maneira de pensar, a nossa filosofia e a nossa visão de mundo, tudo está errado. Os problemas existem devido a essa visão de mundo. Por isso me interessa mudá-la. Não me interessam os indivíduos, A, B ou C – todos podem fazer o trabalho, não faz nenhuma diferença.

Se vocês entenderem isso, verão que quando Lênin e seus camaradas chegaram ao poder, não foi por causa deles que tudo aconteceu. Por favor, não pensem isso. Talvez Kerensky, que ocupou o cargo antes de Lênin, fosse um homem sábio e bom. Era uma excelente pessoa. Mas não foi dele a ideia de mudar a estrutura do sistema. Foi Lênin quem introduziu a ideia de mudar a estrutura da sociedade. E a ideia funcionou. Então, quando a ideia de mudar a estrutura social é clara, qualquer um pode fazer o trabalho.

Eu vejo que a Índia tem que desviar o seu foco do indivíduo para a sociedade e suas ideologias fundamentais. Caso contrário, haverá uma grande decepção: continuaremos mudando os indivíduos e pensando que, agora, esta pessoa que está no poder ou aquela pessoa que está no poder... Nada acontece e ficamos cada vez mais depressivos. E então culpamos os indivíduos. Pensamos: "Ele era ruim, fez tudo errado. Devia ser a pessoa errada". Mas ninguém diz que o sistema e a estrutura como um todo são imensamente perigosos. A intenção de mudar o sistema precisa ser disseminada.

E, lembrem-se, não se pode mudar a mentalidade do país ocupando os postos mais altos. A mentalidade do país precisa ser mudada em suas estruturas. As mentes não mudam superficialmente. Não elegemos alguém a um alto cargo para que o povo seja convencido por seus pronunciamentos em rede nacional e sua mentalidade mude. A mentalidade tem que mudar a partir da base. É preciso entrar em locais onde a mentalidade das massas se espalha e cortar as raízes, focar a atenção lá. Quando a mentalidade começar a se transformar, o *insight* acontecerá por si só. Esse *insight* é que vai transformar o país. Pensem nisso.

Esse mesmo amigo fez outra pergunta:

Osho,
Você disse que a pobreza é agradável. Então por que não se hospeda na casa de pobres? Você disse também que a cabana de um homem pobre é maior do que a casa de um rico. Então, por que você se hospeda na casa de pessoas ricas?

Você fez uma boa pergunta. Há duas coisas que devem ser entendidas. A primeira é: dizer que a cabana de um homem pobre é maior do que a casa de um homem rico não significa que, medindo, a cabana do pobre seja maior e a casa do rico, menor. Não entenda assim. O que eu disse foi que a mente do rico é sempre menor; nela há pouco espaço. A mente está tão cheia de coisas que nela não há mais espaço sobrando. Onde há muito dinheiro há menos espaço para o amor. Ele *tem* uma casa maior; não pense que a casa do pobre seja maior.

Isso me lembrou um místico sufi. Ele tinha uma pequena cabana. Já era noite, chovia, e o místico e sua mulher dormiam. Alguém bateu à porta. O místico disse à mulher: "Vá abrir a porta. Já é noite, está chovendo e um hóspede chegou".

A mulher replicou: "Não há espaço para mais um nesta casa".

O místico disse: "Há espaço de sobra. Nós dois estávamos dormindo deitados, agora nós três vamos nos sentar. Nós três não vamos nos deitar".

A mulher abriu a porta. O hóspede entrou, sentou-se e começou a tagarelar.

Novamente alguém bateu à porta. O místico disse ao homem, que estava sentado perto da porta: "Por favor, abra a porta. Parece que temos outro hóspede".

O homem perguntou: "Mas há espaço para mais um?"

O místico respondeu: "Temos espaço de sobra. Há um espaço entre nós três, que estamos sentados; podemos nos sentar mais perto uns dos outros. Por favor, abra a porta".

Com má vontade, o homem abriu a porta. Entraram mais duas pessoas na cabana. Agora eles estavam sentados muito próximos e começaram a conversar ao pé do fogo.

Enquanto isso, um jumento bateu com a cabeça na porta. O místico disse: "Amigo, por favor, abra a porta. Parece que temos outro hóspede".

Um dos homens disse: "Não é um hóspede, é um jumento!"

O místico retrucou: "Que diferença faz? Hóspede é hóspede. Eu não abri a porta para vocês só porque são seres humanos, mas porque são hóspedes. Por isso, abri. Por favor, abra".

Os outros insistiram: "Mas é um jumento!"

O místico replicou: "Isso é discriminação. Se vocês baterem na porta de uma pessoa rica, para ela você será um jumento mesmo sendo um homem. Esta cabana pertence a um pobre; não é um palácio. O jumento chegou e vamos convidá-lo a entrar. Abra a porta!"

O homem abriu a porta e deixou o jumento entrar.

"E agora, o que faremos?", perguntaram.

O místico disse: "Nós estávamos sentados, agora ficaremos em pé".

E todos se levantaram.

A cabana do homem pobre era pequena – e o coração? Ele não tinha um grande coração só porque era pobre, lembrem-se disso. O coração do pobre é grande porque ele tem amor dentro de si e não dinheiro. Isso não quer dizer que se alguém tem dinheiro não tem amor. Também não significa que eu apoio a pobreza ou que pobres devem continuar sendo pobres.

Lembrem-se de que não estou dizendo que as pessoas devem continuar pobres. Estou dizendo isso para abrir algum espaço no coração dos ricos. Não me entendam mal: eu não disse que o pobre deve continuar sendo pobre. Não é bom se isso acontecer. O pobre deve enriquecer e o rico deve abrir um grande espaço no coração como os pobres fazem. O pobre não pode ser impedido de enriquecer. O rico deve ser impedido de empobrecer interiormente. O pobre pode ficar rico exteriormente e o rico não deve empobrecer interiormente. Os dois tipos de riqueza têm que estar presentes – fora e dentro.

O amigo está perguntando: "Por que você não se hospeda na casa de pobres?" Eu não tenho nenhum problema com isso. Mas o problema é que o pobre não tem sequer uma casa; neste país, os pobres nem têm casa para morar. É tão grande a pobreza que eles não têm casa para morar. E o que você chama de casa, será mesmo uma casa? Você deveria se envergonhar de chamar aquilo de casa. O que é a casa de uma pessoa pobre – ela amarra algumas folhas, cobre com algumas telhas e você chama isso de casa. Isso não é uma casa. Você acha que é? Não, de maneira alguma. Se você considerar que isso é uma casa, jamais conseguirá construir uma, lembre-se disso. Isso não é uma casa, é indigência, é desamparo. É a evidência da falta de inteligência e habilidade deste país. Existimos há tanto tempo e nem casas foram construídas!

Procurem entender o que estou dizendo. Eu não tenho nenhum respeito pela pobreza. E considero perigosa a pessoa que respeita a pobreza porque, se essa pessoa tiver seguidores, o mundo permanecerá pobre. Eu não respeito a pobreza.

Mas repito que o amor que os pobres têm no coração os ricos também deveriam ter. E o desconforto em que os pobres vivem também deveria desaparecer; eles deveriam também ter todos os luxos. Porém, existem pessoas que respeitam a pobreza e dizem que o pobre é "Deus em forma de pobre". Que loucura!

Se chamamos o pobre de Deus, como vamos eliminar a pobreza? Como vamos eliminar Deus? Temos que venerar Deus, e não eliminá-lo. A pobreza é uma praga, não é Deus. Tem que desaparecer.

Eu disse também que a pobreza é uma espécie de júbilo. Isso também precisa ser bem entendido. A felicidade da pobreza só é sentida por quem experimentou a riqueza. Não está disponível para o pobre. Vamos entender uma última coisa, e depois eu encerro.

Ser pobre pode ser jubiloso. Mas esse júbilo não está disponível aos pobres. Mahavira deve ter sentido esse júbilo, Buda deve ter sentido esse júbilo. Mahavira era filho de um rei. Ele tinha tudo – palácios, todos os luxos, todos os bens. E, por ter experimentado tudo isso, tudo perdeu a importância. Por isso Mahavira andava nu pelas ruas.

Se um mendigo anda nu pelas ruas, você acha que a nudez de Mahavira e a nudez do mendigo têm a mesma qualidade? A nudez de Mahavira foi uma escolha. Sua pobreza foi assumida voluntariamente. Essa pobreza era jubilosa.

A pobreza de Mahavira era jubilosa e tinha uma fragrância. A pobreza de Mahavira era libertação, era culminância. Mas dizemos ao mendigo nu que está parado na calçada: "Você é grande e Deus derrama suas bênçãos sobre você. Mahavira tinha tudo e renunciou a isso para ficar nu como você. Você recebeu as graças de Deus, que desde o início deixou você nu. Deleite-se! Você foi poupado do esforço pelo qual Mahavira teve que passar..." Como um mendigo nu vai alcançar a nudez de Mahavira? São dois tipos de nudez muito diferentes.

Por exemplo, muitos passam fome. Se vocês andarem pelos distritos pobres aqui mesmo no Rajastão, verão que as pessoas estão morrendo de fome. Se disserem a uma delas: "Você tem as graças de Deus. Tanta gente se esforça para jejuar, e Deus está ajudando tanto você; seja feliz e sinta-se grato", essa pessoa dirá: "Que jejum? Eu só quero um pedaço de pão. Não quero jejuar!"

Só quem comeu muito aprecia jejuar; só quem está bem alimentado. Por isso, quanto mais bem alimentada for uma sociedade, como a dos jainistas da Índia, mais elegante será o culto do jejum.

Uma nova moda começou agora nos Estados Unidos. Foram inaugurados muitos centros naturopatas, para ajudar as pessoas a fazerem jejum. E elas estão felizes por isso. Na Índia há gente morrendo de fome, e lá as pessoas estão se deleitando em jejuar. O que está acontecendo? Alguma coisa certamente acontece: o corpo delas é muitíssimo bem nutrido. O corpo acumulou um excesso de gordura que precisa ser descartado, e esse descarte as deixa felizes. Por exemplo, se um homem faminto, que não tem gordura suficiente no organismo, começar a se alimentar bem e engordar, ele ficará muito feliz. Da mesma maneira, quem come demais tem prazer em perder gordura.

Um pobre jamais tem prazer em ser pobre. Só quem é rico pode apreciar a pobreza – é o seu último luxo, o luxo final.

Tomemos o exemplo dos *hippies* norte-americanos. São todos filhos de famílias ricas. São filhos de milionários e bilionários. Quando estive em Varanasi, alguns *hippies* vieram me visitar. Perguntei a eles: "Vocês são filhos e filhas de milionários e estão mendigando moedas em Varanasi?" Eles responderam: "Isso é um prazer tão grande, está além da imaginação".

Mas podemos sentir tanto prazer em mendigar? Não. Eles diziam: "Quanta liberdade! Podemos dormir embaixo de árvores, onde quisermos. Nunca fomos tão felizes". Para ser feliz como mendigo, só sendo filho de milionários.

Outros podem dizer: "Se afinal vamos ter que abrir mão das nossas riquezas para sermos pobres, e nós já somos pobres, por que primeiro enriquecer para abandonar tudo depois?"

Ouvi contar...

Algumas pessoas estavam indo visitar Hardwar de trem. A maioria delas já estava no trem e gritava: "Corram, embarquem as malas! Venham, não se atrasem, o trem já vai partir". Um homem estava na plataforma e umas oito pessoas tentavam enfiá-lo no vagão.

O homem dizia: "Em primeiro lugar, por que terei que saltar do trem em Hardwar? Se eu vou ter que sair do trem lá, por que devo entrar no trem agora? Se tenho que sair dele mais tarde, não faz sentido embarcar agora. Não vou embarcar! Não sou idiota. Por que entrar no trem se terei que sair daqui a pouco?"

Os amigos pediam: "O trem já vai partir, no caminho nós explicamos. Por favor, pare de filosofar. Primeiro embarque, depois conversamos".

O homem começou: "Falem logo!" Mas, quando os amigos viram que o trem já ia sair, empurraram o homem para dentro.

Quando chegaram a Hardwar, o homem permaneceu sentado de olhos fechados. Os amigos começaram a desembarcar e novamente gritaram: "Saia! Venha logo e traga a sua bagagem". O homem estava rodeado pelos amigos de novo, e eles diziam: "O trem já vai deixar a estação. Desça!"

E ele repetia: "Não vou sair. Se embarquei, por que devo sair? Não sou daqueles que ficam trocando de trens facilmente – sou fiel aos meus princípios. Embarquei no trem e agora não vou desembarcar. Me surpreende que em menos de duas horas vocês tenham mudado de ideia. Duas horas atrás vocês me obrigaram a embarcar, agora querem me obrigar a desembarcar. Vocês são loucos!"

Os amigos disseram: "Louco é você! Saia do trem, ele já vai partir!"

O outro continuou: "É por isso que eu não queria entrar. Eu disse isso a vocês!"

E os amigos o tiraram do trem à força.

O que ele dizia estava certo ou errado? A lógica estava certa. Ele dizia: "Se é para desembarcar, por que tenho que embarcar?"

Mas ele estava se esquecendo de que era preciso embarcar em uma estação e desembarcar em outra. Se ele não tivesse embarcado, não teria chegado a Hardwar.

Um dia, mesmo uma pessoa rica terá que abraçar a pobreza, mas é como desembarcar na estação de Hardwar. Se um pobre não sabe o que é a riqueza, jamais aceitará a pobreza voluntariamente. E, enquanto a pobreza não for voluntária, não poderá jamais trazer felicidade.

Outro dia eu contei a vocês a história de Diógenes. Naquele contexto, a pobreza era jubilosa. Ele não era um pobre comum. Não era realmente pobre, um mendigo. Sua pobreza era voluntária; era uma bênção. Ele não era desesperadamente pobre. Que prazer pode extrair da pobreza alguém que seja forçado a ser terrivelmente pobre? Mas quem é voluntariamente pobre sente um tipo diferente de prazer.

Por isso sou a favor de que as sociedades sejam cada vez mais ricas, para que todos tenham a chance de ser pobres se quiserem. A sociedade precisa enriquecer. Tem que ser tão rica que todos tenham o prazer de sentir a pobreza voluntária. Que todos possam ser místicos errantes e pobres. Mas, em um lugar em que todos são só pobres, como a pobreza pode ser uma alegria?

Procurem entender corretamente o que digo. Não sou a favor da pobreza – a pobreza que se vê por aí. Sou inimigo dela; deveria ser eliminada. Permitir que ela exista mesmo por um instante é perigoso. Deveria ser incinerada. Não deveria ser poupada.

Mas apoio outro tipo de pobreza, que só é válida para quem a abraça voluntariamente. E quando alguém aceita a pobreza voluntariamente? Quando tudo o que se vive é fútil; então acontece. Quando se experimenta a riqueza e a riqueza é inútil. Quando se experimenta a fama e a fama é inútil. Tudo que é vivido é fútil. A pessoa vai além disso. Da pobreza à riqueza e da riqueza a outro tipo de pobreza, mas uma pobreza completamente diferente.

Jesus disse: "Abençoados sejam os pobres, os que são verdadeiramente pobres". Uma declaração muito estranha. Abençoados aqueles que são *verdadeiramente* pobres. Isso quer dizer que Jesus não considera que esses pobres sejam verdadeiramente pobres. Disso se conclui que quem quer ser rico interiormente não pode ser chamado de pobre. O pobre está querendo ser rico, ele deseja ser rico, só pensa em dinheiro, quer construir uma grande casa e ter tudo o que os outros têm. Ele não tem capacidade para tanto e por isso é uma pessoa torturada, depressiva. Ele não é verdadeiramente pobre.

Poucas pessoas se tornaram verdadeiramente pobres, porque não há muita riqueza neste mundo. Se a riqueza do mundo aumentasse e o país inteiro enriquecesse, como era na época de Buda e Mahavira... Não haveria apenas algumas dinastias de reis, mas cada família do país seria uma dinastia de reis. Então, milhares, milhões de Budas e Mahaviras nasceriam. Eles não podem nascer nesta pobreza.

Quando alguém tem a oportunidade de se tornar verdadeiramente pobre, o júbilo é diferente. Mas quem tem essa oportunidade? Somente aqueles que vivem a experiência de luxo e conforto extremos. Só eles têm essa oportunidade.

Eu não aprovo a pobreza – e sou a favor de outro tipo de pobreza! Mas existem dois tipos de pobreza. Uma estação é para partidas e outra estação é para chegadas. Um dia vocês vão desembarcar, mas para fazer isso vocês têm primeiro que embarcar.

Então, entendam o que digo, eu não sou a favor de que os pobres morem em cabanas nem apoio a pobreza. Mas *sou* a favor de que os ricos não sejam ricos apenas externamente, mas também internamente. E a riqueza interior é algo muito diferente.

Riqueza interior é ter um grande coração. Não só uma grande casa, mas um grande coração. Riqueza interior implica ter uma visão expandida. Riqueza interior significa não ser rico só por fora, mas também por dentro. Até alguém conquistar a sua riqueza interior e o seu reino interior, a prosperidade externa, a riqueza externa e o reino externo não têm nenhum valor. Mas isso não quer dizer que eu quero que as pessoas sejam pobres, desamparadas e abandonadas.

Ninguém deveria ser pobre e desamparado porque, se uma única pessoa for pobre, todos nós seremos responsáveis pela sua pobreza. Se uma única pessoa estiver sofrendo, seremos responsáveis pelo seu sofrimento. E então seremos todos criminosos. Mas, se essa consciência crescer, um novo país e uma nova sociedade podem nascer.

Vocês me ouviram durante estes quatro dias com tanta paz e tanto amor que sou muito, muito grato a todos. E finalmente saúdo a divindade que está em vocês. Por favor, aceitem minhas saudações.

Osho International Meditation Resort

Localização
Localizado na cidade de Pune, na Índia, a aproximadamente 160 quilômetros a sudeste de Mumbai, o Osho International Meditation Resort é um destino de férias diferenciado que se estende por mais de 40 acres em um arborizado bairro residencial.

Meditação
Uma programação diária e personalizada de meditações inclui tanto métodos tradicionais como revolucionários e especialmente o Osho Active Meditations™. As meditações acontecem no que talvez seja a maior sala de meditação do mundo, o Osho Auditorium.

Osho Multiversity
Sessões individuais, cursos e *workshops* que abordam temas diversos, como artes criativas, tratamentos holísticos da saúde, processos de transformação pessoal, mudança de vida e de relacionamento, transformação da meditação em um estilo de vida, ciências esotéricas e abordagem do zen nos esportes e no lazer. O segredo do sucesso do Osho Multiversity está no fato de que todos os programas são acompanhados de meditação, reforçando o entendimento de que os seres humanos são mais do que apenas a soma das partes.

Osho Basho Spa
O luxuoso Basho Spa possui uma piscina exterior cercada por árvores da floresta tropical. Todas as instalações – a *jacuzzi* espaçosa e singular, as saunas, a academia, as quadras de tênis – são complementadas pela belíssima paisagem dos arredores.

Cozinha
Diferentes áreas destinadas às refeições servem deliciosos pratos vegetarianos das culinárias ocidental, asiática e indiana – a maioria dos alimentos é cultivada de maneira orgânica especialmente para o *resort*. Pães e bolos são confeccionados na padaria do *resort*.

Programação noturna
É possível escolher entre diversos eventos – e dançar está no topo da lista! Há também sessões de meditação sob as estrelas, *shows* de variedades, *performances* musicais e meditações para o dia a dia. Pode-se também desfrutar da companhia das pessoas no Plaza Café ou da serenidade dos belíssimos jardins em uma caminhada noturna.

Serviços
É possível comprar todos os produtos de higiene básica na galeria. O Osho Multimedia Gallery oferece uma grande variedade de produtos do Osho. Há também um banco, uma agência de viagens e um *cyber café*. Para os que gostam de fazer compras, Pune tem diversas opções de lojas, que oferecem produtos tradicionais indianos e de grandes marcas internacionais.

Acomodações

Pode-se ficar nas elegantes acomodações do Osho Guesthouse ou, para estadias mais longas, contratar os pacotes de acomodação Osho Living-In. Também há uma grande variedade de hotéis e *flats* nos arredores do *resort*.

www.osho.com/meditationresort
www.osho.com/guesthouse
www.osho.com/livingin

Para mais informações, visite:

www.osho.com

Esse amplo *website* disponível em vários idiomas oferece uma revista e outros produtos que difundem as ideias de Osho: os livros, as palestras – em formato de áudio ou vídeo –, o arquivo de textos de Osho em inglês e hindu, e extenso arquivo de informações sobre o seu método de meditação. Também estão disponíveis a programação de cursos do Osho Multiversity e outras informações sobre o Osho International Meditation Resort.

Sites:
http://Osho.com/AllAboutOsho
http://Osho.com/Resort
http://Osho.com/Shop
http://www.youtube.com/oshointernational
http://www.Twitter.com/Osho
http://www.facebook.com/Osho.International

Para entrar em contato com a Osho International Foundation, visite www.osho.com/oshointernational ou escreva para oshointernational@oshointernational.com

Compartilhe a sua opinião
sobre este livro usando as hashtags
#EncontreASuaVerdade
#Osho
nas nossas redes sociais:

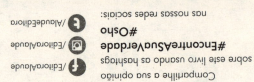

/EditoraAlaude
/EditoraAlaude
/AlaudeEditora